現代社会を読む経営学 5

コーポレート・ガバナンスと経営学

グローバリゼーション下の変化と多様性

Kaido Nobuchika　Kazama Nobutaka
海道ノブチカ・風間信隆 編著

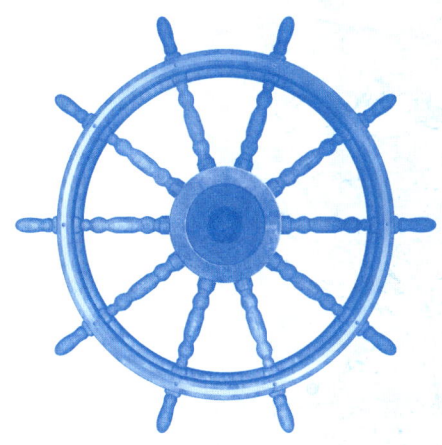

ミネルヴァ書房

「現代社会を読む経営学」刊行にあたって

　未曾有の経済的危機のなかで「現代社会を読む経営学」(全15巻)は刊行されます。今般の危機が20世紀後半以降の世界の経済を圧倒した新自由主義的な経済・金融政策の破綻の結果であることは何人も否定できないでしょう。

　しかし，新自由主義的な経済・金融政策の破綻は，今般の経済危機以前にも科学的に予測されたことであり，今世紀以降の歴史的事実としてもエンロンやワールドコム，ライブドアや村上ファンドなどの事件（経済・企業犯罪）に象徴されるように，すでに社会・経済・企業・経営の分野では明白であったといえます。とりわけ，近年における労働・雇用分野における規制緩和は深刻な矛盾を顕在化させ，さまざまな格差を拡大し，ワーキング・プアに象徴される相対的・絶対的な貧困を社会現象化させています。今回の「恐慌」ともたとえられる経済危機は，直接的にはアメリカ発の金融危機が契機ではありますが，本質的には20世紀後半以降の資本主義のあり方の必然的な帰結であるといえます。

　しかし他方では，この間の矛盾の深刻化に対応して，企業と社会の関係の再検討，企業の社会的責任（CSR）論や企業倫理のブーム化，社会的起業家への関心，NPOや社会的企業の台頭，若者のユニオンへの再結集などという現象も生み出されています。とりわけ，今般の危機の中における非正規労働者を中心とした労働・社会運動の高揚には労働者・市民の連帯の力と意義を再認識させるものがあります。

　このような現代の企業，経営，労働を取り巻く状況は，経営学に新たな課題を数多く提起すると同時に，その解明の必要性・緊急性が強く認識されています。現実の変化を社会の進歩，民主主義の発展という視点から把握し，変革の課題と方途について英知を結集することが経営学研究に携わる者の焦眉の課題であるでしょう。

　しかも，今日，私たちが取り組まなければならない大きな課題は，現代社会の労働と生活の場において生起している企業・経営・労働・雇用・環境などをめぐる深刻な諸問題の本質をどのように理解し，どのように対処すべきかを，そこで働き生活し学ぶ多くの労働者，市民，学生が理解できる内容と表現で問いかけることであるといえます。従来の研究成果を批判的に再検討すると同時に，最新の研究成果を吸収し，斬新な問題提起を行いながら，しかも現代社会の広範な人々に説得力をもつ経営学の構築が強く求められています。「現代社会を読む経営学」の企画の趣旨，刊行の意義はここにあります。

「現代社会を読む経営学」編者一同

はしがき

　1990年代以降，世界的規模で，「企業は誰のために存在するのか」，「企業を支配するのは誰か」を基底において巨大株式会社の経営者に対する牽制・チェック機能を問うコーポレート・ガバナンス (corporate governance) が大きな関心と議論を集めている。わが国では，しばしば「企業統治」という訳語がこれに当てられることが多いが，本来的には「個別の株式会社企業が社会において展開する行動の基本的な進路の選択に関する最終的にして最高の統御を意味するもの」（中村瑞穂編著〔2003〕『企業倫理と企業統治──国際比較』文眞堂, 3頁）と考えられ，「企業統治」なる訳語ではこうした意味を表現することはできないとの理解から，本書では「企業統治」なる訳語は使用せず，そのまま「コーポレート・ガバナンス」と呼ぶこととする。

　こうしたコーポレート・ガバナンスの議論の背景には，わが国の場合には，当初，バブル経済崩壊以降の相次ぐ経営者主導の企業不祥事により，経営者に対する監視・牽制機能の欠如が露呈し，経営者に対する内部・外部のコントロール・チェック機能の強化と経営の透明性の向上を図る必要性が認識されてきたことと結びついていた。

　同時に，ベルリンの壁の崩壊に象徴される旧社会主義体制の市場経済化，さらにはアメリカ主導のグローバリゼーションの下で，市場の効率性を阻害する各国固有の制度の撤廃（規制緩和）を主張する市場万能主義ないし新自由主義の考え方がコーポレート・ガバナンスの議論においても急速に台頭するところとなった。そこでは，会社は最終的なリスク負担者である所有者（＝株主）のものであり，経営者は所有者の代理人として「株主価値の最大化」を何より重視した経営を志向すべきとする「株主重視経営」が声高に叫ばれてきた。現実にも株式市場において急速にそのプレゼンスを高めてきた機関投資家は「行動する株主」として大量の株式保有を背景にしばしば経営者に対する圧力を高め，

また「敵対的企業買収」の脅威が経営者に「株価重視経営」を迫ってきた。こうした資本市場のグローバル化やアメリカ発の新自由主義に基づく市場の効率性と国際競争力の強化を最大限保証するためのコーポレート・ガバナンス改革が1990年代以降世界的規模で進められてきた。

他方で，バーリ（A. Berle）とミーンズ（G.C. Means）以来，会社は株主だけのものではなく，社会の発展に貢献する社会的制度であり，会社はより広く利害関係者（stakeholder）の諸利害の調整を図りつつ，社会との「相利共生」を図り，社会からの支持と信頼を獲得することこそ企業の長期的かつ持続的存続・発展のためには不可欠であるとする主張も繰り返し行われてきた。近年では，こうした「企業と社会」との関係も視野に入れてコーポレート・ガバナンス問題を「企業の社会的責任（corporate social responsibility : CSR）」や「社会的責任投資（socially responsible investment : SRI）」との関係で捉える視点も大きな議論と関心を集めている。

すでに一昨年来のアメリカ発の不動産バブルの崩壊とサブプライム・ローンの不良債権化に伴う金融危機は，昨年秋の「リーマン・ショック」以降，ついに「つるべ落とし」とも形容されるほどの景気の急激な落ち込みをもたらし，「100年に一度の経済危機」が世界的規模で急速に広がりをみせている。この経済危機の深刻化とともに米国流の新自由主義に対する深刻な反省も生まれており，市場の効率性一辺倒ではなく社会の安心・安定を支える各種制度・規制が果たす重要性が再び認識され始めている。

こうして，各国・各地域固有の経済的・制度的条件が果たす役割に注目するならば，今後のグローバリゼーションの一層の進展の下でも，コーポレート・ガバナンスのあり方は決してアメリカ流の新自由主義に基づく「唯一最善の方法（one best way）」，したがってまた唯一最善のガバナンス・モデルに収斂するのではなく，各国・各地域固有の制度的・経済的条件に基づいて「経路依存的」な歴史的進化が辿られるのであり，「多くの最良の実践（many best practices）」が，したがってまた各国・各地域の多様なガバナンス・モデルが今後も引き続き存在するものと考えられる。

本書は，以上のような基本的理解に立って，コーポレート・ガバナンスの変

化と多様性をキー・コンセプトして，第Ⅰ部の「経営学の基本問題とコーポレート・ガバナンス」と第Ⅱ部の「コーポレート・ガバナンスの国際比較」から構成されている。

　第Ⅰ部では，企業支配論，機関投資家，取締役会改革，「企業の社会的責任」，「社会的責任投資」といった，コーポレート・ガバナンスに係る主要トピックスと結びつけてガバナンス問題が論じられている。第Ⅱ部では，日本，アメリカ，イギリス，ドイツ，ロシア，中国といった，先進工業諸国だけではなく新興経済諸国における各国固有のコーポレート・ガバナンス問題とそのガバナンス改革の動向を考察の対象として，各国の多様なガバナンスのあり方とその変化の動きが明らかにされる。

　本書は現代社会における企業のあり方やトップ・マネジメントのあり方に関心をもつ学生諸君や実務家の方々を念頭に置いて書かれたものであり，執筆者一同平易な文章と簡明な論理の展開を心がけて執筆してきたつもりである。読者の忌憚のないご批判を心よりお願いしたい。また本書の執筆にご参加・ご協力頂いた執筆者各位にもご多忙のところ短い執筆期間にすべての原稿を脱稿して頂いたことに対して，編者として心よりお礼申し上げたい。

　本書の作成にあたってミネルヴァ書房・編集部の梶谷　修氏には本書の企画から編集まで一貫して読者の立場に立った誠実な仕事をして頂き，ときに貴重な改善点を指摘して頂いた。同氏の温かいご配慮とご支援に対して心よりお礼を申し上げたい。

2009年3月

海道ノブチカ
風間　信隆

コーポレート・ガバナンスと経営学
――グローバリゼーション下の変化と多様性――

目　次

はしがき

序　章　「企業と社会」とコーポレート・ガバナンス
　　　　　　　　　　　　　　　　　　　　　　　海道ノブチカ…*1*
 1 コーポレート・ガバナンスの基本問題 …………………………*1*
 2 企業と社会 ………………………………………………………*2*
 3 アメリカのコーポレート・ガバナンスの特徴 …………………*4*
 4 ドイツのコーポレート・ガバナンスの特徴 ……………………*5*
 5 日本のコーポレート・ガバナンスの特徴 ………………………*7*

第Ⅰ部　経営学の基本問題とコーポレート・ガバナンス

第1章　会社支配論とコーポレート・ガバナンス ………岩波文孝…*11*
 1 株式会社の発展とコーポレート・ガバナンス …………………*11*
 2 巨大株式会社における株式所有と会社支配 ……………………*13*
 3 会社支配論の概観 ………………………………………………*16*
 4 ステークホルダーとコーポレート・ガバナンス ………………*23*

第2章　機関投資家の台頭とコーポレート・ガバナンス
　　　　　　　　　　　　　　　　　　　　　　　坂本雅則…*29*
 1 議論される問題状況 ……………………………………………*29*
 2 法パラダイムによる説明 ………………………………………*32*
 3 法パラダイムの到達点と限界点 ………………………………*41*

第3章　取締役会改革とコーポレート・ガバナンス ……西　剛広…*48*
 1 環境との「連結環」としての取締役会 ………………………*48*
 2 取締役会構造と様々な機能 ……………………………………*50*
 3 アメリカ企業の取締役会改革の現状 …………………………*52*
 4 日本における取締役会改革の動向 ……………………………*55*

5　環境適応と取締役会機能 ………………………………………63
　6　環境適合型ガバナンスに向けて ………………………………67

第4章　「企業の社会的責任」(CSR) とコーポレート・ガバナンス
　………………………………………………田中照純…72
　1　「企業の社会的責任」をめぐって ……………………………72
　2　コーポレート・ガバナンスを考える …………………………77
　3　CSR とコーポレート・ガバナンスの統合 ……………………81

第5章　社会的責任投資 (SRI) とコーポレート・ガバナンス
　………………………………………………清水一之…86
　1　社会的責任投資 (Socially Responsible Investment : SRI) ………86
　2　持続可能な社会と「企業の社会的責任 (CSR)」………………88
　3　資本市場の変容と機関投資家の行動パターン：「離脱 (Exit)」,
　　　「発言 (Voice)」,「忠誠 (Loyalty)」概念の援用………………90
　4　機関投資家と年金法：米・英・独・仏の年金法を中心として …94
　5　企業の CSR と SRI ………………………………………………98

第Ⅱ部　コーポレート・ガバナンスの国際比較

第6章　日本のコーポレート・ガバナンスの特徴と課題
　………………………………………………松田　健…105
　1　いまなぜ日本のコーポレート・ガバナンスが問われているのか
　　　……………………………………………………………………105
　2　伝統的な日本のコーポレート・ガバナンス体制 ……………107
　3　株式持ち合い構造の変容：株主行動の変容と機関投資家の台頭
　　　……………………………………………………………………112
　4　1990 年代以降の制度変化 ………………………………………121
　5　日本のコーポレート・ガバナンスに残された課題 …………127

第7章　アメリカのコーポレート・ガバナンスの特徴と課題
　　　　　　　　　　　　　　　　　　　　　　水村典弘…133
1　アメリカの建国と株主資本主義 …133
2　株式会社の機関の設計と運営上の課題 …136
3　取締役会とガバナンスのメカニズム …139
4　公開企業のレゾン・デートル …145

第8章　イギリスのコーポレート・ガバナンスの特徴と課題
　　　　　　　　　　　　　　　　　　　　　　出見世信之…151
1　コーポレート・ガバナンスとアカウンタビリティ …151
2　コーポレート・ガバナンス改革の進展 …154
3　コーポレート・ガバナンスの特徴 …159
4　コーポレート・ガバナンスの課題 …162

第9章　ドイツのコーポレート・ガバナンスの特徴と課題
　　　　　　　　　　　　　　　　　　　　　　山縣正幸…166
1　ヨーロッパ社会経済の中心としてのドイツ …166
2　ドイツ型企業モデルの特徴（1）：資本構成の特色 …167
3　ドイツ型企業モデルの特徴（2）：監督と執行の制度的分離 …171
4　ドイツ型企業モデルの特徴（3）：社会的側面の重視 …173
5　ドイツ型企業モデルの特徴（4）：エコロジー的側面の重視 …177
6　ドイツにおけるコーポレート・ガバナンス改革 …180
7　ドイツ型企業モデルの将来 …183

第10章　ロシアのコーポレート・ガバナンスの特徴と課題
　　　　　　　　　　　　　　　　　　　　　　加藤志津子…187
1　市場経済化とコーポレート・ガバナンスの混乱 …187
2　コーポレート・ガバナンスの現状 …193

3　ロシアのコーポレート・ガバナンスの特徴と課題 …………203

第11章　中国のコーポレート・ガバナンスの特徴と課題
　　　　　　……………………………………………金山　権…207
　　1　企業統治システム構築 …………………………………207
　　2　コーポレート・ガバナンスの特徴 ……………………214
　　3　残されている課題 ………………………………………216

終　章　21世紀のコーポレート・ガバナンスの課題と展望
　　　　　　…………………………………………風間信隆…223
　　1　巨大株式会社の出現と経営者支配 ……………………223
　　2　株式市場の構造的変化と外的コントロール …………225
　　3　企業の不公正な行為・競争力の強化と内的コントロール ……228
　　4　多元的企業観（ステークホルダー重視）とコーポレート・
　　　　ガバナンス ………………………………………………231
　　5　利害関係者の諸利害の調整とコーポレート・ガバナンス ………233
　　6　21世紀のコーポレート・ガバナンスの課題と展望：社会に
　　　　信頼される企業の形成をめざして ……………………237

索　引……241

序　章

「企業と社会」とコーポレート・ガバナンス

1　コーポレート・ガバナンスの基本問題

　企業を支配するのは誰か，あるいは社会的広がりをもつ現代の巨大企業を誰がどのように規制するのかというコーポレート・ガバナンスの問題が，現在各国で活発に議論されており，現代の焦眉の問題となっている。企業支配あるいは規制の問題は決して新しいものではなく，所有と経営の分離現象を根拠に経営学の基本問題としてその生成期より議論されてきた。またコーポレート・ガバナンスの問題は，単に経営者をいかに規制するのかという問題だけではなく，グローバリゼーションのもとアメリカを中心とする機関投資家の台頭や国際競争が激化する中で企業の効率と透明性を高めて，いかに国際競争力を高めるかという問題とも密接に関連して議論が展開されてきた。

　さらに今日のコーポレート・ガバナンスの議論においては，単に出資者と経営者の関係だけではなく，より広範に利害関係者（ステークホルダー）と企業の関係を視野に入れて議論が展開されており，巨大企業におけるトップ・マネジメント組織のあり方，あるいはガバナンス機構のあり方が問われている。また企業と社会の関係も視野に入れてコーポレート・ガバナンスの問題を「企業の社会的責任（CSR）」や「社会的責任投資（SRI）」との関係でとらえる視点も重要となってきた。

　ところで各国でコーポレート・ガバナンス改革が推し進められているが，アングロサクソン型のコーポレート・ガバナンスやドイツをはじめとするヨーロッパ型のコーポレート・ガバナンス，アジア型のコーポレート・ガバナンスは，それぞれの国や地域の経済的，政治的背景の違いにより各国独自の特徴を

もっている。各国のコーポレート・ガバナンスの実情や改革の方向を国際比較することにより，日本のコーポレート・ガバナンスの問題点や改革の方向を展望することも重要である。本書ではこれらの点についても掘り下げた解明が行われている。

2　企業と社会

ではコーポレート・ガバナンスの対象である企業では，どのような経済活動が行われているのであろうか。一般に企業では利潤の獲得を目的に経営が行われている。いま典型的な工業企業についてみるならば，そこでは一方において原材料，機械およびその他の生産手段が準備され，他方においては賃金を支払って労働者が雇用され，両者を結びつけて生産が行われる。そして生産された製品は，商品として販売され，貨幣が回収されるが，投下した貨幣を上回る貨幣が回収されなければ意味がない。企業においてはこのような資本の運動が繰り返し，連続して行われており，したがってこの運動課程は，調達，生産，労務，財務，マーケティングといった企業活動の中に具体的に現れることになり，それらの活動を管理する組織が形成される。

このように利潤の獲得を目的に活動している企業は同時に財やサービスといった商品を生産することにより人々の欲求の充足を行うという社会的役割をもっている。その際，商品は消費者にとって必要で，かつ良質で安全な財やサービスであることが求められている。しかし本来企業が目的とする私的利潤の追求と良質で安全な財やサービスを提供するという企業の社会的存在としての側面は，必ずしも一致しない場合がある。かつての公害問題や薬害問題，最近の食品偽装問題，自動車のリコール隠し問題さらに粉飾決算や環境問題など私的利潤の追求のために消費者や国民の安全性が脅かされたり健康が害される場合がある（平田光弘〔2008〕『経営者自己統治論──社会に信頼される企業の形成』中央経済社，9頁以下）。またこのような企業不祥事などによって企業が倒産した場合には，従業員やその家族の生活が不安にさらされることになり，取引先企業や関連企業の連鎖倒産によりその地域の経済の衰退を招くことになる。こ

のように現代の巨大企業は，社会の様々な利害関係者に大きな社会的影響力と関わりをもつことになった。そこにコーポレート・ガバナンスの必要性が生じることになる。

　ところでコーポレート・ガバナンス問題の生成を典型的な企業形態である株式会社についてみると，企業が大規模化するにつれて中小の株主は経営より遊離し，所有と経営の分離現象が生じ，また企業規模の拡大に伴って経営管理が専門的に処理されなければならず，大株主も経営権を専門経営者に委譲してゆき，出資者とは別に専門経営者が出現した。このような専門経営者の出現により経営者支配の問題が生じ，経営者と出資者の関係をどのようにとらえるか，あるいは経営者をいかにガバナンスするのかが問われることとなった。ここに出資者（株主）と経営者の関係を意味する狭義のコーポレート・ガバナンスの問題が生じることとなり，特にアメリカでは1980年代に新自由主義的経済政策により株主価値の極大化が追求され，株主と経営者の関係を中心としたシェアホルダー志向的なコーポレート・ガバナンスが展開されてきた。

　他方，企業は株主とだけではなく広く社会のステークホルダーとも関わっており，現代では出資者のみならず様々なステークホルダーとの関係をも意味する広義のコーポレート・ガバナンスの重要性が増している。企業は多くの従業員を雇用することによって社会，特に地域社会と深く関わっており，さらに商品の生産と販売をとおして顧客，消費者とも大きく関わっている。また原材料の調達や資金の調達において取引先や金融機関と関わりがあり，さらに経済活動を遂行する際，国家，地方自治体とも関連している。このように企業は様々なステークホルダーと関係しており，社会的存在としての側面をもっている。このような観点は企業を株主のものとみるアメリカ型のコーポレート・ガバナンス論とは対照的に企業を様々なステークホルダーからなる社会構成体とみるヨーロッパ型のコーポレート・ガバナンス論に典型的にみられる。

　ところでこのコーポレート・ガバナンスには企業の内部からのコーポレート・ガバナンスと企業の外部からのコーポレート・ガバナンスがある。企業内部からのコーポレート・ガバナンスの機関としては株主総会，取締役会，監査役会などが設けられている。経営者に対するガバナンスの機関には，一元制シ

ステム（一層制システム，ボード・システム）と二元制システム（二層制システム）がある。一元制システムにおいては株主総会で選出された取締役会（受託経営層，ディレクター層）が代表取締役社長をはじめとする全般経営層（オフィサー層）を監督することになる。ただし一元制システムにおいては取締役会のメンバーが業務執行を行う全般経営層を兼任することが多く，業務執行機能と監督機能が明確に分離している二元制システムほどには，2つの機能は明確には分かれていない。日本やアメリカでは一元制システムが一般的である。これに対してドイツに典型的にみられる二元制システムにおいては取締役会が業務執行を担当し，監査役会は監督機能を担っている。

つぎに企業外部からのコーポレート・ガバナンスとしては株式市場からのガバナンスがある。これにはいわゆる「ウォールストリート・ルール」がある。株式市場の発展したアメリカで生まれたガバナンスの方法であり，投資先の企業の株式の売却を楯に経営者に圧力をかける方法である。しかしアメリカでは1980年代より年金基金のように機関投資家の株式保有が増大すると株式を簡単に売却できず，ウォールストリート・ルールを実行できなくなった。するとむしろ株式を長期に大量に保有し，議決権を行使することによって株主として経営者をガバナンスする方向に変化してきた。

次節では株主と経営者の関係を中心とした利害一元的なシェアホルダー志向的コーポレート・ガバナンスの特徴をアメリカを中心に検討しよう。またそれに続く節では株主のみならず様々なシェアホルダーを志向した利害多元的なコーポレート・ガバナンスの典型としてドイツのコーポレート・ガバナンスの特徴を明らかにし，さらに日本でのコーポレート・ガバナンスの問題点と改革の方向を展望することにする。

3 アメリカのコーポレート・ガバナンスの特徴

アメリカのトップ・マネジメント組織の特徴は，上述のように一元制システムにある。年金基金などの機関投資家からなる株主が株主総会において受託経営層である取締役会のメンバーを選任し，この取締役会が全般経営層である最

高経営責任者（CEO）以下の経営者を監督することになる。ただし取締役会の会長とCEOの兼任は可能である。特に1980年代以降新自由主義の考え方のもと株主価値極大化の企業観が広まり，そこでは株主と経営者の関係が問題となる。株主重視の背景には，機関投資家の台頭がある。年金基金などの機関投資家や投資銀行は，グローバルな資本市場で勢力を強め，規制緩和の世界的潮流のもとで株主価値重視の市場ルールをグローバル・スタンダードとして打ち立てようとしているが，そこでは企業は株主のものという考え方が基本となっている。

経営者は株主の代理人であり，取締役会や最高経営責任者（CEO）は，株主価値を最大にすることが任務であり，株主による有効なガバナンス・システムの構築が問題であった。またそれに伴って経営者と株主の利害を一致させるためのストック・オプションの普及，M&Aによる企業の買収やその後の不採算部門の売却による株主価値極大化の経営手法などが展開された。しかしながらグローバル・スタンダードとみなされていたアメリカ型のコーポレート・ガバナンスも2000年代に入りエンロンやワールド・コムにおける粉飾決算等の企業不祥事によりその問題点を露呈した（片岡信之〔2008〕「株主主権的企業観の問題性」片岡信之・海道ノブチカ編著『現代企業の新地平——企業と社会の相利共生を求めて——』千倉書房，6頁以下）。

4　ドイツのコーポレート・ガバナンスの特徴

このような利害一元的，シェアホルダー志向的なアメリカ型コーポレート・ガバナンス・モデルと対照的なのが利害多元的，ステークホルダー志向的なヨーロッパ型のコーポレート・ガバナンス・モデルである。ドイツをはじめとするヨーロッパ型資本主義は，市場原理をただ無制限に適用するのではなく，必要な場合には市場原理の作用を分野によってはある程度抑制し，政府が社会的目的のために規制を行いながら市場原理をうまく活用し，規制のための制度づくりを進める点に特徴がある。すなわち株主利益の極大化だけを唯一の目標とするのではなく比較的平等で，所得水準が高く，福祉を重視する安定した資本

主義社会をつくることをめざしている。したがってグローバリゼーションのもとでもヨーロッパ型の資本主義とアングロサクソン型の資本主義との間には社会的利益を志向するか,あるいは株主の利益を重視するかに関して原則的な違いがある。

このヨーロッパ型の資本主義の典型であるドイツでは第二次世界大戦後,「社会的市場経済」という理念のもとに市場経済の中で「社会的公正」を重視してきた。社会的市場経済のもとでこの側面は,企業レベルでは共同決定制度として実現され,トップ・マネジメント組織への従業員の経営参加として実現されている。ドイツの株式会社の特徴は,トップ・マネジメント組織が業務執行機関である取締役会と監督機関である監査役会の2つに分かれており,重層構造（二元制システム）になっている点にある。そして1976年の共同決定法により監査役会に労働側代表が半数参加することになった。そこでは労働側が資本側とともに取締役の人事権や取締役の意思決定に対する同意権を留保することにより企業の政策決定に影響を及ぼすことができ,企業の基本的な意思決定に対して労働側はモニタリング機能をもつことになる。

また資本側監査役代表の中には,個人や法人の株主以外にもドイツ独自の寄託議決権制度に基づく銀行代表も参加しているし,労働側監査役代表には企業外部の労働組合代表と企業内部の従業員組織の代表および管理職の代表が含まれている。したがってドイツでは株主以外にも金融機関,労働組合,従業員といった様々な利害関係者が監査役会をとおして企業の政策決定に影響を与え,また企業活動を規制できる可能性をもっている。

このようなドイツでのステークホルダー志向的なコーポレート・ガバナンス概念の根底には,企業を利害多元的な社会構成体としてとらえる伝統的な考え方がある。そこでは企業を多様な利害関係者より構成される社会構成体としてとらえることにより,所有権に基づく出資者の支配権を何らかの形で規制することが問題とされた。

5　日本のコーポレート・ガバナンスの特徴

　第二次世界大戦後，日本では1950年の商法改正によってアメリカのように受託管理職能を担い，政策決定を行う取締役会と業務執行を行う代表取締役をはじめとする全般経営層を分離し，取締役会に全般経営層に対するモニタリング機能をもたせようとした。しかし日本では年功的内部昇進により経営者が形成され，内部昇進の頂点として取締役や代表取締役のポストが存在しているため，実際には政策決定機関と執行機関は分離されなかった（奥村宏〔1984〕『法人資本主義』御茶の水書房，132頁）。

　このような日本のトップ・マネジメント組織においては，全般経営層における階層性（社長，副社長，専務，常務等）が，取締役会自体の中にもち込まれ，本来フラットな組織であるべき取締役会が階層化している。また受託経営層（取締役会）と全般経営層（社長，副社長など）と部門管理層（製造，営業などの現業部門の長）の3つの職能が未分化であり，最高意思決定機関，最高執行機関，部門執行機関の3つの職能が同一人物へ渾然と一体化している。また一種の身分として取締役の地位が存在するため取締役会の規模が大きく，さらに取締役のほとんどが内部取締役であるので，日本ではアメリカに比べ社外取締役の割合がきわめて少ない（片岡信之〔1997〕「トップ・マネジメント構造の発展」山本安次郎・加藤勝康編著『経営発展論』文眞堂，148頁以下）。このように日本では，取締役会は形骸化している場合が多く，受託経営層としての役割を果たしていない。むしろ全般経営層への権力が過度に集中しており，本来職能であるべき取締役の機能が身分概念にすり替わっている。

　ではこのような大きな権限をもつ経営者をだれが選任し，チェックするのであろうか。会社法では取締役および監査役を選任するのは株主総会となっている。最近では機関投資家をはじめとする外国人株主が増加し，議決権を行使し役員の選任に影響力を行使する場合があるが，ほとんどの株主総会は国内法人株主の白紙委任によって運営され形骸化している場合が多い。その場合には，株主総会では会社側の提案した候補者がそのまま取締役として認められるのが

一般的である。したがって実際には日本の大企業では代表取締役である社長が取締役候補者を選び，株主総会でこれが自動的に認められることになる。またその社長を選ぶのは取締役会なので，社長は自分で自分を選んでいるのと同じことになる。このような状況では下位にある取締役が受託経営者として政策を決定して，その決定どおりに上位に立つ代表取締役が実行しているかどうかを監督することは不可能である（奥村宏〔1995〕『法人資本主義の運命』東洋経済新報社，66頁）。

　以上のような取締役会と監査役会からなる従来型のコーポレート・ガバナンスの問題点を打破するために改革が進められてきたが，2003年4月に施行された改正商法により委員会等設置会社が導入された。委員会等設置会社では3つの委員会が設置され，「指名委員会」では取締役の選任および解任に関する議案内容が決定される。また「報酬委員会」では取締役と執行役の報酬が個人別に決定され，さらに「監査委員会」では取締役と執行役の職務遂行の監督・監査が行われる。各委員会は3人以上の取締役で構成され，社外取締役がそれぞれ過半数を占めることになる。

　この委員会等設置会社導入の目的は，経営の業務執行と監視・監督業務の明確な分離にあり，新たに執行役制度を設け，執行役は日常的な業務の執行にあたり，他方取締役は各委員会を通して重要事項の意思決定と業務執行の監視・監督を効果的に行うことになる。ただし取締役と執行役の兼任は認められており，業務執行と監督業務とは完全には分離されてはいない。さらに2006年5月には会社法が施行され，委員会等設置会社は委員会設置会社と現在呼ばれているが，2008年12月現在，委員会設置会社に移行した会社はわずかに109社に過ぎず，多くは伝統的な監査役会設置会社を維持している。今後日本においてもコーポレート・ガバナンス改革をさらに推進し，社会ならびにステークホルダーを志向したコーポレート・ガバナンスの展開が求められる。

（海道ノブチカ）

第 I 部

経営学の基本問題とコーポレート・ガバナンス

第1章

会社支配論とコーポレート・ガバナンス

　株式会社の発展に伴って所有と経営の分離が生じており，この現象がコーポレート・ガバナンス問題の基底にあります。大規模化した公開株式会社に対して，「誰が会社を支配するのか？」，「誰のために会社は経営されるのか？」という問題を踏まえながら，巨大株式会社における会社支配の構造変化とコーポレート・ガバナンス問題をめぐるアプローチを検討していきます。

1　株式会社の発展とコーポレート・ガバナンス

　近代株式会社の発展は，株式の高度な分散を伴い，所有者（株主）と経営者（専門経営者）とに機能的な分離をもたらした。そのため，コーポレート・ガバナンスは株式市場に上場する公開株式会社を対象として論議される。コーポレート・ガバナンス問題は，株式会社の発展に伴う巨大株式会社における所有と経営の分離を基底とするのである。また，コーポレート・ガバナンスは，「『そもそも企業を支配する者は誰か』，『企業はいったい誰のために，またいかに運営されるべきか』といった根本的な問題にまで及んでおり，そうした認識のもとに企業の公正かつ効率的な運営システムを構築していくことが模索されている」（植竹晃久〔1999〕「現代企業のガバナンス構造と経営行動」植竹晃久・仲田正機編著『現代企業の所有・支配・管理』ミネルヴァ書房，1頁）という問題に関わっているのである。

　コーポレート・ガバナンスは1980年代後半にアメリカで活発に論議され，当初，株主の利益保護の観点から経営者・企業経営の監視をめざした活動として展開された。近年ではコーポレート・ガバナンス研究に関して，法学，経営学，会計学，および経済学分野からのアプローチがある。ここでは，社会の中

の企業という観点から，コーポレート・ガバナンス問題について経営学的にアプローチしていきたい*。

* コーポレート・ガバナンスは，英米型，ドイツ型，日本型などに分類される。法改正により日本企業でも英米型のガバナンス・システムを選択できるようになった。

現代の企業経営をめぐってコーポレート・ガバナンスのあり方が問題とされるようになった社会経済的背景として，国内外を問わず大企業の不祥事，過剰な投機的行動，経営破綻，リコール隠蔽工作，法令違反などによる国民生活への影響が大きく，経営者の独断的な意思決定に対する監視の必要性が高まってきたことがあげられる。例えば，近年では，アメリカ企業エンロン社は，約12億ドルの損失を簿外取引により粉飾決算を行った。ワールド・コム社は約40億ドルの利益を粉飾決算により計上した。日本では，三菱自動車のリコール隠蔽，雪印乳業の食中毒・雪印食品の牛肉産地偽装，カネボウの粉飾決算，ライブドアの粉飾決算，JR西日本の列車脱線事故，耐震強度偽装，明治安田生命の保険金未払い，野村證券の男女差別など，日本企業においても不祥事が多発している。このような企業行動は，激化した企業間競争のもとで，企業の業績追求や株価により業績を評価しようとした結果であるといえよう。

コーポレート・ガバナンスは，**コーポレート・パワー**概念と関連づけてとらえる必要があり，コーポレート・パワーを行使するシステムや手法を表現するものである。コーポレート・ガバナンス論議は，巨大株式会社において株式所有の分散化と会社支配の構造変化に関連しているのである（仲田正機〔2008〕「コーポレート・ガバナンス改革の位相」鈴木幸毅先生古稀記念論文集刊行委員会編『企業社会的責任の研究』中央経済社，25-28頁）。

コーポレート・ガバナンスの論議は，一方では，狭義のコーポレート・ガバナンスとして，**エージェンシー理論**に基づき，巨大株式会社と株主との関係における株主利益の追求をめざしたコーポレート・ガバナンス改革*，あるいは

コーポレート・パワー（Corporate Power）：コーポレート・パワーとは，会社法や定款に明文化されている企業の事業目的や事業活動を実行するためのパワー（Power：権能）をさす。
エージェンシー理論：プリンシパル（依頼人）がエージェント（代理人）の行動を監視できない状況下で，エージェントに約束を実行させる最適な契約形態を明らかにすることを目的とする理論である。

本章で取り上げる会社支配論に関連づけたコーポレート・ガバナンス問題として展開される。他方では，広義のコーポレート・ガバナンスとして，ステークホルダー論，CSR 論などに基づき，企業とステークホルダーとの関係におけるコーポレート・ガバナンス改革として展開される。

 * 機関投資家の台頭とともに巨大株式会社における「所有と経営の分離」の論議に伴い，エージェンシー理論が展開された。エージェンシー理論では，株主と経営者との関係をプリンシパル（principal：依頼人）とエージェント（agent：代理人）との関係として把握し，株主利益の追求をめざしてコーポレート・ガバナンス改革が展開された。株主と経営者間の情報の非対称性の存在とそれを補完するためのエージェンシー・コスト問題が扱われ，株主重視のコーポレート・ガバナンスが展開されたのである。

コーポレート・ガバナンスの対象となる巨大株式会社は，社会的存在としての公的側面と私的な営利追求組織としての私的側面をもつとともに，社会の構成単位でもある。経営者の基本的役割は，企業の存続・維持を誇ることであるが，企業間競争の激化に伴って一連の企業不祥事が発生しており，コーポレート・ガバナンス体制が問題となり，企業経営に対する監視・チェック体制が必要とされるようになった。それとともに，法令遵守，社内ルール・注意義務の遵守，公正な投資の誘引など企業経営に対する公正・効率的な経営システムの構築，すなわちコーポレート・ガバナンスの実効性が問われ，経営システムの再構築が求められるようになった。

2 　巨大株式会社における株式所有と会社支配

株式会社は資本調達のため株式発行を行い，出資者（株主＝株式所有者）より資本を調達する。株主は出資の限度内で責任を負う（有限責任制）。出資資本である有価証券としての株式は証券市場で自由に売買できる。そのため株式会社は社会的に広範に多額の資本を集めることができ，大規模会社の設立が可能となったのである。

現代の企業は，株式会社の発展に伴う株式発行の増大により，所有と経営が機能的に分離し，株式所有の分散化と少数の大株主への支配の集中をもたらす

第Ⅰ部　経営学の基本問題とコーポレート・ガバナンス

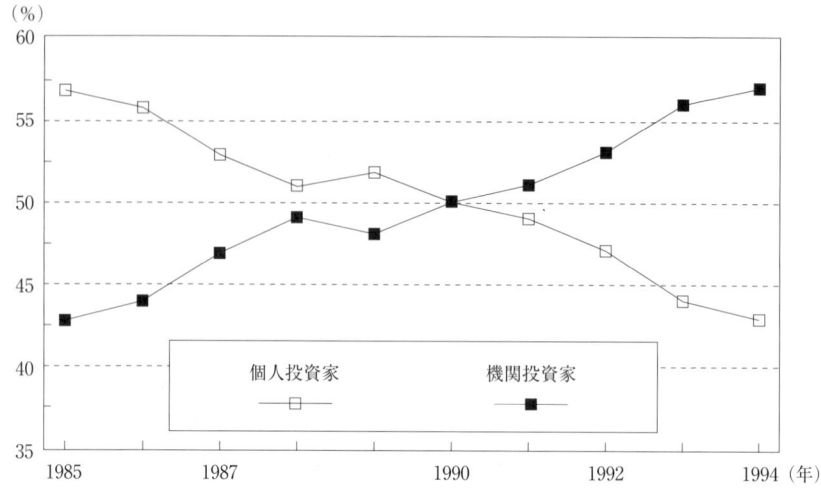

図1-1 アメリカ最大1000社における個人投資家と機関投資家の株式保有比率
(出所) M. Useem (1996) *Investor Capitalism How Money Managers are Changing the Face of Corporate America*, Basic Books, p.26.

という，株式所有の二極化をもたらした。すなわち，現代の巨大株式会社の株式所有構造は，個人株主レベルでの株式分散化と少数の非個人株主への株式の集中化という二極化を伴うのである。

　アメリカ企業の株式所有構造の変化をみておこう（**図1-1**）。近年，株式所有の機関化現象が顕著になっており，主要株主が個人株主から非個人株主へと移行している。非個人株主である年金基金，銀行，保険会社，投資会社などの機関投資家の株式所有比率が増大し，株式市場において機関投資家が台頭してきた。一方で機関投資家が公開会社の株式所有・持株比率を増大しており，他方で個人投資家の持株比率が減少しているのである。アメリカにおける株式所有構造は，株式所有の機関投資家への集中・拡大を特徴とするのである。

　つぎに，株式の分散化に伴う持株比率に対応した会社支配の様式をみておこう。会社支配とは1株1票原則のもとで株式所有構造に基づき，会社の取締役会の構成を決定する権能をさす。取締役の選任を通じて会社の業務に対する議決権上の優位性を確保することである。すなわち，会社支配は，特定の株主に所有機能を与える構造的関係である。支配者は会社業務に対する議決権の行使

第1章　会社支配論とコーポレート・ガバナンス

や株主総会において取締役会の構成を決定する権能をもつのである。

株式の分散化による単独最大株主の持株比率の低下に対応して支配様式を以下のように分類することができる。

完全株式所有：単独最大株主の持株比率が発行済み株式（議決権株の80%以上を保有）

過半数支配：80〜50%

少数支配：50〜10%（バーリとミーンズによれば20%以上）

有力株主不在の支配：単独での持ち株が10%未満で会社を支配するには十分な株式を所有する個人あるいは機関が存在せず，現存の経営者が実質的に支配する（経営者支配）。

株式の分散化に関して，後述するようにバーリ（A.A. Berle）とミーンズ（G.C. Means）は，株式会社の大規模化に伴う株式の分散化と単独最大株主の持株比率の低下に着目し，株式所有の分散が支配力の分散をもたらすと指摘した。

現代においても，株式会社が大規模化するに従って，個人株主の分散化と法人・機関株主への株式の集中化が進んでいる*。すなわち個人的システムから非個人的システムへの移行が進展しているのである。非個人的システムは，単独で少数支配を実現できる10%以上の株式を所有する株主がいない巨大株式会社にみられる。トップ20大株主（日本では10大株主）は単独では少数支配を実現できる10%以上の株式を所有していないが，複数の株主が連合すれば，集合的に10%を超える株主権を行使し，ある種の少数支配の達成も可能となる。

* 例えば，日本における分散化した株式所有構造の特徴をあげると，個人投資家から非個人株主への移行，すなわち，株式所有の法人化，法人間におけるマトリックス状の株式持ち合い，法人株主の株式保有動機の特異性・長期安定的株式保有，株式持ち合いネットワークにおける大銀行の中心的役割（メイン・バンク・システム）などがあげられる。

したがって，巨大株式会社と株主との関係に着目すれば，所有と経営の分離に伴い経営者の行動を株主の利害に合致したものとしていくシステムおよび経

営者に対するチェック・モニタリングシステムの構築が求められてきたのである。

3　会社支配論の概観

　株主と経営者との関係に焦点をあて，会社支配論とコーポレート・ガバナンス問題について，検討を加えていきたい。会社支配論には諸説があるが，紙幅の関係上，バーリとミーンズが主張した経営者支配（ここでは便宜上，伝統的な経営者支配と称す），マネジリアリスト（managerialist）により展開される制約された経営者支配（constrained management control），所有者支配としての利益星座状連関を通じた支配（control through constellation of interest）を取り上げたい。

1　伝統的な経営者支配論

　所有と経営が分離した株式会社における会社支配論として，バーリとミーンズが展開した経営者支配論をみていこう。バーリとミーンズは，1929年におけるアメリカの資産額上位の非金融会社200社の株式所有比率と会社支配の実態調査に基づき，44％の会社（資産割合58％）が経営者支配＊となっていることを主張した（A. A. Berle and G. C. Means〔1932〕*The Modern Corporation and Private Property*, Macmillan Company／北島忠雄訳〔1958〕『近代株式会社と私有財産』文雅堂銀行研究社）。

＊　バーリとミーンズは単独最大大株主の持株比率の20％以下を経営者支配としている。また，会社の経営者を取締役会の構成員であるものと定義している。他方で，トップ・マネジメントによる経営政策の決定に着目し，経営者支配を展開している緒論がある。その代表的論者は，ゴードン（R.A. Gordon）とガルブレイス（J.K. Galbraith）である。ゴードンは「会社の経営担当者が今日の会社におけるビジネス・リーダーシップ行使に関して，主たる責任を負っている。このことが真実である限り，リーダーシップと所有とはほとんど異なる人の手中にあるということに疑いはない」と主張している（R.A. Gordon〔1948〕*Business Readership*, Brooking Instisution, p. 45／平井泰太郎・森昭夫訳〔1954〕『ビジネス・リーダーシップ』東洋経済新報社，49頁）。株式所有構造に規定さ

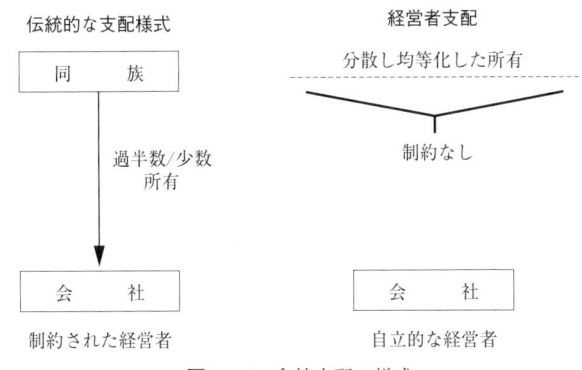

図1-2 会社支配の様式
(出所) J. スコット・仲田正機・長谷川治清（1993）『企業と管理の国際比較——英米型と日本型』中央経済社, 8頁。

れた構造的な関係として支配をとらえるのではなく，経営管理職能の観点から，経営者のビジネス・リーダーシップを重視して支配論を展開している。

創業者一族など同族・家族の資本力に限界があり，株式会社における資本調達先が個人に求められており，株式会社の規模拡大に伴い株式が分散すると考えられているのである（図1-2）。株式会社における所有から支配の分離は，株式分散の程度に応じて，完全所有支配，過半数所有支配，法律的手段による支配，少数所有支配，経営者支配へと段階的に支配様式が変化するととらえられているのである。

彼らは，調査結果（表1-1）に基づき，「アメリカにおける巨大会社の株式所有の分散が高度化することにより，これら諸会社の支配に関して新しい事態が出現したことは明らかである。これら諸会社のほとんどの支配者はもはや有力な所有者ではない。むしろ有力な所有者は存在せず，支配は所有から大きく分離して維持されている」(Berle and Means〔1932〕p. 117／北島訳〔1958〕143頁) と述べている。

彼らは，巨大株式会社における株式の分散について，株式発行の増大に伴い株主数の増大と単独大株主の持株比率の低下，顧客持株比率および従業員持株比率の上昇に着目し，所有から支配の分離を論じた。会社を支配するために十分な株式を所有する単独株主が存在しなくなり，経営者支配が成立する。経営

表1-1 資産額上位200社の支配類型分布
(単位：％)

支配類型	直接的支配		究極的支配	
	会社数	資産額	会社数	資産額
完全所有支配	6.0	4	6	4
過半数所有支配	5.0	2	5	2
法律的手段による支配	10.5	12	21	22
少数所有支配	36.5	32	23	14
経営者支配	32.5	44	44	58
共同支配	8.0	6	–	–
特殊なもの	1.5	–	–	–
管財人の手中	–	–	1	–
合　計	100.0	100	100	100

(注) 1930年初頭の200社の業種は，42鉄道会社，52公益事業会社および106工業会社からなる。

(出所) A. A. Berle and G. C. Means (1932) *The Modern Corporation and Private Property,* Macmillan Company, pp. 115-116.

者はその地位を利用して株主総会の議決に影響を与える小株主の委任状を集めることにより，次期取締役を事実上指名できる経営者は株式所有に基づかずに取締役の選出や会社の最高方針を決定するという実効的な権能を行使できることになる。

したがって，支配株主が保有する議決権株式をどの程度の比率で所有しているかということ，および分散化し均等化した株式所有構造に基づき経営者の自律性の確保を主張したのである。

2 マネジリアリストによる経営者支配論：制約された経営者支配

バーリとミーンズが主張した経営者支配論を継承し，展開されたマネジリアリストによる経営者支配論をみていこう。経営者の権力は企業組織の戦略的地位を確保することにより行使されると主張したエドワード・ハーマン（Edward Herman）の研究（E.S. Herman〔1981〕*Corporate Control, Corporate Power,* Cambridge University Press）を紹介しておこう。

ハーマンは，1930年代以降，株主構成における機関の持株比率が増大したことを踏まえた上で，支配概念を企業の経営政策を決定する権能と定義し銀行支配論を展開したコッツ（D. M. Kotz〔1978〕*Bank Control of Large Corporations in the United States*, University of California Press／西山忠範訳〔1982〕『巨大企業と銀行支配』文眞堂）の支配概念を継承しながら巨大株式会社のコーポレート・パワー行使の現実をとらえようとしたのである。機関株主の持株比率増大は，保険会社，銀行などの金融機関の株式保有に加えて，諸個人から拠出された銀行信託口座，保険証券，年金基金も含められることにより，結果として金融仲介機関が大量の資本を動員することによりもたらされた。株式所有者としての巨大金融機関の重要性を理解し，会社支配論が展開されたのである。ハーマンが展開した経営者支配論は，会社間関係を重視するとともに，巨大株式会社の経営者の自律性に与える影響を踏まえて経営者支配論を現代的にとらえようとしたのである。

　すなわち経営者支配論を再構築し，「制約された経営者支配(constrained management control)」論を展開したところに特徴がある。

　巨大株式会社における会社支配に関して，「文字どおりの支配（literal control）」と「制約力（power to control）」とを区別している。「文字どおりの支配」は，「会社の重要な意思決定を行使する権能」をさし，株式会社の最高執行役（top executive）を任命・解任する権能を含んでいる。「制約力」は特定の意思決定に関する選択を制限する権能，人事上の決定を拒否する権能を表している。

　支配力の源泉として持株比率より戦略的地位（職位）（strategic position）を重要視し，会社支配の基礎を戦略的地位に求めた。戦略的地位とは，個別会社内における地位とその役割をさしている。戦略的地位を占有する者は会社における戦略的意思決定を担うことができ，会社支配の担い手となる。具体的には内部経営者，特に業務担当取締役および上級執行役（officer）をさしているのである。

　株式所有にも言及しながら，経営者の裁量の程度，所有者と経営者の利害の重複・対立の存在を指摘している。所有者の利害と権能は，取締役会における所有者利害の代表，市場的および社会的圧力，構造的・組織的変化に基礎づけられる。取締役会における所有者利害の代表は，取締役会構成員が株式の直接的所有者として所有者利害の擁護行動をとる。市場的および社会的圧力は，機

表1-2 アメリカにおける非金融上位200社の会社支配（1974年）

支配様式	会社数	会社数の比率（%）	資産比率（%）
経営者支配	165	82.5	85.4
少数支配	29	14.5	12.5
過半数支配	3	1.5	0.8
会社間所有支配	-	-	-
政府支配	1	0.5	0.4
金融支配	1	0.5	0.4
管財人管理	1	0.5	0.6
合　計	200	100	100

（注）　数値は引用ママ。
（出所）　E.S. Herman（1981）*Corporate Control, Corporate Power*, Cambridge University Press, pp.58–59より作成。

関投資家などにより構成される投資家社会の利害が企業に浸透することが含まれている。構造的・組織的変化について，企業規模の拡大化に伴う事業部制への組織改編に着目して論じている。

　したがって，現代の巨大株式会社において経営者はその戦略的地位に基づき，会社の重要な意思決定を行使できる権能を有している点に経営者支配が成立し，かかる経営者支配の会社が趨勢を占めている（表1-2）。その一方で，所有者利害により経営者支配が制約を受けている。すなわち，上述した金融機関の台頭によって経営者の自律性が減少し，内部経営者は外部からの制約力を受け，会社の主要意思決定，すなわち戦略的意思決定を行わざるを得ない。したがって，巨大株式会社の支配形態は「制約された経営者支配」として論じるべきであると主張した。

　ハーマンの「制約された経営者支配」論を概観してきたが，マネジリアリストたちによる会社支配論議では，支配機能の変化，すなわち取締役の選任から会社の事業・資産に対する支配へと変化しているのである。

3　所有者支配論：利益星座状連関を通じた会社支配

　マネジリアリストが論じる金融機関の台頭，金融機関による株式所有が経営者の自律性に制約を与えるのではなく，株式所有に基づき金融機関が直接的介

入や支配をしうるという事実認識に基づいて，所有者支配論*として会社支配論を展開したジョン・スコット（John Scott）の主張（J. Scott〔1986〕*Capitalist Property and Financial Power*, Wheatsheaf Books／現代企業研究グループ訳〔1989〕『現代企業の所有と支配』税務経理協会；J. スコット・仲田正機・長谷川治清〔1993〕『企業と管理の国際比較』中央経済社）を検討していこう。

*　所有者支配論には，金融集団と家族・同族による株式会社支配，金融支配，銀行支配として展開された会社支配論がある。

　スコットは，株式所有に基づく会社支配とマネジリアリストが論じる支配，すなわち経営者による戦略的意思決定の権能とを区別している。支配とは特定の株主に所有機能を与える構造的関係である。支配者は会社業務に対する議決権の行使や株主総会において取締役会の構成を決定する。他方で，支配構造によって制約される意思決定権の行使をRuleとして表現している。Ruleとは会社における事実上の意思決定権の行使を意味している。事実上，経営者は支配者と被支配者とから構成されており，支配構造に基づく制約の範囲内での意思決定権行使を伴うこともある（J. Scott〔1988〕"Entrepreneurial Capital in Japan and Britain"；『立命館経営学』第27巻第2号，34頁）。

　スコットは，株式所有構造をめぐって，ザイトリン（M. Zeitlin）の分析視角*を継承するとともに，会社間ネットワークのパースペクティブを導入し，会社支配論の再構築を進めた。伝統的経営者支配論で述べたように巨大株式会社における高度な株式分散に着目し，会社間関係のパースペクティブにより株式所有と会社支配の問題を再検討した。スコットは，ハーマンと同様，会社間関係が会社支配に与える影響を重視したが，ハーマンの主張とは異なる所有者支配論を展開したのである。

*　ザイトリンは，企業が含まれているような複雑な構造を伴った会社間ネットワークに焦点をあて，株式所有関係の全体的なパターンを考慮に入れなければならないと指摘しており，量的に等しい株式所有比率は，その企業を含む会社間関係のネットワークに応じて質的に異なった重要性をもつと論じている（M. Zeitlin〔1974〕"Corporate Ownership : The Large Corporation and the Capitalist Class," *American Journal of Sociology*, Vol. 79, No. 5, pp. 1097-1099）。

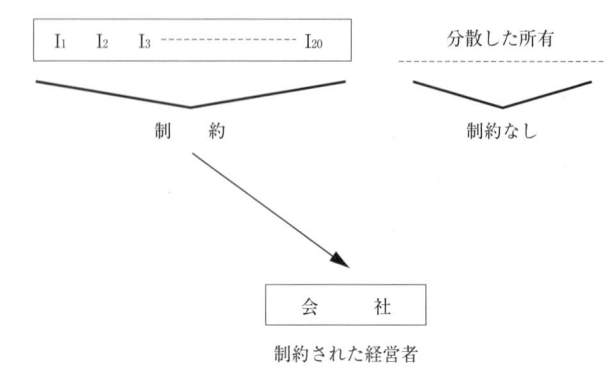

第Ⅰ部　経営学の基本問題とコーポレート・ガバナンス

```
        ┌─────────────────┐                        分散した所有
        │ I₁  I₂  I₃ ──────── I₂₀ │          ┄┄┄┄┄┄┄┄┄┄┄┄┄┄┄┄┄┄
        └─────────────────┘
              ╲       ╱                           ╲       ╱
               ╲     ╱                             ╲     ╱
                制　約                              制約なし
                  │
                  │
                  ▼
              ┌───────┐
              │ 会　社 │
              └───────┘
             制約された経営者
```

図1-3　利益星座状連関を通じた支配様式

（出所）J. スコット・仲田正機・長谷川治清（1993）『企業と管理の国際比較――英米型と日本型』中央経済社，10頁。

　現代の巨大株式会社の株式所有構造は，金融仲介機関の株式保有が増大しているが，個別の大株主が単独で会社を支配するに足る所有比率を有していないほど株式が分散化している。支配様式において，経営者支配あるいは有力株主不在と分類される状況における会社支配の実態を検討している。最大株主が単独持株比率 10% 以下の株式所有状況を考察し，利益星座状連関を通じた支配の様式を論じているのである。

　利益星座状連関を通じた支配とは，英米の巨大株式会社において，単独では過半数支配あるいは少数支配を実現できない状況，すなわち有力株主不在の状況で経営者支配が成立すると理解される状況において個別利害に基づく一時的な株主連合あるいは不安定な株主連合によって，支配を行使できうる支配様式である（図1-3）。非個人的システムにおいて，利益星座状連関を構成する株主は，ほとんどが非個人株主である機関株主である。それぞれが株主総会において議決権行使をめぐって連携することにより，会社支配は行使される。個別株主は，利益星座状連関を通じて，会社業務に対する議決権の行使や株主総会において取締役会の構成を決定するのである。したがって，このシステムでは取締役会は個別の単独株主からは自立性を確保できるが，支配主体は利益星座上連関（いわゆる株主連合）による会社支配が行われているとみなされるのである。

表1-3　アメリカにおける上位252社の会社支配（1980年）

支配様式	個人	法人 アメリカ	法人 外国	混成	その他	合計
過半数支配	2	1	4	0	0	7
共同的過半数	0	0	0	1	0	1
安定的少数	10	5	0	1	0	16
限定的少数	16	15	0	0	0	31
共同的少数	1	0	0	1	0	2
未詳の少数	3	1	0	0	0	4
相互会社	–	–	–	–	11	11
利益星座状連関	–	–	–	154	–	154
不明	–	–	–	–	26	26
合計	32	22	4	157	37	252

（出所）　John Scott（1986）*Capitalist Property and Financial Power*, Wheatsheaf Books, p. 139.

　アメリカにおける上位252社の会社支配状況では，利益星座状連関を通じた支配に分類される会社が多くなっている（**表1-3**）。この分析に基づき，制約された経営者支配は支配の重要な特徴を把握しているが，大規模で有力な金融仲介機関が制約を行使する事実を明らかにしていないことを指摘している。また，利益星座状連関に属する金融仲介機関は取締役会に代表者を出し，戦略的意思決定に積極的に関与する傾向があることも主張している（J. Scott〔1986〕p. 148／現代企業研究グループ訳〔1989〕152-155頁）。

　したがって，利益星座状連関を通じた支配の状況において，最大級の株主，現代では主に機関株主は，所有者支配を行使することができるとともに，経営者の自律性に対して制約的な影響を与えることができるといえよう。

4　ステークホルダーとコーポレート・ガバナンス

1　ステークホルダーと企業

　巨大株式会社は多様なステークホルダー*と関係しながら活動を展開している。株式会社に対して株主は適正な配当の支払いや株価の維持・上昇を，従業

員は十分な報酬と快適な労働環境の保障を，顧客は高品質・安全な財貨・サービスの提供を，近隣住民は騒音・環境汚染のない環境などを求めている。他方で，会社はステークホルダーの利害を考慮して活動を展開する。こうして巨大株式会社とステークホルダーは利害バランスをとり相互に作用する関係を構築するのである。

* ステークホルダーは，企業と直接的に関係するステークホルダーだけでなく，間接的あるいは潜在的，非経済的ステークホルダーが含まれる（林正樹〔2006〕日本比較経営学会編『会社と社会――比較経営学のすすめ』文理閣，24-25頁）。また，ステークホルダーについて，リスクを負うものと定義し，自発的なステークホルダーと非自発的なステークホルダーとに区分してステークホルダー論が展開されている（M.B.E. Clarkson〔1998〕*The Corporation and Its Stakeholders : Classic and Contemporary Readings*, University of Tronto Press, pp. 2-3）。

コーポレート・ガバナンス問題では，こうした社会と企業との関わりについて，狭義のコーポレート・ガバナンスと広義のコーポレート・ガバナンスとに区別される。狭義のコーポレート・ガバナンスは，「株主・経営者関係と会社機関構造」と定義され，広義のコーポレート・ガバナンスは，「企業と利害関係者」と定義される（出見世信之〔1997〕『企業統治問題の経営学的研究』文眞堂）。本章で取り上げる会社支配論とコーポレート・ガバナンスの問題は，狭義のコーポレート・ガバナンスに位置づけられる。

2 機関投資家とコーポレート・ガバナンス

　ステークホルダーとしての株主と巨大株式会社との関係からコーポレート・ガバナンス問題をみておこう。一般的に**ウォールストリート・ルール**に基づいた機関投資家の行動があげられる。投資対象企業の株主総会では，会社の提案を支持する行動をとる。投資対象会社の業績が向上しない場合，経営者に対して支配力を行使するのではなく，株式を売却する。こうした状況に対して，経営者支配論者は，このウォールストリート・ルールおよび経営者への委任状の

ウォールストリート・ルール（Wall Street Rule）：キャピタルゲインや配当に関心をもち投資行動を行うこと。具体的には投資対象企業の経営に関して問題があれば，その企業の株式を売却することにより問題を解消する行動となって現れる。

集中，経営者がその地位に基づき最高意思決定に関する権能を有することから支配主体は機関投資家ではなく，経営者であると主張した。しかしながら，アメリカでは1974年のエリサ法（ERISA：Employee Retirement Income Security ACT：従業員退職所得保証法）の制定により，年金基金の管理・運用の受託責任が問われることになった。受託責任には株主総会での議決権行使も含まれており，年金基金は年金加入者の立場から議決権行使行動を行わなければならなくなった。また，年金基金の保有株式増に伴い，市場で大量の保有株式を売却することにより，株価の急落を招くことになる。そのため，支配力行使の選択をせざる得なくなった（佐久間信夫〔2003〕『企業支配と企業統治』白桃書房，169-170頁）。

機関株主の中には，ウォールストリート・ルールに従い株式売買を行う機関投資家，あるいは**サイレント・パートナー**として行動する機関投資家も依然として存在するであろう。しかしながら，このような機関投資家と経営者との間の関係の変容は，**リレーショナル・インベスティング**として現れている。上述したように，機関投資家の持株増に伴い，大量の株式売却による市場全体での株価下落と残りの保有株の株価下落に伴う損失を避けることが必要となる。また，長期株式保有によって，企業経営に対する機関株主の影響力が増大し，**アクティビスト・「もの言う株主」**として経営に厳しく言及する傾向が増大している。

イギリスにおける機関投資家，特に年金基金の行動に関してつぎのような指

サイレント・パートナー（Silent Partner）：「もの言わぬ安定株主」と称され，企業経営に対して発言や議決権行使を行わない安定的株主をさす。
リレーショナル・インベスティング（Relational Investing）：株主，主に機関投資家と経営者との間で，継続的に企業経営に関する情報交換をし，企業経営に対して影響を与える関係をさす。
アクティビスト（Activist）：「もの言う株主」とも称され，企業経営に積極的に関与し，投資対象企業の経営改善を促す投資家をさす。こうした投資家行動は，「株主行動主義（Shareholder's Activism）」と呼ばれ，機関投資家の受託責任の1つとして議決権行使が認められたことから，株主の利益を実現するために株主総会で議決権を行使したり，株主利益を代弁する社外取締役を取締役会に送り込んだり，経営者に株主利益を重視した経営を行うよう圧力を掛けるなど企業経営に関与し経営改善を促すことを目的とする。

第Ⅰ部　経営学の基本問題とコーポレート・ガバナンス

▶▶ *Column* ◀◀

市民株主によるコーポレート・ガバナンス改革の提唱

わが国においてコーポレート・ガバナンス問題に積極的に関与しようとする市民株主による活動があります。市民株主は，キャピタルゲインや配当に関心をもち，「もの言わぬ株主」としてみられてきました。近年では，会社経営のあり方に関心をもち，積極的に意思表示をする株主も増えています。その一例として株主オンブズマンの活動を取り上げていきましょう。

株主オンブズマンは，株主主権に基づいて「社会の目」を通じた企業活動の監視を行っており，上場企業に対して企業監視を行う市民株主の団体です。株主オンブズマンは，株主代表訴訟，上場企業に対する株主提案を主な活動とし，アンケート調査に基づいて企業に提言を行っています。具体的には，総会屋利益供与事件，談合事件などで株主代表訴訟を提起するとともに，取締役の報酬・退職慰労金の個別開示や企業倫理の確立を求めて株主提案を行っています。上場企業に対して，株主総会，障害者雇用，男女共同参画，政治献金，公益通報などの現状と取り組みに関する各種アンケート調査の実施や改革・改善に向けた提言を行っています。

例えば，雪印乳業に対して，消費者・株主の立場で経営再建のために消費者の代表者を安全担当の社外取締役として株主提案し，結果的に会社は株主提案を受け入れ，会社側から提案を行ったという事例もあります。他方で，多くの会社では株主総会における質問について，事実上会社都合により回答する質問を選別し，株主が提出した書面に対して回答しなかったケースがあります。

本来，企業はマイナス情報も開示するべきですが，株主総会での質問は有価証券報告書や Annual Report にも記載されないという現状があります。近年の傾向として，株主総会において労働問題を取り上げるケースが増加しており，労働環境の悪化に対して，企業に対する追及を強化することも考えられています。

摘もある（J. Scott〔2005〕「英国のコーポレート・ガバナンスの変貌」仲田正機編著『比較コーポレート・ガバナンス研究』中央経済社，51-58頁）。イギリスでは，政府や証券取引所は，年金基金に対して行動的株主として投資対象企業に対す

ファンド・マネジャー（Fund Manager）：機関において専門知識に基づき，投資判断を行い，資産運用を行う。
SRI（Social Responsibility Investment）：社会的責任投資。投資対象企業の財務的指標に基づいて投資を行うだけでなく，投資対象企業の社会的責任を投資基準に設定し投資を行うこと。

る制約者であるだけでなく，会社支配の行動的参加者となるよう促してきた。機関の**ファンド・マネジャー**が年金基金の議決権行使を通じて経営上の方針に介入する場合，支配的な星座状連関の中の特定の株主間で一時的な提携が生じる。このような提携がコーポレート・ガバナンス問題の追及において主導的役割を担ってきた。

　したがって，機関投資家には受託責任があるため，投資運用に第一義的な関心をもたざるを得ない。しかしながら，SRI を積極的に展開し，株主意識として広範な経済的・社会的所有への意識転換，すなわち広義のステークホルダー共有型システムを指向する機関投資家も存在する。このような観点に基づき，高度に株式が分散した巨大株式会社に対するコーポレート・ガバナンスとして，年金基金など諸機関により構成される利益星座状連関が個別巨大会社における戦略的意思決定への制約条件として作用する，あるいは所有者の観点から会社支配が展開されるともいえよう。

論点整理

　株式会社は，資本調達のための株式発行の増大により，大規模化し発展している。巨大株式会社では，株式所有の分散化が進展し，株主数の増大と単独最大持株比率の低下をもたらしている。株式会社の発展は，巨大株式会社における株主と経営者とが機能的に分離することになり，会社の支配主体が問題となってくる。本章では，会社支配論：経営者支配論（伝統的経営者支配論），マネジリアリストによる経営者支配論（制約された経営者支配論），所有者支配論としての利益星座状連関を通じた支配論を検討してきた。年金基金など機関株主は星座状連関を通じて，ステークホルダーとして会社支配あるいは戦略的意思決定に対して制約を与える傾向がある。会社支配の観点からコーポレート・ガバナンスをみると，株主が所有者として会社支配に関与しているといえるであろう。

[推薦図書]
ロナルド・ドーア（2006）『誰のための会社にするか』岩波書店

本書は，コーポレート・ガバナンス・システムの解説を通じて，株主主権企業からステークホルダー企業への可能性を模索している。

S.M. ジャコービィ／鈴木良治・伊藤健市・堀龍二訳（2005）『日本の人事部・アメリカの人事部』東洋経済新報社

日米の大企業におけるコーポレート・ガバナンスと雇用問題との関係を扱っており，国ごとに異なるコーポレート・ガバナンスが雇用慣行に与える影響を論じている。

仲田正機編著（2005）『比較コーポレート・ガバナンス研究――日本・英国・中国の分析』中央経済社

コーポレート・ガバナンス・システムの構造変化と組織変化について取り上げ，比較分析を通じて日本型コーポレート・ガバナンス・システムの変容を論じている。

設　問

1．株式会社における会社支配について，説明してみましょう。
2．各国企業における株式所有構造・株式所有比率の特徴を調べてみましょう。

（岩波文孝）

第2章

機関投資家の台頭とコーポレート・ガバナンス

　「機関投資家とコーポレート・ガバナンス」を議論する場合，一般的に80年代のアメリカにおける機関投資家による経営介入が想定されます。しかし，機関投資家に関する議論の起源は80年代ではありません。コーポレート・ガバナンス論に先行する企業支配論で長く議論されてきました。この章では，機関投資家（機関株主を含む）が企業経営（特に戦略的決定）にどのような影響を及ぼしているか，をいくつかの学説を通じて理論的に議論したいと思います。

1　議論される問題状況

　まず，「ガバナンス」というコトバで意味されている具体的な問題状況を理解するために，学説史において，「コーポレート・ガバナンス」論（以下，ガバナンス論と表現）よりも先行する「企業支配」論（以下，支配論と表現）が課題としている問題状況と比較し，どういう共通点があるのか確認しておく。

1　「企業支配」論が課題としている問題状況

　支配論には「法パラダイム」と呼びうる類型がある（坂本雅則〔2007d〕『企業支配論の統一的パラダイム』文眞堂，3-5頁）。ここでいうパラダイムとは「ある問題状況に対する説明のやり方」である。

　すなわち，法パラダイムというとき，「支配」というコトバで対応させている問題状況を「法律的所有権」で説明するやり方，をさしている。

　そうすると，「私的所有権者は所有対象の使用権・収益権・処分権を統一的かつ排他的に行使できる」という法律的前提を株式会社にもそのまま適用す

ことになり，法パラダイムの場合，「支配」というコトバで対応させている具体的な問題状況は「取締役（会）を選出する権力（以下，「選出権力」と表現）」ということになる。

　制度上，取締役は株主総会を通じて選出されるから，株式保有状況が「支配」者特定の判定基準となる。何らかの要因で株式保有権が社会に広く分散すれば，「選出権力」を行使する主体が消滅してしまい，「結果として経営者が選出権力を獲得する状況（経営者支配）」になる一方，一定の凝集性があれば「所有者支配」になるわけである。

　支配論には「組織パラダイム」と呼びうるもう1つの類型がある（坂本〔2007d〕7-9頁）。組織パラダイムとは，「支配」というコトバで対応させている問題状況を「（組織における）戦略的地位の占有」で説明するやり方，である。

　「株式保有状況」以上に，経営規模の量的巨大化・質的複雑化が進行する過程で，専門経営者が占有する戦略的地位と職能に焦点をあて，「経営者支配」を主張する。組織パラダイムにおける「支配」というコトバで対応させている具体的な問題状況は，「戦略的意思決定を実際に行う権力（以下，「占有権力」と表現）」ということになる*。

　*　「経営者支配」という，法パラダイムと同じコトバを使っているのにもかかわらず，対応させている問題状況が異なる点は注意を要する。

2　「コーポレート・ガバナンス」論が課題としている問題状況

　ガバナンス論の学説にはストックホルダー型ガバナンス論と呼びうるものがある。この類型のガバナンス論が出現してきたのは1970年代以降のアメリカである（出見世信之〔1997〕『企業統治問題の経営学的研究』文眞堂，第4章）。

　議論している問題状況は「株主（ストックホルダー）と企業ないし経営者との関係」で，「株主（ストックホルダー）が企業ないし経営者をガバナンスする（するべきである）」という議論展開となる。

　ガバナンス論にももう1つ，ステークホルダー型ガバナンス論がある。それまで社会的責任論であるとか企業倫理論と呼ばれていたものが，80年代にこの類型のガバナンス論を形成することになる。

議論している問題状況は，株主以外に消費者・従業員・債権者・関連企業・取引先・地域住民・政府機関等々，多くの「利害関係者（ステークホルダー）と企業ないし経営者との関係」で，「利害関係者（ステークホルダー）が企業ないし経営者をガバナンスする（するべきである）」という議論展開になる。

3 共通する問題状況と2つのパラダイム

　法パラダイムに依拠した支配論とストックホルダー型ガバナンス論とを比較した場合，別のコトバであるものの，「同じ問題状況」を取り扱っているわけであるから，「支配」と「ガバナンス」はコトバとして入れ替え可能であることがわかる。両者ともに株式会社制度を前提にした議論であるから当然であって，法パラダイムに依拠した支配論がそうであるように，ストックホルダー型ガバナンス論も法パラダイムに依拠した学説であるといえる。

　同じことが，組織パラダイムに依拠した支配論とステークホルダー型ガバナンス論とを比較した場合でもいえ，組織パラダイムに依拠した支配論がそうであるように，ステークホルダー型ガバナンス論も組織パラダイムに依拠した学説といえる。

　以上のことから，「支配論」「ガバナンス論」は，使用されるコトバないし概念は異なるものの，大規模化した株式会社企業における，様々な個人ないし集団が織りなす権力関係，を具体的な問題状況として議論しているわけである。そして，このような共通する問題状況に対して，2つの異なる説明方式（パラダイム）で議論が展開されているわけである。

　この章では，コトバとして「支配」を使用するのか，「ガバナンス」を使用するのかということを中心的な論点とせず，機関投資家の台頭という株式保有状況の変化が，既存パラダイムが議論している共通の問題状況に対して，どのような意味でどの程度の変化を引き起こすのかもしくは引き起こさないのか，を法パラダイムに依拠した学説を通じて吟味する。

2 法パラダイムによる説明

　法パラダイムでは,「支配」を「選出権力」として解釈するため,選出権力を経営者（取締役）自身がもてば「経営者支配」*となるし,所有者（株式保有者）がもてば「所有者支配」**となる。ここではいくつかの法パラダイムの論者をとりあげ,機関投資家の出現をどのように解釈しているのかをみてみよう***。

* 法パラダイムに依拠した経営者支配論の論者による学説の批判的吟味は坂本〔2005a〕「法パラダイムの概念構成(1)」『龍谷大学経営学論集』第45巻第1号；坂本〔2005b〕「法パラダイムの概念構成(2)」『龍谷大学経営学論集』第45巻第2号；坂本〔2005c〕「法パラダイムの概念構成(3)」『龍谷大学経営学論集』第45巻第3号；坂本〔2006a〕「法パラダイムの概念構成(4)」『龍谷大学経営学論集』第45巻第4号；坂本〔2006b〕「法パラダイムの概念構成(5)」『龍谷大学経営学論集』第46巻第1号でなされている。
** 法パラダイムに依拠した所有者支配論の論者による学説の批判的吟味は坂本〔2007b〕「法パラダイムの概念構成(6)」『龍谷大学経営学論集』第46巻第3/4号；坂本〔2008a〕「法パラダイムの概念構成(7)」『龍谷大学経営学論集』第48巻第1号でなされている。
*** ここでは,機関投資家（の台頭）に関する理論的説明に力点があり,各論者が具体的に提示している「実証内容」に関しては省略する。詳しい批判的吟味は上記の拙稿を参照してほしい。

1　経営者支配論の系譜

①バーリ＝ミーンズによる解釈

　バーリとミーンズは1920年代のアメリカにおける株式保有状況分析を行い,株式会社制度が広範に普及していく過程で,経済力が集中し,株式所有が大衆化する,いわゆる「株式所有権（stock ownership）の分散」現象に注目した（A. Berle and G. Means, with a new introduction〔1991〕*The modern corporation and private property*, Transaction Publishers, Chapter 3, 4)。そして,この分散現象をとらえて,収益・権力・経営が統合された従来の「法律的所有権（ownership）」とは違って,「支配（control）」が「法律的所有権」から分離すると主張したのだった。

すなわち，株式が分散化していく度合い——持株比率の偏差——に応じて，「支配」形態が変化すると考え（Berle and Means〔1991〕Chapter 5），「経営者支配」形態以外の4つの類型は株式の凝集性の度合いに応じた株主総会を牛耳る様々な方法であり，「経営者支配」形態とは，株式の高度分散によって，結果的に，選出する権力自体を経営者が握る形態を意味している。

また，この理論的スタンスを忠実に守って，バーリは1959年の著作で，「機関所有支配」を主張している（A. Berle〔1959〕*Power without property*, Harcourt, Brace, p. 59）。これは株式の分散傾向が個人株主レベルで進行する一方で，株式の機関への集中傾向が起きたことを受けて行われたものである。彼の「理論的スタンス」からいえば当然で，何らかの条件で株式が機関に再集中すれば，集中した株式保有権を根拠に選出権力を奪取できるからである。

②ブランバーグによる解釈

1960〜70年代のアメリカにおける株式保有状況分析を行い，個人が保有する株式所有に関しては分散傾向が強まる一方，機関が保有する株式所有は集中するという統計的資料を使って「経営者支配」を論じた論者として，ブランバーグがあげられる（Phillip Blumberg〔1975〕"The megacorporation in American society", Prentice-Hall, Chapter 5）。

まず，伝統的なバーリ＝ミーンズ流の「支配」概念が株式の持株比率で類型化されていることを批判している（Blumberg〔1975〕pp. 92-93）。当該企業がおかれている状況によって，選出権力を確保するのに必要な持株比率は変化するし，さらに，取締役を選出する制度の性質上，取締役が有利な位置にあることを指摘している。

すなわち，選出権力というバーリ＝ミーンズ流の「支配」概念の定義自体は維持しつつ，それを判定する変数として，直接的に「株式持株比率」を想定することを批判したわけである。

ブランバーグは，選出権力を吟味するのに適切な変数として，大規模金融機関への株式の集中傾向の提示・上位株主としての機関株主の位置づけと協調行動の不可能性・機関株主による議決権行使行動パターン分析・機関株主の投資行動分析（ウォールストリート・ルールやシティ・ルール）・委任状勧誘機構にお

ける経営者の有利な立場など（Blumberg〔1975〕pp. 95, 101-107, 132-133, 135-136, 145-147）を具体的に分析することで，結論として，結果的に「経営者支配」が成立していると主張している。

2 所有者支配論の系譜
①議会系調査報告による解釈

金融機関による企業経営への介入を指摘したのは議会による調査報告であり，1913年のプジョー報告にまでさかのぼることができる。この報告書は，いくつかの「金融グループ（マネー・トラスト）」*が寡占化することで，競争を阻害していることを指摘し，株式保有と取締役兼任制に一定の制限を加えることを提起している（U. S. Subcommittee of the Committee on Banking and Currency〔1913〕*Money trust investigation,* Government Printing Office〔Pujo Reportと表記〕, p. 130)。

* 「マネートラスト」とは「株式保有，取締役兼任制，パートナーシップ，共同勘定取引等で，銀行，信託会社，鉄道，公益事業，および商工業会社を支配することによって創出され，また比較的少数の人々の手中へ貨幣と信用の支配集中が広範囲にかつ急速に進んでいる，少数の金融家らの既存の明確な一体性と利益共同体」を意味する。

議会系調査報告の流れで，つぎに注目されるべきは，国家資源委員会（National Resources Committee）による報告書である。

「支配」の定義として，「ある個人または集団が，他の個人または集団の採用した資源利用に関する政策に影響を及ぼすことができる力」（National Resources Committee〔1939〕*The structure of the American economy,* United States Government Printing Office〔NRCと表記〕, p. 153）が提起されている。経営者だけでなく企業内の工場長や企業外の金融機関，サプライヤー，バイヤー，労働組合，国家といった多くの主体の権力行使をも射程に入れ，「権力の絡み合い」を把握しようとしている。バーリ＝ミーンズの「選出権力」よりも広義で洗練された内容といえる。

そして，「支配の基盤（the basis of control）」として，
(1)生産要素の保有；労働能力をも含む

(2)流動資産の保有；他者の労働能力を購入できる

(3)組織における地位の占有

を想定し（NRC〔1939〕p. 155），企業における権力の絡み合いを考える。上記(1)の1つである「株式保有者」は政策形成上の力を喪失し，(3)である「経営陣」がその中核を担っていると考えられている。

具体的には，重役兼任制，会社相互の株式持ち合い，金融・法律・会計といった特殊技能を提供する活動，金融機関による融資活動，大規模利益集団等によって，企業は相互に結びつき，「企業共同体」を形成していると指摘している（NRC〔1939〕pp. 158-162）。また，産業団体，労働団体，農業団体，消費者団体，国家等も一定の「非市場的権力」を行使しているという。

NRCのつぎの調査報告書として，臨時国家経済委員会（Temporary National Economic Committee〔TNECと表記〕）によるものがあげられる。

TNECにおける「支配」とは「日常的な課題に対する実際的な影響力を意味するものではなく（傍点－筆者），当該企業の広範な経営政策を決定づける権力」（Temporary National Economic Committee〔1940〕*Investigation of concentration of economic power*, Monograph No. 29, The Distribution of Ownership in the 200 Largest Nonfinancial Corporation, Government Printing Office, pp. 99-100）を意味している。

バーリ＝ミーンズが株式保有比率別分析で「経営者支配」を主張したことに対して，TNECは1940年段階で，「誰がどれくらいの株式を保有しているのか」という「保有主体別分析」を行うことによって，「保有主体の健在」を確認し，「所有者支配」の現実が存在することを主張した。

TNECよりも後の時期，株式会社制度がさらに普及した1960年代の株式保有状況を詳細に分析した報告として，パットマン議員を中心にした調査報告書がある。

理論的内容としてはNRCやTNECよりも洗練されたものを提起しているわけではないが，株式市場が普及していく過程で，商業銀行を中心とする金融機関における株式保有状況に関する詳しいデータを公表し，大手金融グループの「支配力」を指摘している。したがって，理論的前提はバーリ＝ミーンズと同

じである。

　機関投資家に関する報告内容だけを引用しておく（Staff Report for the Subcommittee on Domestic Finance of Committe on Banking and Currency〔1969〕 *Commercial banks and their trust activities,* Arno Press〔Patman Report と表記〕, pp. 1-5）。

(1) 機関投資家の保有資産総額（1兆ドル）のうち，約60％（6070億ドル）が商業銀行によって保有されている
(2) そのうちのさらに40％（2500億ドル）*は商業銀行信託部門**が保有している

* 内訳は個人信託（富裕家族の資産）が49.8％，従業員給付（企業年金中心）が28.8％で，投資種類は株式が全体の64.4％である。
** 1955年以降10年ほどで，企業年金基金が400％増加（1000億ドル）しており，そのうち70％以上を信託部門が管理している。

(3) 主要49行で信託資産総額の54.03％を保有している
(4) 主要49行のうち上位30行で信託資産総額の50％以上を保有している
(5) 信託資産総額の34.5％がニューヨーク州にある銀行のものである
(6) 主要49行は上位500社の産業企業*と役員結合関係がある

* この500社で，1966年における産業企業総売上の60％弱を，利益金総額の70.5％を占める。

そして，株式保有状況分析と役員関係とによって，少数の主要銀行への資産の集中と産業企業へ影響力を行使できる勢力が成長しつつあると結論づけている。

　②コッツによる解釈

　これまで扱った議会系調査報告を基礎に（1960年代後半を研究対象）「所有者支配」論を展開した論者としてコッツがあげられる。

　まず，コッツは「所有」というコトバが意味する内容に関して，バーリ＝ミーンズ流の「選出権力」を認め，「所有に関連する権力の度合い」を測定するのには適しているという。

　しかし，60年代以降に積み重ねられた議会系調査報告後の70〜80年代にお

いて，銀行をはじめとする金融機関が行使する権力は「経営管理層を選出すること」ではなく，「経営管理層に圧力をかけること」によってであることから，「金融支配（financial control）」という状況を測定できないような「支配」の定義は不適切であるという（David Kotz〔1978〕*Bank Control of the Large Corporations in the United States,* University of California Press, p. 14）。

つぎに，「経営管理（managing）」というコトバで，「事業を指揮・管理する諸活動」を把握しようとする。具体的には「諸決定に関する発案と採択，事業関連の業務に関する調整」をさし，これを担う主体群が「経営管理層（management）」である。

企業政策は企業の方向性を左右するような基本的なものとそれ以外とに分けられている。前者の基本政策とは「企業の目標，その目標達成のための戦略，結果として獲得される利益の分配」のことで，具体的には

(1) 当該企業の目標
(2) （合併・買収を含む）拡大化政策
(3) 財務上の政策
(4) 利益の分配政策

をその構成要素とし（ここまでの引用はすべて Kotz〔1978〕p. 15)*，その担い手は経営管理層の中でも最高位である CEO・取締役会・中核的委員会であるとされる（Kotz〔1978〕p. 17)**。

＊　ここでいう(2)(3)が「戦略」に相当すると思われる。
＊＊　企業政策によって多大な影響を被る主体としては「株主や経営管理層，そしてそれらに関係する金融機関だけでなく，中級・下級労働者，競争企業，顧客，供給企業，法律事務所，政府」などが想定されている。

また，後者の基本政策以外の政策とは労働政策，価格政策，購買・販売を含むマーケティング政策，組織編成政策のことで，重大な決定事項ではあるが，「経営管理層」の自由裁量に委ねられる項目であるという。

すなわち，「経営管理」は「支配」と異なるとされ，「支配」とは「企業の主要政策を決定する権力」（Kotz〔1978〕p. 1）「企業の経営管理に影響を及ぼす権力」（Kotz〔1978〕p. 17）とされる。

ここで重要なのは「主要政策を決定する」「経営管理に影響を及ぼす」というコトバで意味させている内容である。具体的には「打ち出された企業の基本政策の結果の範囲を決める権力」（Kotz〔1978〕p. 17）をさしており，企業の広範な政策における発案・採択・調整といった意思決定プロセスそれ自体ではなく，政策の「結果」の許容される範囲を決める権力を「支配」と呼んでいる。

　また，支配集団は単一であることの方が少ないと考えられており，「支配というコトバで意味させている領域」を担う主要なプレイヤーは「株式所有者」「金融機関」「最高経営管理層」などが考えられ，それぞれを「所有者支配」「金融支配」「経営者支配」と呼んでいる。

　このような理論的枠組みを基礎に，様々な条件設定を行って，完全金融支配・部分的金融支配・完全所有者支配・部分的所有者支配などを類型化し（Kotz〔1978〕pp. 75-80），経営者支配論者は，20世紀初頭から存在しつづけている金融支配を見逃していると批判した（Kotz〔1978〕p. 118）。

　これまでの議会系報告は量的分析にとどまっていた。しかし，コッツの場合，理論的にはこれまでの議会系調査報告よりも精緻な体系を提示している。彼が提示した内容は「銀行が巨大企業の経営者に対して行使しうる権力」を示せている。

　③スコットによる解釈

　法パラダイムに依拠した所有者支配論の論者において，理論的な意味での1つのピークがここでとりあげるスコットである。

　スコットは支配論とガバナンス論とはともに同じ課題を共有しているという問題意識から，企業における権力問題は株式会社の制度的特質によって発生すると考える。

　すなわち，株式会社制度は，株式制度，有限責任制度，自由譲渡原則，会社機関制度という特質から，会社財産の法律的所有権は会社それ自体にあり，有限責任しか負わない株式保有者は社員権の一部を保持するのみである。

　このことは会社財産の所有権と株式保有権とが乖離していることを意味し，いったい誰がどのように会社財産を使用し，収益を獲得し，処分するのかという「支配」に関する問題が制度的に発生すると考える（J. Scott〔1997〕*Corporate business and capitalist classes,* Oxford University Press, pp. 3-4)。

そうすると,企業における権力というのは「株式会社企業の法律的形態に基づいており」(Scott〔1977〕p. 21),「株式会社企業に法的に与えられている諸権力を,ある特定の個人ないし集団が動員することを可能にさせる構造的な関係」(Scott〔1997〕p. 35) のことになるという。

では,「法的に与えられている諸権力を動員することができる構造的な関係」とは具体的にどういう内容をさしているのだろうか。スコットは,「支配 (control)」の内容を際だたせるために,「制御 (rule)」という概念と比較している (Scott〔1997〕p. 35)。すなわち,

(1)「支配」とは「潜在的権力」であり,あくまで「可能性」であること
(2)「支配」は,ビジネス・リーダーシップにおける意思決定ないしそれへの参加を実際に行う「制御」とは区別されるべきであること
(3)企業「制御」者は会社財産の所有権に固有の実際的な諸権力を行使する
(4)「制御」を実際に行う場合,常に「支配の構造」によって制約されている
(5)「制御」は「支配」の一側面であり,2つの過程を含んで使われる

という両者の位置づけを提示している。

では,どういう具体的な問題状況を「支配」「制御」というコトバで表現しているのかというと,2つの意思決定レベルに関連させて説明している。

まず,「支配」は「戦略的レベル」に関連し,企業における「戦略的・構造的決定」を行う人々によって,「戦略的支配 (strategic control)」が行使される。すなわち,「企業制御者によってなされる,基本的・長期的経営目標を何にするのかやそれらの目標を実行するために必要な資源をどのように配分し,どのような活動指針を採用するのかといったことに関する諸決定を形成すること」「企業が実際に活動する基本変数のあり方を設定ないし変化させること」(Scott〔1997〕p. 36) を意味する。具体的には

(1)投下する資金をどこから,どの程度,調達するか
(2)調達された資金をどの分野に,どの程度,配分するか
(3)資金の投下されたいくつかの事業分野から獲得されるべき利益率をどの程度に設定するか

(4)最高経営管理層を誰にするのか
(5)合併・買収・売却といった重大な決定をどうするか
である。

つぎに,「制御」は「業務レベル」「経営戦略の具体的な実施に関連し,事業部レベルの業務に関する直接的管理」(Scott〔1997〕p. 36) に関連している*。

　* 業務管理といっても,戦略的目標に関連する予算上の決定のような非常に高度な領域から,下層の末端の労働者に関する管理までが想定されている。

「制御」とは会社財産を実際に使用・収益・処分することであり,それも「一定の権力」であることを認め,「支配」の一形態であるとしている。

しかし,「制御」は常に「可能性としての潜在的権力」である「支配」によって制約されており,「支配」は「制御」よりも上位に位置づけられている。具体的には (Scott〔1997〕pp. 36-37),

(1)「制御」者は経営戦略を決定する「支配」者によって設定された範囲で制御を行う
(2)「支配」者は,ほとんどの場合,日常的な意思決定に介入することはない
(3)「支配」者は「制御」者が守らなければならない金融上の制約を設定する
(4)「支配」者の決定領域は,広義の意味では「制御」も含むが,あくまで資本の流動性と蓄積に関する領域に関連している

さらに,以上のように定義された「支配」と「制御」を合わせて「占有 (posession)」と呼び,その歴史的段階論を展開している (Scott〔1997〕pp. 37, 38-39, 41-42)。

企業家がいるような古典的企業では,企業家個人が「支配」と「制御」を属人的に統合して担っている占有状況となっており,利益も企業家個人の所得となる。

しかし,株式会社制度が普及することで占有状況に変化が起きる。株式会社は制度的特質として,会社財産に関する使用権と収益権とが乖離するために,財産の所有権というよりも,それを誰が「支配」するのかという議論が重大になってくるという。

すなわち,一定の凝集性がある株式保有状況である場合,特定の大株主が存

在することになるために，企業家的企業における所有権とは異なり，間接的な株式保有権でしかないが，属人的な「支配」者が存在する。しかし，「制御」者は株式保有者にかわって，経営管理層ないし金融家のいずれかが担うことになりうる状況が生まれるという。

　株式会社制度のさらなる普及は会社ないし金融機関による株式保有が顕著になることを意味し，占有状況を「間接的かつ属人的」なものから「間接的かつ非属人的」なものへ進展させるという。ここでいう「非属人的」とは，「個人的主体（individual agent）」ではなく，「集団的主体（collective agent）」が株式を保有することをさし，それを基礎に変化が起きるとされる。

　すなわち，非属人的占有状況における「支配」とは会社や金融機関といった集団的主体が集合的に株式を保持している状況＊を意味する一方で，「制御」の方は株式保有者や金融機関を代表する個人的主体ないし経営管理者として雇用された個人的主体によって遂行されると考えられている。

　＊　アメリカやイギリスといったアングロサクソン系の国々の非属人的占有状況は，会社法体系が似ていることも影響して，「特定利害配置状況を通じた支配（control through a constellation of interests）」という金融市場の形態になっているという。

3　法パラダイムの到達点と限界点

　これまでの議論をふまえると，法パラダイムに依拠した学説の中心的論点は「選出権力」にあり，その判定基準は株式保有状況をどう解釈するかにある。これまでとりあげた法パラダイムの学説の到達点と限界点を確認しておこう。

1　到達点

　この章では法パラダイムの学説を中心に，機関投資家の経営介入のあり方を説明した。

　経営者支配論の系譜を考えた場合，バーリは株式会社制度がもつ法律的枠組みを形式的に厳格に守っており，そのことは60年代の著作で「機関支配」を打ち出していることからもよくわかる。また，ブランバーグは機関株主ないし

機関投資家の具体的な行動様式を細かく分析することで，投資先企業の戦略的決定にまで介入することが非常に希であることから，経営者支配論を主張したのだった。

他方，所有者支配論の系譜を考えた場合，TNECの「支配」に関する定義は経営者支配論者のものよりも広範な内容となっている。しかし，「広範な経営政策を決定づける」という定義の具体的内容を彼らが提示した実証内容から推測した場合，「選出権力」のことを意味させており，株式の保有主体の確認（大株主としての家族ないし会社）で終わっている。この理論的スタンスはパットマン報告でも受け継がれており，当時急激に株式保有比率を高めていた銀行をはじめとした金融機関の持株比率を公表したのだった。

NRC（ミーンズは報告者の中心的メンバー）は「支配」の定義として，法律的枠組み以外の判断基準が採用されており，非常に洗練されている。そのことはNRCの実証内容が，金融機関（機関投資家）を利害関係者の1つとして位置づけ，金融機関を排他的に重要視していない点に象徴されているといえる。

コッツの場合，NRCよりも，理論的にはさらに洗練されている。「支配」を「所有」と「経営管理」との比較から彫琢している。「所有」と「経営管理」の重要性を認めつつ，「支配」はそれらとは違う状況をさしていると考えている。

最後に，スコットの場合，理論的には最も洗練されたものを提起しているといえる。「支配」と「制御」を明確に分け，前者に優位性を認めつつも，後者にも一定の権力があることを認めている点が重要である。また，「支配」と「制御」をあわせた「占有」状況が歴史的に展開していくことを理論的に整理し，国別・時期別の違いを含めた実証を行っている点も法パラダイムの1つのピークであると評価できるだろう。

2 限界点

法パラダイムの論者による「支配」の定義をみた場合，純粋に株式保有を通じた「選出権力」のみをその基準にしている論者はおらず，「株式保有」以外の変数が多用されている。

また，NRCの「支配の基盤」の3類型，コッツの「経営管理」，スコットの

「制御」を考えれば，専門経営者が地位を通じて行使する占有権力の重要性に気がついているし，それを理論化しようとする努力もなされていることがわかる。

しかし，これらの論者が法パラダイムに分類され，限界点として指摘できるのは，あくまで「株式保有」という法律的根拠が第一義的優位性をもち，それによって，占有権力を根拠づけている点である。

この限界点は各論者の「実証内容」に如実に現れる。経営者支配論者であるバーリはよりストレートに株式保有比率を，ブランバーグは株式保有者としての金融機関の行動様式を，自らの理論の実証であると考えた。

他方，所有者支配論の系譜では，TNECとパットマン委員会は上記の法パラダイムにおける経営者支配論者と同じ「株式保有比率」基準で，「所有者の健在」を発見し，結論として，経営者支配と全く逆の「所有者支配」を主張している。

コッツは「経営管理」をかなり具体的に定義づけ，理論的には洗練されているが，彼が実際に「実証」した事実というのは，株式保有という変数を中心に，貸付比率・取締役派遣という変数を追加することで，「金融（機関）支配」を主張しただけである。すなわち，先験的に株式保有が第一義的重要性をもつことになっており，理論的な洗練さは実証にいかされていない。

スコットの「制御」はコッツの「経営管理」に相当する。スコットの場合，「制御」を「支配」と関連させて，コッツ以上に，理論的に洗練されている。また，実証内容としても，コッツがアメリカに特化したものであるのに対して，いろいろな国々に分析の幅を広げている。

しかし，コッツと同様，先験的に「制御」よりも「支配」に優位性をおいており，実証分析の具体的内容は各国の金融市場における金融企業群の特定の配置状況を類型化しているだけなのである。占有権力を独自なものとして把握するのであれば，「制御」の類型化などの作業が必要とされるが，そのようなことは全くなされていない。

論点整理

　株式が分散ないし凝集する具体的プロセスは，国によって，また時期によって差があり，そのことは本書第Ⅱ部で具体的に指摘されるが，事実として，株式保有状況の推移だけを考えた場合，たしかに，株式は分散後，金融機関に集中する傾向をもつ。すなわち，

　段階①株式会社制度が普及する以前

　　株式会社制度が採用されていない企業か，採用されていても株式が公開されておらず，資本家ないしその家族が閉鎖的に株式を保有している状況

　段階②株式会社制度が普及

　　株式が社会に広く分散するという状況

　段階③株式が金融機関に再集中

　　以前の特定個人ないし家族の復活ということではなく，金融機関が株主ないし信託財産を運用する主体になるのであり，機関株主ないし機関投資家が登場する状況

という推移の一般的傾向があるだろう。

　そして，本章で指摘したように，段階③で法パラダイムが提起している実証的な事実としては

　(1)大規模株式会社企業において，資金提供者ないし株主として，特定個人ないし家族が経営介入することはほとんどなくなっている

　(2)金融機関による持株傾向が強まっている

　(3)特定金融機関の利害を反映した経営介入というものではなく，集団としての利害が，非属人的なあり方を通じて，制約的に作用している

ということであった。

　法パラダイムでは，「株式保有状況の変移」と「支配主体ないしガバナンス主体の変移」とを因果関係として連動させて考えるために，上記の株式保有状況の形態変移に応じて，支配主体ないしガバナンス主体が，「資本家ないしその家族」→「取締役ないし経営者」→「機関株主ないし機関投資家」と変移すると解釈する。法パラダイムを基礎にした経営者支配論と所有者支配論を比較した場合，前者は選出権力の喪失と解釈し，後者は再顕在化と解釈するという

▶▶ *Column* ◀◀

経済格差とコーポレート・ガバナンス

　いわゆる 90 年代の「失われた 10 年」は，それまでのバブル経済とその崩壊によって金融機関に不良債権が膨大に累積したことが原因の１つでした。その後，小泉「構造改革」が実施され，日本における経済格差は拡大しました。現在では「勝ち組・負け組」などという表現がマスメディアで使われています。「勝ち組」の代表的人物として，ホリエモンこと堀江貴文や，通称，村上ファンド代表の村上世彰が一時期盛んにとりあげられました。

　彼らは，株式を取得し，株主となり，株式会社とはその「主」である株主のものであるという，ほとんど会社法を無視した論拠で，マスコミでも同様の発言を繰り返していました。

　彼らのような「小物」ではなく，動かす金額にしろ，組織にしろ，影響力にしろ比べものにならないのが，いわゆるヘッジファンドです。日本では「ハゲタカファンド」，ドイツでは「イナゴ」と揶揄されています。

　普通のファンドがそうであるように，ヘッジファンドも株価を中心に投資（投機）を繰り返します。少し前のアジア金融危機，最近でいえばサブプライムローンによるアメリカ金融破綻，原油価格・食料品価格の乱高下など，あげればきりがないほどです。

　このようなファンドの中核的投資主体がこの章でとりあげた「機関投資家」です。そのように考えますと，いかに機関投資家の投資行動が社会に様々な（悪）影響を及ぼすかが理解できると思います。彼らの行動を「支配」と呼ぶのか，「ガバナンス」と呼ぶのかはどちらでも構いません。持続可能な社会システムを実現するためにも，社会にとって欠くことができない，重要な生産組織である「企業」をどのように位置づけ，制御するのかは多くの人々によって考えなければならない共通の課題であるといえます。

差でしかないのである。

　本章で詳しく説明したように，法パラダイムの論者は理論的には占有権力をとらえようとして，洗練された定義づけを行ってはいる。しかし，それは指摘しているだけで，せいぜい法律的所有権の先験的優位性を前提に，占有権力を選出権力によって根拠づけるという程度で終わっている。

　以上のことをふまえると，実は NRC が理論的に「支配の基盤」の類型の議

論をしている箇所で，法パラダイムの課題を示唆している。

まず第一に，法パラダイムが想定する，占有権力が選出権力に従属するという先験的前提を排除し，選出権力とは根拠が異なる，独自な基盤をもつ占有権力の存在を認めることである。

このことは組織パラダイムの視点を認めることになるわけだが，単に認めるだけでは，はじめに触れた2つのパラダイムが並列されるだけで，組織パラダイム固有の限界点が残されたままとなる*。

* 組織パラダイムにもいくつかの学説がある。個別の具体的限界点に関しては坂本〔2006c〕「組織パラダイムの概念構成(1)」『龍谷大学経営学論集』第46巻第2号；坂本〔2007a〕「組織パラダイムの概念構成(2)」『龍谷大学経営学論集』第46巻第3/4号；坂本〔2007c〕「組織パラダイムの概念構成(3)」『龍谷大学経営学論集』第47巻第1/2号；坂本〔2008b〕「組織パラダイムの概念構成(4)」『龍谷大学経営学論集』第48巻第2号を参照してほしい。

そこで，第二に，それを統一的に把握できる視点を構想することが求められている。紙幅の関係上，詳しく説明できないが，「構造的支配−権力パラダイム」は統一的パラダイムを指向したものである（坂本〔2007d〕16-57頁）。

推薦図書

ロナルド・ドーア（2006）『誰のための会社にするか』岩波書店
　企業を株主中心企業モデルと準共同体的企業モデルに分けながら，日本企業が今後向かうべき方向性を示している。

ヴェルナー・G. ザイフェルト，ハンス＝ヨハヒム・フォート／北村園子訳（2008）『もの言う株主：ヘッジファンドが会社にやってきた！』講談社
　ドイツの有名な企業（経営者）がヘッジファンド（「イナゴ」と表現されている）によって迷走させられる様子を具体的推移をふまえて説明している。

坂本雅則（2007）『企業支配論の統一的パラダイム――「構造的支配」概念の提唱』文眞堂
　本章で議論した2つの既存パラダイムを統一するパラダイムである「構造的支配−権力パラダイム」が説明されている学術書。

設　問

1．機関投資家は企業の戦略決定にどの程度の介入を行うと思いますか。
2．機関投資家が経営介入する根拠，介入するときの判断基準は何であると思いますか。

（坂本雅則）

第3章
取締役会改革とコーポレート・ガバナンス

　ソニーの執行役員制を導入したのを契機に，日本企業は急激に従来型の取締役会改革を進めていった。この改革は，アメリカ型のコーポレート・ガバナンス形態へと日本企業に変化を促しただけではなく，アメリカ型とのハイブリッド型や従来型など多様な取締役会形態を生み出した。このことは，日本企業が直面する経済制度や取り巻く環境や状況に応じて，取締役会の機能を変化させる必要性を提示している。

1　環境との「連結環」としての取締役会

　企業は利害関係者の利害のような様々な環境条件に制約を受けながら，自己の目的を達成しようと活動する。ただし，現実の状況ではモラル・ハザード，情報の非対称性，契約の不完備等の様々な問題から企業の活動が社会的に望ましいものから乖離する可能性がある。利害関係者の諸利害を反映させながら，市場・社会環境条件と有機的に連動した企業経営を誘導することがコーポレート・ガバナンスの機能となる。その中で，取締役会は企業と環境との「連結環」として，取締役会の様々な機能を活用しながら，環境条件適合的なガバナンスを遂行する主体として存在することになる。

　取締役会に求められる役割は，そのモニタリング機能を通して企業のトップ経営者の行動を市場や社会からの要求・要請から乖離しないように，規律づけるものとして期待されている。各国で行われている近年の取締役会改革の特徴は，業務執行と監督の分離を徹底化し，取締役会の独立性を確保することであった。すなわち，取締役会のメンバーの過半数を社外取締役とすることや社外取締役の監査・報酬・指名等の委員会を設置することで経営者への監督機能を強化する一方，業務執行を取締役会の機能から分離し，経営の業務執行を担

う執行役員制度を設け，経営の機動性向上を図るのである。

アメリカにおいては過去30年間にわたって社外取締役の強化，各種委員会の設置，情報のより一層の開示などコーポレート・ガバナンス改革が実施され，アメリカ企業のコーポレート・ガバナンス改革は最先端をいくものとして捉えられていた。しかし，こうした取締役会の機能を向上させる取り組みにもかかわらず，現実には，アメリカ企業の経営者は非常に大きな裁量権をもつようになってきており，取締役会の経営者に対する規律づけが必ずしも機能していない事態も生じている。とりわけ，2000年代初頭に起きたエンロンやワールド・コムでの一連の不正会計や企業不祥事の発覚は，こうしたアメリカのコーポレート・ガバナンスに潜む問題を露呈した。さらに，この事態に対してアメリカ証券取引委員会の上場規則改定やサーベンス・オクスレー法の成立は，適切なコーポレート・ガバナンスの制度・あり方について疑問を問うこととなった。

こうしたアメリカ企業における取締役会改革の動向は，取締役会会長とCEOの役職を分離したり，社外取締役の割合を増加させたりして取締役会の独立性を確保することによる取締役会の監視機能強化への取り組みが，問題をあらゆる状況において解決する「唯一最善の方法（one best way）」ではないことを示している。取締役会改革の有効性・適切性は，企業を取り巻く環境・状況の変化によって，大きく変化することになる。

本章では，アメリカ企業のコーポレート・ガバナンス動向を俯瞰しながら，日本企業における取締役会改革の方向性について検討していく。とりわけ，日本企業においては，バブル崩壊後の長期不況により，メインバンクの力が衰退し，安定株主対策のための株主相互持ち合いは解消の傾向を辿るようになった。その結果として，日本企業は，「もの言う株主」の存在など株式市場から強い圧力を受けるようになり，「従業員重視型」の長期的視野に立った従来のコーポレート・ガバナンス構造から「株主重視型」のアングロ・サクソン型のコーポレート・ガバナンス構造へと変容を迫ることとなった。このような企業環境の変化が，従来の日本企業の取締役会構造の変容をもたらし，どのような方向へと進んでいくのか検討していく。さらに，日本企業のコーポレート・ガバナ

ンス構造の変化と環境・状況要因との関係性についても明らかにしていく。

2 取締役会構造と様々な機能

1 法制度上の取締役会機能

　取締役会の機能は，法制度上では，企業経営の監視・統制を担うものと規定されている。具体的に，取締役会は，企業の所有者である株主の付託の下，基本方針決定職能と全社的統制職能を担う。この前者の職能は，経営の組織に関する重要事項の決定と指揮という職能である。この重要事項の決定には，経営の組織に関する重要事項（組織のあり方や経営の人事など）の決定と指揮，および経営活動に関する重要事項（基本方針，目標，全般的予算など）の決定と指揮が含まれる。後者の全社的統制職能は，企業経営を監視ないし統制するという職能である（伊藤宣生〔1985〕『取締役会制の意義』千倉書房）。つまり，取締役会は，株主の利害を保護・促進するために企業の基本方針決定に関する意思決定を行い，その経営者による遂行プロセスが適切であるかどうかを監視することで統制を行うのである。

　取締役会が擁護する利害関係者や取締役会の職能は，時と状況に応じて変化する。まず，取締役会が保護・促進する利害関係者は，株主のみではない。今日のように，企業が大規模化し社会的責任を問われるようになると，企業経営は，従業員，消費者，供給業者，地域社会，政府に至るまで，様々な利害関係者に影響を及ぼす。その結果，企業経営がそれらの利害関係者の利害を保護するように統制しなければならない。

2 取締役会機能の多様な側面

　近年の多くのコーポレート・ガバナンス改革において，取締役会のもつ様々な役割を統合して考慮するよりも，個別・単一の機能を強調する傾向にある。その機能とは，「監視」機能のことであるが，これは，昨今，相次いだ企業不祥事を受け，取締役会の企業経営者への監視機能を活発化させる要求が高まっていることを背景とするものである。この監視機能を高める要求は，取締役会

第3章　取締役会改革とコーポレート・ガバナンス

表3-1　取締役会の機能の分析

	遵法機能	業績機能
外部	説明責任（accountability） 外部株主への報告 法制度，規制への順応の保証 監査レポートの検討	戦略的思考（strategic thinking） 戦略的分析の検討と戦略策定 企業（経営の方向性の設定）
内部	内部監査（supervision） 経営者業績の評価 業績の検討 予算管理と修正についての監視	企業政策（strategic policy） 予算承認 経営者に対する報酬政策の決定 企業文化の創造

（出所）Tricker（1994）p. 287.

の様々な役割において，取締役会の経営者からの独立性を高めることが強調される。しかし，ダルトンらの研究によれば，取締役会の独立性（を高めること）は，企業業績に対してあまり影響を与えていないとしている（D.R. Dalton, C.M. Daily, A.I. Ellstrand and J.L. Johnson, "Meta-analytic Reviews of Board Composition, Leadership Structure, and Financial Performance," *Strategic Management Journal*, Vol. 19, pp.269-290）。この原因について，ニコルソンとキールは，巨大で複雑な組織を取締役会が適切に監視するには，取締役会の独立性を高めるよりも（取締役の）知識・技能・経験が必要であり取締役会の企業業績への影響は，監視機能・役割のみを通じて及ぼされるのではなく，他の役割も企業業績に大きな影響を及ぼす要因であることを確信しており（G. J. Nicholson and G. C. Kiel〔2004〕"A Framework for Diagnosing Board Effectiveness", *Corporate Governance : International Review*,Vol. 12, No. 4, pp. 442-460），取締役会の効率性を高め，企業業績を向上させるには，取締役会の独立性を高め，監視機能を強調するだけでは不十分なことを示している。

　監視機能も含め，それ以外の取締役会の役割として，ニコルソンとキール（Nicholson and Kiel〔2004〕）は，a．経営者への監視・コントロール，b．経営者への諮問・助言，c．資源へのアクセス，d．経営者の戦略遂行を促進するための戦略的役割について取り上げている。特にcの資源へのアクセスとは，企業外部環境と企業内部環境を結びつけ，他企業の資源を得る提供者・媒介者としての機能を表している（Nicholson and Kiel〔2004〕）。トリッカー（R.I.

51

Tricker) は取締役会の機能を「遵法機能」と「業績機能」とに分けて捉えている (R.I. Tricker〔1994〕*International Corporate Governance : Text, Reading, and Cases*, New York, Prentice-Hall)。「遵法機能」とは，経営者（の遵法行為へ）の監督・監視を行うものであり，取締役会は適切な経営を保障する安全弁（safety value）として捉えられている。遵法機能として，説明責任を果たすこと（Providing accountability）と経営者に対する監視と監督（Monitoring and Supervision）に分けている（表3-1）。つまり，取締役会は，企業経営者に対して，企業不祥事や企業業績の悪化を防ぐために適切なモニタリングを行うだけではなく，企業経営者の経営や内発的モチベーションを喚起し，経営戦略遂行を促し，意思決定の迅速化，経営効率性の向上を図る助言・諮問機能も期待されている。すなわち，コーポレート・ガバナンスの有効性・効率性を高めていくには，企業環境の変化に応じて，取締役会の機能を効果的に用いることが求められるのである。取締役会は，経営者へ適切な監視ならびに，支援を行うのと同時に，外部環境の影響を企業内部組織へ伝達することにより，企業が直面する環境の不確実性を逓減させる役割を担うのである。

3　アメリカ企業の取締役会改革の現状

アメリカでは，21世紀に入り，アメリカでは大企業の粉飾決算などの不正経理などによる不祥事が多数発覚し，大きな経済・社会問題となっている。2001年から2002年にかけて，不正会計問題などにより，**エンロン社**，**ワール**

エンロン社：1985年創業のアメリカのエネルギー卸売企業であり，エネルギー取引の革新的なデリバティブ手法を用いることで，エネルギー業界の最大手に成長していった。しかし，2000年以降のIT不況により，損失が悪化し，簿外債務の受け皿として設立した特別目的会社を通じた取引によって利益を水増しする不正会計を行っていた。特に，経営陣と取締役会の関係が緊密であり，巨額の簿外債務を取締役会が承認していた事実があり，取締役会の機能が適切に働いていなかったことが明らかになった。

ワールド・コム社：電話，データ通信，インターネット事業を手掛けるアメリカ第2位の長距離通信企業であり，高速ネット網の拡大のために莫大な投資を行っていた。しかし，2000年以降のIT不況により，株価急落，業績悪化の事態に直面し，粉飾決算を行うことで，利益の水増しを行っていた。ワールド・コム社の取締役会は，「はんこ押し（rubber stamp）」と揶揄されるほど，モニタリング機能を全く果たしていなかった。

ド・コム社などの大企業が起こした不祥事がクローズ・アップされるようになってきた。エンロン社において，実体のない特別目的会社（Special Purpose Company）を複数設立し，資産などを売却して，見せかけ上の多額の利益を計上した。また，ワールド・コム社は，巨額の粉飾決算（総額38億ドル）の発覚とCEOに対する相当額の不明朗な融資が発覚した。

このような状況に対して，2002年7月，アメリカ議会は，企業の不正防止をめざす「企業改革法」をまとめ，**サーベンス・オクスレー法**（Sarbanes-Oxley Act）が成立した。この法案は，法人としての企業の報告要件と説明責任を拡大し，株式公開会社の特定の行動を禁止し，取締役会の監査委員会の責任と権限を大幅に拡大することを狙いとしている。その内容は，監査法人への監視強化ならびに，企業経営者の罰則強化，取締役会の監視業務の強化から主に構成される。監視法人への監視強化については，独立確保のため，外部監査人の活動範囲の制限されることがめざされる。すなわち，監査法人の経営コンサルタントなどの兼業禁止，監査法人を監督する独立監査機関の設置，アメリカ内で監査業務を行う海外監査法人も監督が含まれる。企業経営者への罰則強化に関しては，証券詐欺に対する禁固刑を最長25年，CEO・CFOの署名が要求される財務報告書の違反は同20年，証拠隠滅・改ざんは同20年などを設けており（土屋守章・岡本久吉〔2003〕『コーポレート・ガバナンス論——基礎理論と実際』有斐閣），また，経営者の報告制度の拡充——CEO，CFOは年次報告書及び四半期報告書に記載した諸点について保証する宣誓書の義務化など——をめざしている。

サーベンス・オクスレー法：投資家保護のため，企業会計や財務報告の透明性・正確性を高めることを目的として，コーポレート・ガバナンスのあり方と監査制度を抜本的に改革するとともに，投資家に対する企業経営者の責任と義務・罰則を定めたアメリカ連邦法である。ポール・S・サーベンス上院議員（メリーランド州選出の民主党議員）とマイケル・G・オクスレー下院議員が議会に提出したため，サーベンス・オクスレー法と呼ばれている。エンロン事件やワールド・コム事件など1990年代末から2000年代初頭にかけて頻発した不正会計問題に対処するため制定されたものであり，公開会社会計監視委員会（PCAOB：Public Company Accounting Oversight Board）の設置，監査人の独立性，財務ディスクロージャーの拡張，内部統制の義務化，経営者による不正行為に対する罰則強化，証券アナリストなどに対する規制，内部告発者の保護などが規定されている。（http://www.atmarkit.co.jp/aig/04biz/sox.html より引用）

その他には，監査委員会の強化・拡充があげられる。公開会社には，監査法人を設置し，承認を受けることが義務づけられている。監査委員会がなければ，その業務は取締役会に任せられるとしている。その監査委員会に対して，監査委員会の構成をすべて独立した社外取締役とし取締役それぞれには，報酬以外，当該会社から何も利益を受け取らないことや，当該会社もしくはその子会社との関係をもたないことを求めている。つまり，取締役会（とりわけ監査委員会）の経営者に対する監視業務の強化，取締役会の独立性を向上させることを狙いとしているのである。

ニューヨーク証券取引所（NYSE）は，取締役会の独立性を確実にし，企業の説明責任を強化することを目的とし，2002年8月に上場規則を改正した。この要点として，取締役会における「**社外取締役**」の定義を厳格化ならびに，委員会制度の拡充があげられる。第一の「社外取締役」の定義の厳格化は，当該企業から取締役が独立性を確保することを狙いとしている。すなわち，当該企業と直接・間接に重要な関係をもたない者，当該企業および子会社の元役員と親族でなく，5年間雇用関係をもたないこと，当該企業を担当する監査法人の元役員と親族，これも5年間の雇用関係がないことが条件とされている。

ニューヨーク証券取引所は，指名委員会，コーポレート・ガバナンス委員会を取締役会の機能の中枢と位置づけている。これらの委員会の目的は，①取締役会メンバーになるべき個人の特定，②次年度の定時総会のための取締役指名者の選定ならびに，③取締役会に対するコーポレート・ガバナンス原則の作成，勧告である。このように，委員会の目的，目標，責任および年次活動を記載した規定を定め，社外取締役だけで構成されるよう委員会を設置するよう勧告している（その中で，個人・法人等が単独で50%を超える議決権を保有する被支配会社は，監査委員会に過半数の独立取締役のみが義務づけられる）。

また，取締役の独立性の強化，拡大するために，ニューヨーク証券取引所は

社外取締役：取締役会の審議・決定に参加するのみで，経営管理業務を日常的に担当することのない取締役を指す。ステークホルダーや企業それ自体の視点から，企業の業績と運営に関して，経営者に対してモニタリングと助言を行う。そのため，経営者からは独立した立場にあり，企業経営業務と直接の関係がないことが要求される。

監査委員会の権限と責任の大幅な拡大を勧告している。この方策として監査委員会に会計監査人の採用，解任権限を与え，外部監査人と監査以外の関係に対する承認権限を与えるとしている。この監査委員会は，外部監査人，内部監査人，財務情報の分析，法的助言，リスク・マネジメント方針等に関する監査委員会としての目的，責任を定めた規程をもたなければならないのである。つまり，監査委員会の権限と責任を大幅な拡大ならびに取締役が職務に費やす時間を増大するよう求めている。

このようなコーポレート・ガバナンス改革は，企業経営者に（業務内容の）情報開示を行うことにより，責任を果たすように求め，他方，取締役会には，企業経営に対する監視権能を向上させるために，取締役会の独立性を強化・向上させる動きにある。このことは，これらの企業不祥事に対して，アメリカの規制当局者や証券取引委員会などは，取締役会機能を活性化する新たなる法整備を設ける動きに出ている。既存の法制度・法的枠組みの欠陥を指摘し，取締役会の機能強化のための法整備が求められている一方，1970年代以降取締役会の機能強化のための法制度改革が進んでいたアメリカにおいて，取締役会の業務の内容や時間のような実質的な業務のあり方を問題とするようになってきたのである。

4　日本における取締役会改革の動向

1　日本企業を取り巻く状況変化

日本企業では，従来，企業の敵対的買収を防いだり，企業グループ内取引を促進するため，グループ内の企業が株式を持ち合う傾向にあった。すなわち，三井・三菱・住友・芙蓉・三和・一勧という銀行あるいは，中核企業を中心とした企業集団が形成され，集団内で株式の相互持ち合いが行われていた。そこでは，社長会という企業集団に所属する会社の社長が毎月1回定期的に集まる会合が設けられており，主な目的は集団内の事業や新しい産業分野に関する情報交換や意思疎通を行っている。集団企業内では，集団の中核としてメイン・バンクが集団内融資（系列融資）を行い，集団のもう1つの中核として総合商

社が集団内取引を進めることになる。日本のコーポレート・ガバナンス体制は、このような取引慣行を下支えし、促進するものであった。つまり、取締役会は社内昇進者から構成されており、取締役会の経営と執行が未分離なこと、取締役会規模が大きいことが特徴であり、取締役会の中に代表取締役社長を頂点とした業務執行担当者の序列が形成されていた。

とりわけ、日本企業は、取締役会に次いで会社の業務執行を担当する会議体として常務会が設置されていた。代表取締役ではない常務がその会議体のメンバーとなっており、企業経営の実質的な意思決定・業務執行機関となっていた。常務会には、取締役会付決議事項の決定、業務運営の基本事項の決定、組織・人事、予算の確定と執行状況の審議・審査などが付議されており（平田光弘〔2008〕『経営者自己統治論──社会に信頼される企業の形成』中央経済社)、内部の少数の経営陣（主に社長の関係者やいわゆる「腹心の部下」）により構成され、業務内容の詳細にまで踏み込んで審議を行っている。また、取締役会よりも多く開催されるため、企業経営に対する実質的な討議が常務会で行われ、取締役会は事後的な承認機関としての機能しか果たしていない場合がある。すなわち、取締役会が、本来の監督・意思決定機能が機能しておらず、形骸化の様相を示していたのである。

1990年代前半のバブル崩壊後、企業は業績を悪化させ、株価が軒並み下落した。時価会計主義の導入とも相俟って、持合い株式が含み損や評価損をもたらすようになった。そのため、企業は持ち合い株式を売却するようになり、企業集団内の株式持ち合い関係が緩やかなものになったり、解消する傾向が進んでいった。事業法人や金融機関の株式所有比率が低下する一方、売却された株式の引き受け手として機関投資家を中心とした外国人株主が台頭してきた。メイン・バンクを中心とした法人持合を中心とした法人株主による「モノ言わぬ」ガバナンス体制から、機関投資家が企業経営において発言をし、企業業績の悪化などの場合には経営者の交代を求めることにより、直接に企業経営に関与する事態が生じてきた。このような1990年代後半の企業不祥事、不正会計の再発防止だけではなく、株式所有構造の変化、安定株主の崩壊と外国人株主の台頭により、日本の取締役会制度に変容を迫るようになってきたのである。

第3章　取締役会改革とコーポレート・ガバナンス

　日本企業の取締役会は，取締役会内に占める社内出身者の割合が高く，規模が大きい。また，取締役会の構成も同質的であり，意思決定機能および監督機能と執行機能との分離が行われていなかった。また，経営方針決定の場に，日常的な業務決定が持ち込まれ，長期的・大局的な政策決定がなされにくく，開催頻度も低く単なる報告の場として実質的な論議が行われることは少なかった。このようなため，経営者に対するガバナンスは弱く，外部からの影響を内部の経営者に伝達したり圧力をかけたりするインセンティブは弱かったのである。

　このようなことから，日本の取締役会制度の問題点は，取締役会が監督機関だけではなく，意思決定機能，業務執行機能まですべての機能を担うことになり，経営者への適切なモニタリングが働かなかったのである。さらに，取締役や監査役の人事権が（本来の取締役に監督されるべき）代表取締役に握られてしまい，企業経営全般に対する権力が代表取締役に集中してしまったのである。また，取締役会の活動を監視するべき，監査役も代表取締役により選任されるのと同時に，2～3名の少数，常任のサポート・スタッフがいないため，経営の諸側面を適切に監査することは，非常に困難となっている。すなわち，**監査役**の独立性が弱く，本来の機能を果たしていないのである。

[2]　取締役会改革の取り組み

　バブル崩壊後の長期不況により，メインバンクの力が衰退，株式相互持ち合いの解消により日本企業は，「もの言う株主」の存在など株式市場から強い圧力を受けるようになった。こうした背景により，1990年代以降，アメリカ型コーポレート・ガバナンスの特徴である社外取締役制度を導入したり，取締役会内に各種委員会を設置するなど，取締役会改革を進展させていった。しかし，こうした取締役会の改革動向は，アメリカ型コーポレート・ガバナンス構造を

監査役：取締役会の職務執行について，業務監査と会計監査を職務とする常設機関である。監査役にはその会社の取締役や従業員であってはならないだけでなく，子会社の取締役や従業員を兼ねることはできず，監査役の任期は，就任後4年内定時株主総会の終結の時までと制限されている。また，監査役の報酬は取締役の報酬とは独立して株主総会で承認を受ける必要がある。監査役は監査につき財産状況の調査を随時行う権限があり，違法行為の差止請求権など業務監査を行うのに必要ないろいろな訴権が付与されている。

そのまま日本企業に移管するだけではなく，日本型の経営スタイルを反映させたハイブリッド型の取締役会形態を生み出すことになった。こうした取締役会改革の嚆矢となったのは，1997年のソニーの**執行役員制**の導入である。業務執行については，執行役員を担当させ，それを取締役会が監督するという仕組みにより，意思決定・監督の機能と業務執行の機能を明確に分離する点にあった。特に，独立性の高い社外取締役を含めることによって，取締役会の経営監督機能を高めるのが狙いであった。ソニーは同年6月の定時株主総会において，それまで38人いた取締役を10人に大幅削減し，うち3名を社外取締役として新たに選任した。また，7名の代表取締役は執行役員も兼ね，さらに取締役以外の者から新たに9名が選出され，結果として取締役10名，執行役員34名という体制になった。この体制の下で，7名の代表取締役が経営戦略の起案にあたり，それを取締役会が承認し，承認を得た経営計画は執行役員によって遂行される（宮島英昭・新田敬祐〔2007〕「日本型取締役会の多元的進化：その決定要因とパフォーマンス効果」神田秀樹＝財務省財務総合政策研究所編『企業統治の多様化と進展』きんざい，27-77頁）。取締役会は業務執行の報告を受け，監督をするように意思決定機能と監督機能が分離することとなった。

　法制審議会会社法部会は，2000年9月から，コーポレート・ガバナンスの実効性の確保，高度情報化社会への対応，企業の資金調達手段の改善，企業活動の国際化への対応のため執行役員制の普及を前提とした制度の見直しが図られた。2002年になると，商法特例法改正によって，委員会等設置会社の選択が可能となり，取締役会の制度的改革に法的な意味が付与された。そこで，大会社は委員会等設置会社への移行が可能となり，取締役会を執行役員の業務執行を監督する機関として強化し，指名・報酬・監査の3委員会を法定機関として定め，業務執行と意思決定ならびに監督の分離を促進した。迅速果敢かつ機

執行役員制：実際に会社の業務執行を担当する役員であり，取締役と執行役員の役割を明確にし，取締役は株主への配慮と会社の長期的な政策決定に専念できるようにするために生み出されたのが執行役員制度である。通常の役員（取締役）は取締役会の意思決定に参加するが，執行役員は意思決定に直接は参加せず，もっぱら決定された業務の執行に専念し，担当する会社業務を陣頭指揮することになる。

動的な業務執行の実現，過大な取締役会の規模縮小による意思決定の向上，監督機能の強化などのようなアメリカ型のコーポレート・ガバナンス形態に接近させたのである。また，上場企業すべてにその選択を求める強行法規ではなく，各社の選択により従来型のトップ・マネジメント機構を維持できる形になっている。さらに，2006年に施行された会社法により，委員会等設置会社は，委員会設置会社と呼称されるようになり，大会社でなくとも規模を問わず，定款に委員会を設置することを明記すれば，委員会設置会社へと移行することが認められるようになった。

会社法では，株式会社の機関設計について，株主総会と取締役であり，それ以外の機関すなわち，取締役会，監査役，監査役会，指名・監査・報酬の3委員会，会計参与および会計監査人については，各社が柔軟に機関設計できるようになった（平田〔2008〕）。ただし，公開会社や大会社については，それぞれ多数の株主が存在し，多額の債権者が生じており，会社経営の健全性を確保するため，監査役会設置会社と委員会設置会社のどちらかしか選択できないことになっている。

このような一連の法制度改革は，企業の自主的な取り組みとも関係して，日本の従来型の取締役会の構造に変容をもたらすこととなった。アメリカ型のコーポレート・ガバナンス構造をそのまま，日本企業に対して移管するのではなく，企業のおかれている環境や企業の経営風土や戦略に応じて，従来型のガバナンス形態である監査役会設置会社を選択したり，監査役会設置会社形態を残しながらも執行役員制を取り入れる日本型とアメリカ型のハイブリッド的なガバナンス形態をも生み出した。

上記のように，伝統的な監査役設置会社であった日本企業の多くは，①**委員会設置会社**の特徴を色濃くもつ「アメリカ近似型取締役会」と，②執行役員制などを導入しつつも従来の日本型経営システムを進化させた「日本型修正取締役会」に分化した。他方で，③伝統的な監査役会設置会社にとどまる企業もあり，画一的であった日本企業のトップ・マネジメント組織は，大きく多様化するようなった（宮島・新田〔2007〕）。伝統の日本型である監査役会設置会社から取締役会が改革を進める方向性として，業務執行と監督機能を分離するため

社外取締役を強化する方向性，取締役会の規模を縮小して，意思決定の効率性・機動性を高める2つの方向から捉えることができる（図3-1を参照せよ）。

アメリカ近似型取締役会は，委員会制度あるいは，執行役員制を充実させることで業務執行と意思決定・監督の明確な分離と社外取締役によるガバナンスを強化したところに特徴がある。日本型修正取締役会は，執行役員制あるいは，委員会制度を形式上取り入れているが，従来の日本企業のガバナンス形態を維持するべく，社外取締役の導入が限定的なものとし，意思決定と業務執行が完全に分離することを回避しようとしている。

例えば，トヨタ自動車は，グローバルに展開される企業経営に対して，迅速かつ機動的な意思決定が必要とされ，それに伴いグローバルな基準に即したコーポレート・ガバナンス構造を企業が具備するように求められたため，取締役会の規模を縮小し，常務役員に該当する執行役員制を導入して，業務執行と監督の分離を図った。

しかし，経営判断には現場の知恵が必要であるとして，第一に，取締役会内に社外出身者を入れなかった。その背後には，「意思決定や監督」と「業務執行」を制度的に分けることは，「従業員重視，現場重視型の経営」というトヨタの経営方針に合致せず，かえって非効率で，競争力を損ねるという判断があった。そして，第二に，組織的には，取締役のうち専務は業務執行も兼務し，経営戦略と業務執行の間を調整することとし，意思決定機能と業務執行機能とを兼ねることとなった（宮島・新田〔2007〕）。従来の「従業員重視型」の日本企業のガバナンス形態は，従業員の雇用を安定化させ，従業員の能力・熟練を

委員会設置会社：社外取締役を中心とした指名委員会，監査委員会，報酬委員会の3つの委員会を設置するとともに，業務執行を担当する役員として執行役が置かれ，経営の監督機能と業務執行機能とを分離した会社のこと。アメリカの株式会社の経営・監査構造をモデルに2006年に設けられたものであり，経営と執行が明確に分離することで，経営者に対する「監督の実効性」が高められ，執行役員制度により，経営の機動性が向上する効果をもっている。なお，各委員会はそれぞれ取締役3名以上で組織され，その過半数は社外取締役で構成される。各委員会の権限等はつぎのとおりである。「指名委員会」：株主総会に提出する取締役（会計参与設置会社については会計参与も含む）の選任や解任に関する議案の内容を決定。「監査委員会」：執行役・取締役（会計参与設置会社については会計参与も含む）の職務に関してその適否を監査。「報酬委員会」：個人別の取締役，執行役員の報酬を決定する。この委員会設置会社は，会長・社長から，指名・監査・報酬の権限を各委員会に移行させ，社内の経営陣や社内取締役に対する権限を分散させる狙いがある。

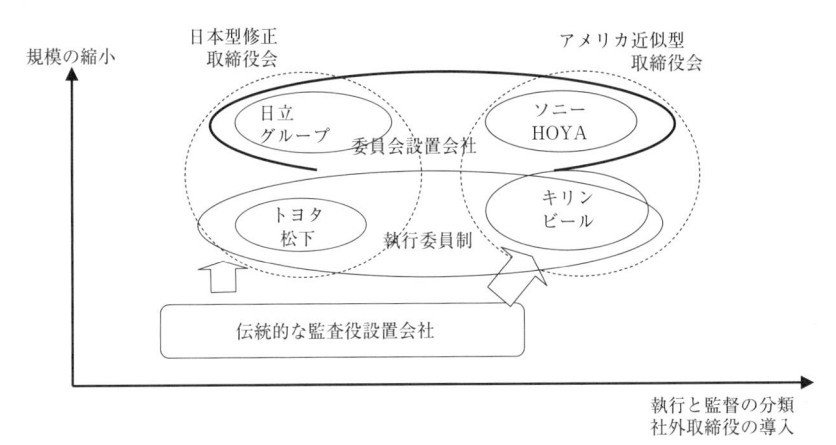

第3章　取締役会改革とコーポレート・ガバナンス

図3-1　取締役会改革の概念図
(出所)　宮島・新田 (2007)。

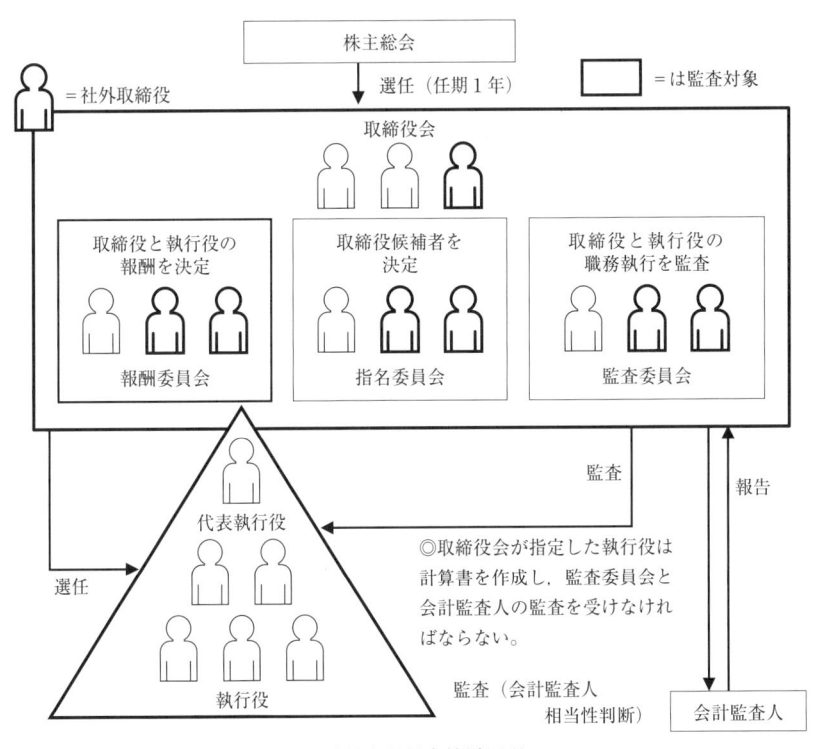

図3-2　委員会設置会社採用型モデル
(出所)　平田 (2008) 199頁。

蓄積させ，品質の高い信頼のおける「ものつくり」を下支えするものであった。

宮島・新田によれば，アメリカ近似型取締役会形態は，医薬品，精密機器，空輸など競争的環境に晒される産業において多く採用されることになった。すなわち，市場からの圧力が強く，短期的利益を向上させることに主眼が置かれているため，取締役会が経営者に対してモニタリングを行うことが求められるのである。日本型修正の取締役会は，成熟産業型のメーカー（電器・鉄鋼など）や独占的な産業である電力・ガスにおいて取り入れられる傾向にあるという。新田（2008）は，アメリカ近似型，日本型修正，従来型改革の3タイプの取締役会について，実証分析を行っている（新田敬祐〔2008〕「日本型取締役会の多元的進化：取締役会組織はいかに分化したか」宮島英昭編『企業統治分析のフロンティア』日本評論社，17-43頁）。アメリカ近似型と日本型修正の取締役会は類似性が高く，両タイプとも資本回転率を向上させる効果をもち，投資行動を効率化する効果をもっている。これは，バブル経済期における余剰ストックの処理を進展させ，経営環境の悪化をもたらす過少投資問題を回避させた可能性を示唆している。意思決定の効率化を促進し，モニタリングの質の向上により引き起こされたものと考えられるとしている。また，新田（2008）によれば，従来型改革のタイプの取締役会は，経営執行に関する意思決定の効率性を高める改革で，その主な目的は，コスト削減による経営改善にあったとしている。外部環境の不確実性増大と，それに伴う業績低迷や財務危機が契機となって改革が取り組まれ，顕著なパフォーマンス改善効果をもたらすとしている。

日本の取締役会改革の動向は，アメリカ型トップ・マネジメント組織への単純な収斂ではなく，その重要な要素を取り入れつつも，日本の環境・組織特性に適合した形で改革が進められている。アメリカ近似型の取締役会は，取締役会のモニタリング機能や統制機能を強化する改革であり事業ポートフォリオや組織構造が複雑化した企業に適合すると考えられている一方，日本型修正は経営執行における意思決定を効率化する改革であり，専業的なポートフォリオ，あるいは，単純な組織構造をもつ小規模な企業に適合するとされている。

5 環境適応と取締役会機能

1 環境に応じた多様な取締役会形態

　以上みてきたように，1990年代後半まで，社内取締役を中心とした同質的な集団であった取締役会は，外部環境の変化に対応し，いくつかのタイプに分かれることになった。すなわち，バブル崩壊後の経済活動のグローバル化の進展，系列集団内での株式持ち合いの解消，外国人株主を中心として機関投資家の台頭により，日本企業は資本市場からの強い圧力に晒されることとなった。さらに1990年代後半以降の相次いだ企業不祥事により，従来型の取締役会の構造からの変容が益々進展することになった。ただし，すべての日本企業が従来型のコーポレート・ガバナンス機構を放棄するのではなく，むしろ，それぞれの企業が経路依存的に醸成してきた経営風土や慣行などの制度的特質を反映しながら，産業特性や企業の取り巻く環境条件に応じた形で，取締役会の構造を変革することになった。すなわち，経営組織の機能と形態は，企業システムを形成する様々な要素が複雑に絡み合っているため，そうした要素に対して整合的に改革を進めることができなければ，取締役会改革の効果は損なわれることになる。

　戦略的意思決定と業務執行の機能を分離させ，取締役会内で社外取締役の割合を増加させることによる取締役会の独立性を確保することが，コーポレート・ガバナンスに関する問題をあらゆる状況において解決する「唯一最善の方法（one best way）」であるいう考え方は，ディマジオとパウエルによる「同型化（isomorphism）」概念と密接に関係している（P. A. Dimaggio and W. W. Powell〔1983〕"The Iron Cage Revisited: Institutional Isomorphism and Collective Rationality in Organizational Fields," *American Sociological Review*, Vol. 48, No. 2, pp. 147-160）。同型化とは，ある組織が他の組織と同じような環境に直面したときに，組織の形態を他の組織と同じ形態にさせてしまうという制約プロセスのことである。企業は社会規範や法制度の要請と同じようにガバナンス形態を企業が具備することにより，社会から正当性を獲得し，環境の不確実性を回避する

上で最善な方法として考えられているのである。このアプローチは国家・社会ごとにおける企業のコーポレート・ガバナンス構造の改革動向や企業システムの形成プロセスを考察する上で有効となる。しかし企業の個別事情に応じた特殊なガバナンス問題を捉える上では不十分となる。すなわち企業ごとに異なる特殊な環境に対して,「正当性」ではなく,「経済合理性」の観点から同型化・適合し,企業の競争優位性を向上させるコーポレート・ガバナンス・メカニズムを考察することが重要となってくる。

ボイドは,意思決定・監督と業務執行の分離と企業業績との関係について,企業の直面する環境の不確実性の視点から考察している(B.K. Boyd〔1995〕"CEO Duality and Firm Perfomance : A Contingency Model", *Strategic Management Journal*, Vol. 16, pp. 301-312)。ボイド(Boyd〔1995〕)は,CEOと取締役会会長の兼任による(会長とCEOの)パワーの増大は,不確実性の高い環境において,「資産(asset)」となるとしている。高い環境撹乱性(high turbulence)の状況下では,経営者のリーダーシップに期待することにより,変化に迅速に,結合して対応することができるとしている。(リーダーを監視しようとする)エージェンシー・コストを考えるよりも,単一のリーダーにしておく方が,メリットをより大きく得られると考えるのである。

逆に,環境の不確実性が低い場合は,経営者の地位が安定化する傾向にあり,エントレンチメント(entrenchment)のような経営者行動の負の側面が生じやすくなるとしている。トップ・マネジメントの命令の一元化は,迅速かつ効率的な意思決定を促進する。しかし,それは環境不確実性の低い状況において不適切となる。このような状況では,経営者は環境の変化に対応しようとするメリットよりも,経営者が企業財産を消費しないよう監視するコストの方が高くなってしまうのである。これは,エージェンシー理論における適切な研究対象の状況と近似している。

2 取締役会機能と環境:状況次元・戦略次元・統合次元・機能次元

ハングやヒルブは,それぞれの理論を整理し,環境条件に応じた複合的アプローチを唱えている(H. Hung〔1998〕"A Typology of the theories of the roles of governing boards," *Corporate Governance : International Review*, Vol. 6, No. 2, pp. 101-111；M. Hilb〔2005〕"New Corporate Governance : from good guidelines to great Practice", *Corporate Governance International Review*, Vol.13, No. 5, pp. 569-581)。複合的とは，取締役会の機能を多面的に把握することを意味する。ヒルブ（2005）はコーポレート・ガバナンスの適切なあり方は，企業がおかれた環境条件に応じて異なるという問題意識のもと「新コーポレート・ガバナンス（"New Corporate Governance"）」という概念フレームワークを提唱している。特に，ヒルブ（2005）は環境条件と取締役会機能の関係を「状況次元・戦略次元・統合次元・機能次元」から検討することにより，取締役会の機能と環境との関係性について大きな示唆を与えている。

　状況次元は外部コンテクストと内部コンテクストから構成されている。外部コンテクストには，制度的，国家的，規範的コンテクストから構成されている。ヒルブは，制度的コンテクストを規定する関係者を①資本供給者，②従業員，③経営者であるとし，それぞれの立場・視点が（経済）制度を形成すると述べている。資本供給者からの視点では，株式所有権構造や金融システム・金融インフラそれに伴う企業間ネットワークの程度と性質などがあげられる。ここで，投資行動が戦略的（支配）動機で行われるものか，投機目的で行われるのか，あるいは長期的か短期的投資で行われるのかにより，その国々・地域の経済制度のあり方が規定されるとしている。

　従業員の視点は，労働組合の権力や従業員の経営参加への程度を示している。例えば，日本企業における労働組合やドイツの共同決定制度が両国のガバナンス・システムに大きな影響を及ぼしていることがあげられる。そして，③経営者とは，経営者へのキャリア・パスが，所謂「内部昇進型」なのか，経営者労働市場のような外部から選出された者なのかにより，経営者に対する従業員の求心力やパワーが決定されているとする。以上のような3つの要因が制度的コンテクストを形成するとしている。国家的次元では，その国々の企業の経営志向を示している。株主重視か，従業員や金融機関（債権者）を重視する経営風土なのか，あるいは様々なステークホルダーを考慮する企業経営を重んじる風土なのかにより，（その国々の）企業の経営方針や戦略傾向が規定される。つま

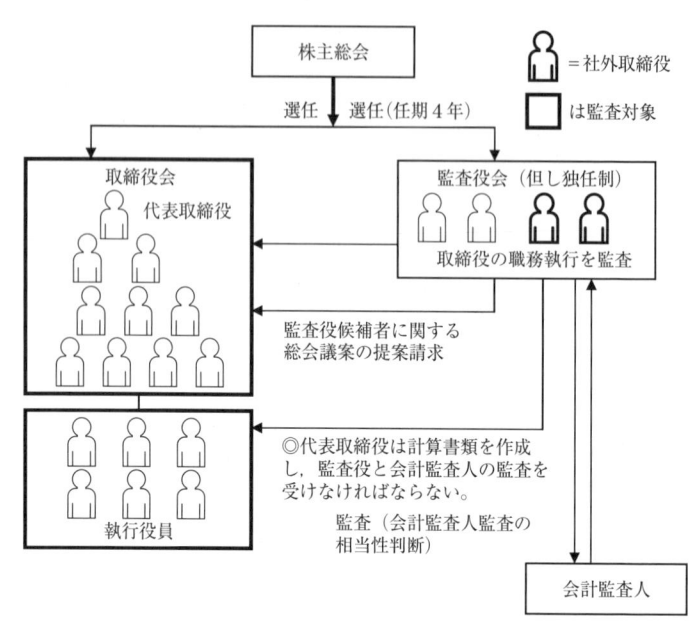

図3-3　従来型＋執行役員制採用型モデル
(出所)　平田 (2008) 198頁。

り，株主重視で短期指向で経営を行えば，株主リスク選好型の競争的な経営文化が形成されるし，利害関係者重視の長期的指向の場合，協働的で関係性に配慮した企業経営につながる。各国のガバナンス形態を考察している，規範的コンテクストであるが，どの程度コンプライアンスが進んでいるかについての社会的な法制度整備を問題とする。こうした制度的・国家的・規範的コンテクストが企業内の組織文化，組織構造の複雑性，企業の発展レベルなどの内部コンテクストに影響を及ぼし，外部・内部コンテクストが形成されるのである。

　取締役会が経営戦略の立案・遂行・統制のような活動を効果的に行うために，ヒルブはつぎの3つの視点を取り上げている。第一に戦略と連動した多様性のある取締役会の構成することである。これは，取締役会が状況次元でのコンテクスト要因の影響を吸収するために，多様な役割を担う人々を取締役会に含めなくてはならないとヒルブは指摘する。取締役会業務を遂行するのに必要な監査・リスクマネジメント・人的資源管理の多様な職能に対応できる人々を含め

るようし，デモグラフィック的適性，社内・社外取締役の割合のように，企業の環境・戦略に応じて適正な取締役会の構成にしなくてはならない。そこでは，取締役会会長が，適正な構成になるよう必要な人員を取締役会に配置する能力が求められてくる。

 第二に建設的なオープン・マインドな取締役会チーム文化があげられる。取締役会が効果的に企業をガバナンスするために，取締役会内に信頼と建設的な批判を行えるような雰囲気が醸成されていなくてはならない。

 第三に利害関係者指向の取締役会ビジョンが捉えられる。様々な利害関係者の要求を考慮しながら，長期的な視点から取締役会がどのようなガバナンスを行うのかロードマップを示し，ロードマップ実現に向けて，適切なリーダーシップを果たすよう取締役会の戦略ビジョンを確立することが求められる。すなわち，これら3つの視点は，取締役会が環境に対してオープンに，活発な議論が行え，建設的にガバナンスを行うための指針が考慮されているのである。

 以上のような，3つの取締役会の機能に対する戦略的策定が実際の取締役会の活動に対する基礎となる。そこで，これらの戦略を統合し，実際の活動に結びつけていくプロセスが必要となる。これが，統合次元である。3つの主要な戦略的プロセスは，取締役会役会の選任・活動内容のフィードバックにより報酬を決定し，こうした段階を通して，環境に開かれた文化を醸成する取締役会を構築し，そのような意識をもった取締役を育成するというのである。

6　環境適合型ガバナンスに向けて

 本章では，アメリカ企業のコーポレート・ガバナンス改革の動向を俯瞰しながら日本企業の取締役会を中心に，企業を取り巻く環境・状況の変化に応じて，どのような改革が行われたのか，その動向を確認してきた。日本企業は，バブル崩壊後，企業業績を悪化させる中で企業集団内の株式持ち合い比率を低下させ，その関係を解消するようになった。それに伴い外国人株主を中心とする機関投資家の台頭と相俟って，企業は資本市場から強い圧力を受けるようになった。さらに，1990年代以降の相次ぐ企業不祥事は，取締役会が実質的に企業

をモニタリングしているかどうか，社会から疑問が呈された。

このような中で，2000年以降，アメリカ企業のコーポレート・ガバナンス改革を参考にしながら，市場や社会からの影響を適切に伝達し，経営者へのモニタリング権能を高めるべく，社外取締役を強化し，取締役会内に各種委員会を設ける取締役会の制度的・構造的改革が日本企業で行われるようになった。このことは，従来型の取締役会の構造に変容をもたらしたが，アメリカ型のコーポレート・ガバナンス形態をそのまま，日本企業に移管を促進することではなく，日本型の取締役会の修正やアメリカ型とのハイブリッド型取締役会形態を生み出した。このことは，日本企業が直面する経済制度や取り巻く環境や状況に応じて，取締役会の機能を変化させる必要性を提示している。

取締役会会長とCEOの役職を分離させ，取締役会内で社外取締役の割合を増加させることによる取締役会の独立性を確保することが，こうした問題をあらゆる状況において解決する「唯一最善の方法（one best way）」であると捉えることは難しいのである。企業は社会規範や法制度の要請と同じようにガバナンス形態を企業が具備することにより，社会から正当性を獲得し，環境の不確実性を回避する上で最善な方法として考えられているのである。しかし，このアプローチは国家・社会ごとのガバナンス制度やシステムの形成やその相違点について考察したり，企業の個別事情に応じた特殊なガバナンス問題を捉える上では不十分となる。企業ごとに異なる特殊な環境に対して，「正当性」を確保し，「経済合理性」を高めていく上で，企業不祥事を防止し，企業の競争優位性を向上させるコーポレート・ガバナンス・メカニズムを考察することが重要となってくる。

このように，実効性のある取締役会改革は，企業の取引慣行や経営文化・風土，戦略などと同様に，企業を取り巻く環境条件を考えながら，各種委員会あるいは，社内／社外取締役の比率，執行役員制度などのトップ・マネジメント組織のあり方を十分に検討することが求められるのである。

▶▶ Column ◀◀

社外取締役を中心とした取締役会制度の限界

　通常，社外取締役を中心とした取締役会は，監視機能が向上し，企業への適切なガバナンスがなされると考えられています。しかし，必ずしも，そうとも限りません。アメリカでは1970年代以降，制度的側面からの改革が進み，世界のコーポレート・ガバナンス改革にとって模範の1つと捉えられていました。例えば，2002年に破綻したエネルギー大手のエンロン社の取締役会は，プリンストン大学のポール・グルーグマン（2008年にノーベル経済学賞受賞）らの著名人で固め，優秀な社外取締役陣として内外から賞賛され，情報公開・透明性・違法性などコーポレート・ガバナンスに関わる全項目において高い評価を受けていました。しかし，実際は，経営陣が不正取引ならびに，粉飾決算に手を染めて，破綻の憂き目にあいました。このことは，社外取締役を中心とした取締役会制度に2つの問題を提示しています。

①危機が訪れるまで取締役会はアクションを起こさない。

　取締役会は，企業業績が悪化したり，企業不祥事が生じるまで，経営者に対して監視権能を働かせない場合があります。エンロンの場合にもあてはまります。特に，取締役会は年数回，開かれるものであり，経営の業務内容を詳しく把握するには時間的に限界があります。企業を襲う最も困難な危機は徐々に生じてくるものです。

②取締役は自分に有利に働く決定や戦略に固執してしまう傾向がある。

　パウンド（J. Pound）は，以前に輝かしい業績をもたらしたCEOの立案した戦略がうまくいかなくなったとしても，過去の成功体験にしがみつき，都合のよいように現実を解釈する認知不協和の問題を指摘しています。たとえ，取締役会の独立性を高めても，取締役個人あるいは，集団の認知・心理傾向により状況判断を見誤り適切なガバナンスが阻害される危険性があります。

　このように，法的な取締役会改革を行っても，必ずしも取締役会が活性化されるとは限らず，取締役会内の情報や取締役の認知傾向など実質的な側面から取締役会の機能を考える必要性があるのです。

論点整理

1. バブル崩壊後の長期不況により，メイン・バンクの力が衰退，株式相互持ち合いの解消により日本企業は，「もの言う株主」の存在など株式市場から

強い圧力を受けるようになった。こうした背景により，1990年代以降，アメリカ型コーポレート・ガバナンスの特徴である社外取締役制度を導入したり，取締役会内に各種委員会を設置するなど，取締役会改革を進展させていった。しかし，こうした取締役会の改革動向は，アメリカ型コーポレート・ガバナンス構造をそのまま日本企業に移管するだけではなく，日本型の経営スタイルを反映させたハイブリッド型の取締役会形態を生み出すことになった。

2. 有効な取締役会の形態・あり方は，すべての企業にあてはまる「唯一最善」のものはなく，社会・経済制度や個々の企業を取り巻く環境や状況によって変化するものであり，環境・状況や企業戦略に連動した形で取締役会を構築することが求められる。

[推薦図書]

土屋守章・岡本久吉（2003）『コーポレート・ガバナンス論——基礎理論と実際』有斐閣

　　企業を取り巻く環境変化や動向を追いながら，事業繁栄を構築するコーポレート・ガバナンスのあり方について，理論面・現実面から深く考察をしている。

平田光弘（2008）『経営者自己統治論——社会に信頼される企業の形成』中央経済社

　　「社会に信頼される企業のあり方とは？」の問題につき，「企業統治」「法令遵守」「企業の社会的責任」の3つに焦点をあて，日本企業の経営活動のうちに，これらがどのように具現されているかを考察している。

宮島英昭編著（2008）『企業統治分析のフロンティア』日本評論社

　　取締役会改革の動向を企業組織，企業を取り巻く環境条件の視点から定量的に分析しており，日本型取締役会がどのように多元的進化したのかそのプロセスについて明らかにしている。

[設　問]

1. 執行役員制や取締役会内に各種委員会を設置したソニーは，2000年以降，業績の悪化に悩まされた。このことは，取締役会改革は必ずしも，企業業績向上を保証するものではないことを示している。経営の機動性を高め，監視機能を強化しようと試みたソニーのガバナンスの取り組みがなぜうまくいかなかったのか，その理由を考えなさい。

2．本章で指摘したように，日本企業の取締役会改革の方向性は，アメリカ近似型，日本修正，従来の日本型の3つに分類することができる。それぞれの形態を導入した企業の構造的・戦略的特徴について考えなさい。

(西　剛広)

第4章
「企業の社会的責任」(CSR) とコーポレート・ガバナンス

　企業の社会的責任とコーポレート・ガバナンス，それら2つの現象についてはいま多くの人々が強い関心を抱いています。では，そうした現象は一体なぜ生み出されてきたのか，その原因や背景を明らかにしなければなりません。また，それらの現象がもっている具体的な内容はどのようなものでしょう。そして，それぞれの現象は独自に発展するだけでなく，互いに密接に関連し合っていることについても考えていきましょう。

1　「企業の社会的責任」をめぐって

1　新たなCSRの台頭

　わが国では現在，いわゆる「企業の社会的責任」(Corporate Social Responsibility；以下CSRと略記) に関する議論がその隆盛を極めている。現実に企業活動が展開される実業界だけでなく，その問題を学問的に研究する経営学の分野でも，それはある種のブームとまで称されるほどの様相を示しながら，ますます激しい議論を巻き起こしている。では，CSRがこれほどまでに多くの人々の強い関心を呼んでいるのは一体なぜか。

　もちろん，いま盛んに議論されているCSRの問題それ自身は，何も突然まったく新しくわれわれの前に現れたわけではない。すでにわが国においても，比較的早くから企業が果たすべき社会的責任の問題がクローズアップされ，実業界と学界の双方で積極的に議論されてきた歴史的な経過がある。まず，それは1960年代におけるわが国の高度経済成長の下で，いわゆる公害問題の発生を背景にして現れた。企業の工場から排出された煤煙がもたらす大気汚染，あるいは工場排水による河川の水質汚濁など，公害列島と称されるほどの環境破

壊が発生し，それが企業の社会的責任にもとる活動の結果として，厳しく批判されたのである。またその後，1970年代に入り2度にわたって発生した**石油危機**を契機として，それを千載一遇のチャンスとばかりに，企業が生活物資の買い占め・売り惜しみに走り，その結果，いわゆる狂乱物価や深刻な物不足といった状況がつくり出された。そうした企業による儲け第一主義の行動が，国民から猛烈な非難を浴び，それによって再び企業の社会的責任が重大な問題として，多くの人々の関心を呼び起こしたのである。

このように，これまで繰り返し議論されてきた歴史をもっている「企業の社会的責任」であるが，いまそれはCSRという新しい名の下で再現され，まさに夥しいほど議論が沸騰するという状況が生まれている。では，一体なぜCSRが改めて問い直されることになったのか。そこには，これまでのCSR問題にはみられなかった独自の特徴が潜んでいるはずである。言い換えれば，今回の新たなCSRブームがもっている「新しさ」とは何か，またその新しい特徴の原因は何に求められるのか。そうした問いかけに答えるには，以下のような2つの事実を指摘しておく必要がある。

現在のCSRに関する議論がもつ特徴として，第一にいわゆる「ステークホルダー論」との関連性を忘れてはならない。企業活動のあり方に関わって**ステークホルダー**（利害関係者）をめぐる議論が盛んに展開され，そのキーワードを軸にして今や1つの研究分野が形成されている。新しく台頭してきたCSRは，そのようなステークホルダー論と極めて密接な関係を保ちながら発展してきたのである。また第二には，いわゆる企業倫理との関連性を指摘しなければならない。今や日常茶飯事のように企業の社会的不正・不祥事が，新聞やテレビなどのマスコミ報道をにぎわしている。それらはすべて**企業の倫理性**が厳しく問われる問題であると同時に，企業による社会的「無」責任な行動に他なら

石油危機：2度にわたるオイルショックとも呼ばれたが，1973年に始まった第四次中東戦争を契機として石油価格が暴騰し，その結果，わが国では企業が大儲けの絶好の機会として意図的に物不足の状況を作り出し，諸物価の便乗値上げまで行って国民を経済的なパニック状態に陥れた。
ステークホルダー：企業内外に存在して，企業から影響を受ける様々な利害関係者のこと。企業活動の生産から販売までのあらゆる過程に位置し，それぞれに固有の利害関係をもっている。株主，従業員，取引先，地域住民，消費者など，企業の意思決定や行動に影響を与える集団でもある。

ない。そこでは，当然ながら企業倫理とCSRの関わりが問われることになるが，そうした状況を意識しながら新たなCSRが台頭してきたのである。

2 CSRの責任「主体」と責任「対象」は誰か

そもそもCSRという活動を行うのは誰か，こうした問題はある意味ではすでに自明のことのように思われる。なぜなら，そもそもCSRが企業の社会的責任を意味する限り，そこには企業こそが責任主体だという以外に正しい解答はあり得ないからである。しかし，そうして一見したところ自明のようだが，実はそう簡単に済ませられる問題ではない。

まず，CSRの責任主体として企業自身が妥当することは間違いない。たとえ企業は人間そのものではないにしても，それには法律上の人格である法人格が与えられ，企業活動に関わる様々な権利や義務を行使する主体としての資格を有している。そのため，企業活動に伴って生じる各種の責任に対しても，それを遂行すべき主体に位置づけられる。したがって，例えば企業は生産や販売といった自らの活動を通して，消費者に欠陥のない優れた商品を提供するという社会的責任を遂行しなければならず，またそうした活動を直接的に担う労働者に対しては，賃金という対価を支払う責任を果たさなければならない。それらの責任は，企業活動の実際の担い手である企業構成員，すなわち経営者や労働者などの活動を通して行われるが，それはあくまで企業自らの責任が人間によって遂行されるだけのことである。こうして，まず企業それ自身がCSRの責任主体となるが，その場合，それは同時に組織責任という性格を帯びている。なぜなら，その責任はまさに組織体としての企業によって，特定の組織の名において実行されるからである。

だが，CSRの場合にはそのように企業自身が責任主体となるだけではない。もともと企業という組織体はそれ自身として抽象的な概念であり，それが活動

企業の倫理性：「社会の健全な機能が維持され，さらに発展する上に必要とされる各種価値理念の実現に適合するような企業行動様式」とされるが，シュタインマンらによればそこでの価値理念（行為規範）は予め与えられるものでは決してなく，各種利害関係者の間の対話・討議を通して生まれる合意が重視される。こうした主張は対話倫理学と呼ばれる。

するためには具体的な担い手を必要とする。いうまでもなく，その担い手とは企業という組織体の**トップ・マネジメント**としての経営者である。彼らの意思決定と指揮・命令によって，最終的に企業活動の重要な政策や計画が確定し実行される。特に近年，連日のように発生している企業の社会的な不正・不祥事の実態をみると，それは専制支配型のトップ・マネジメントで絶大な権力をもつカリスマ経営者による誤った判断の結果であることが多い。したがって，経営者という企業活動の中心的な担い手が負うべき責任を軽視してはならない。そうした経営者責任は，企業自体の組織責任と密接な関連性をもつが，それとは相対的に区別される個人責任としての性格をもっている。こうしてCSRの場合，その責任主体には企業それ自身（組織責任）と経営者（個人責任）という2つのものがあり，両者が互いに密接な関係を保ちながら二重構造を形成していると考えられる。

　さらに，CSRは一体誰に対する責任なのか，すなわちCSRが向けられる客体である責任対象についても考えてみよう。この問題も，一見したところすでに自明のように思われる。なぜなら，CSRはそもそも広く社会に対する責任である以上，社会全般こそがその対象になると考えられるからである。企業活動はわれわれの人間社会において繰り広げられ，そうした社会との関わりの中で企業の社会的責任も発生する。しかし，社会全般といってもそれは1つの抽象的概念であり，その社会なるものは具体的にそれを構成する様々な人々から成り立っている。そして，そのような社会を構成する様々な人々が企業との間で独自の利害関係をもつことになり，それが企業に対するステークホルダーとして存在する。したがって，そうした様々なステークホルダーこそがCSRの責任対象を形づくることになる。

3　CSRの責任「内容」とは何か

　次に，企業の社会的責任は一体どのような中身をもっているのか，いわば

トップ・マネジメント：企業の管理階層のうちで，企業全体の基本方針を決定し執行する最上位の経営者層のこと。広義には株主総会で選出される取締役会メンバー全員を意味するが，狭義には会長や社長，あるいはわが国に固有の常務会に参加する役員などをさす。

CSRの責任内容について考えてみよう。これまでCSRの責任内容については，一般にいくつかのカテゴリーに区分され，しかもそれらが積み重なって1つの階層を成していると考えられてきた。例えば，最も優れた見解としてしばしば引き合いに出されるのが，キャロルによるCSRの4階層ピラミッド説である。そこで，彼の見解を参考にしながら最も広く承認されているCSRの責任内容について検討してみよう (Archie B. Carroll〔1991〕"The Pyramid of Corporate Social Responsibility", Business Horizons)。

　この責任階層説によれば，ふつうCSRの内容は4種類のカテゴリーに区分され，しかもそれらは決して並列的に存在するのではなく，最も基礎的で重要なものから次第に自主的なものへと積み上げられ，全体としてピラミッドのような階層を成している。では，そうして階層化された4つのカテゴリーとは何か。まず，第一の責任は「経済的責任」であり，それは本来的に経済的な存在である企業組織が，社会を構成する人々に物財やサービスを提供するという責任である。多くの消費者が必要として求めるような商品やサービスを生産することは，企業が負っているその他の責任にとって基礎となるものであり，それなしには他のものは考えられないほど重要な責任である。次に，第二のカテゴリーとして「法的責任」があげられる。企業は単に利潤動機で活動するだけでなく，国家・地方自治体などが制定する法律や条例を守ることが期待されている。こうした法令を遵守するという責任は，企業と社会との間に結ばれる社会的契約という意味をもっており，企業が本来果たすべき使命もこのような法令の枠内で遂行するものと考えられる。たとえ自由経済システムにおける資本主義企業であっても，一定のルールに従った活動を展開しなければならない。企業は自らの活動を律する各種の法規範を守ってこそ，はじめて社会の一員として自主的な活動を展開する権利が保障され，その資格も与えられるのである。こうした企業による法令遵守の責任は，現在ではいわゆる**コンプライアンス**(compliance) として広く承認されているものである。さらに第三の責任として，

コンプライアンス：企業が自らの活動に関わる各種の法令に則して行動する責任を意味し，一般に法令遵(順)守と訳される。もし企業がコンプライアンスに反した行動をとれば，法律に従って罰せられるだけでなく，社会から信頼を失って自己の存在も維持できずに消滅することがある。

「倫理的責任」というカテゴリーがあげられる。この場合に倫理的とは正義や公正といった倫理基準に関わるものだが、企業が前述のような経済的責任や法的責任を超えて、それ以上に遂行すべき責任内容を示している。したがって、企業活動に関わる法令には具現されないが、そうした法令が求める水準以上の倫理性を含んだ責任を意味している。そして最後に、第四の責任カテゴリーとして「博愛的責任」があり、それが階層化されたピラミッドの最上部に位置づけられる。この責任は、企業が社会にとって良い市民であり、社会に対して資金を提供して、生活の質を改善することに貢献しようとするものである。例えば、それは社会的な団体や組織に対する寄付行為だけでなく、芸術・文化の創造を財政的に支援するいわゆる**メセナ活動**、さらに教育やスポーツの発展への貢献など、様々な形態で実践される責任である。したがってこのカテゴリーの責任は、いくら企業に対して社会から提供してほしいという期待が大きいといっても、あくまで自主的でボランタリーな性格のものであり、決して強制されるようなものではない。そのため、たとえこの責任が果たされなかったとしても、社会的な罰則や批判を浴びるようなことはない。

2 コーポレート・ガバナンスを考える

1 コーポレート・ガバナンスの意義と課題

いまわが国のみならず、世界的な広がりをもってコーポレート・ガバナンスが盛んに議論されている。何故これほどまでその議論が隆盛をみているのか、その背景については大きく2つの側面から考えることができる。まず第一に、学問分野とりわけ経営学の分野からいえば、これまで繰り広げられてきた「会

メセナ活動：企業による文化芸術支援の活動のことで、慈善や博愛の精神に基づいて行われる。具体的には様々な団体や機関への寄付行為、音楽・美術の分野でのコンサートや美術展への財政的援助などの形態をとり、企業自らが社会貢献として自主的に行うものである。

経営者支配論：会社の支配者は誰か、この問題をめぐって多くの議論が展開されてきたが、それは株主という所有者ではなく、彼らの委託を受けて活動する専門経営者だという考え方である。経営者は企業の基本的な政策を決定するだけでなく、自らの後任や報酬を決めるほど強力な権限を握っている場合がある。

社は誰のものか」,「会社の支配者は誰か」などの問題意識から，いわゆる**経営者支配論**をめぐって議論されてきた学問的な伝統と流れの中で，それを発展的に継承する形をとりながら生み出されてきたと考えられる。したがってコーポレート・ガバナンスは，伝統的な経営者支配論の現代的形態という性格を有するものといえよう。そして第二には，コーポレート・ガバナンスがここまで多くの人々の関心を集めてきた背景として，現実に展開されている多様な企業活動に伴い，社会的不正・不祥事が頻発しているという事実を忘れてはならない。いわばそうした現実に直面している困難な問題から脱却し，企業が不正・不祥事をひき起こさず，法令や倫理に適った健全な活動をするためにこそ，コーポレート・ガバナンスの構築が強く叫ばれている。

では，以上のような背景から盛んに議論されるようになったコーポレート・ガバナンスであるが，それは一般に日本語では「企業統治」と訳され，企業を直接的に統治する主体である経営者の意思決定や行動をいかに制御し監視していくのか，という課題を担っている。欧米では1980年代から，日本では90年代以降に企業の経営破綻や不祥事が相次いで発生し，それが経営者の独断的な誤った判断に拠るものとの認識から，その是正と解決の方策としてコーポレート・ガバナンスが重視されるようになったと考えられる。したがって，企業の会長や社長をはじめとする最高経営層の意思決定とそれに基づく行動を，効率性と健全性の視点から監視・点検して，企業の業績が悪化しないよう，また企業の不正・不祥事を防止して社会から非難を浴びないようにするために，コーポレート・ガバナンスを確立し改革する必要があると主張されてきた。

2 制度化によるガバナンス改革

では次に，実際にコーポレート・ガバナンスがどのような具体的内容をもって実践されているのかをみてみよう。企業内でコーポレート・ガバナンスを推進していくには，具体的な制度（システム）を確立し，それを通して実践する必要がある。コーポレート・ガバナンスが現実に企業内部でどのようなシステムに則して行われるのか，そうしたコーポレート・ガバナンスの諸制度は，現代では国ごとに異なった特徴をもっており，それが国際比較研究を盛んにさせ

ている原因でもある。いまわが国でも，1990年代から21世紀に入ってガバナンス議論が隆盛を極め，またそれと歩調を合わせるように商法改正や**会社法**の制定など法的基盤の整備も進んでいった。そうした状況の下で，新しいコーポレート・ガバナンスの諸制度が導入され，現実に企業経営の内部でその機能を発揮している。では，一体どのような制度が実際に導入されてきたのか，代表的なものとして①執行役員制の導入，②社外取締役の導入，③各種委員会の設置など，3つのものを列挙することができる。そこで，順次それぞれの制度がもっている特徴について概略的に検討してみよう。

まず，第一の「執行役員制の導入」であるが，トップ・マネジメントである取締役とは別個に新しく執行役員というポストを設け，両者の役割を明確に区分するものである。取締役と執行役員がそれぞれ独自の仕事に専念できれば，より一層機能の専門化と効率化を図ることができる。本来，コーポレート・ガバナンスが，企業の競争力を強化するために効率性を高める課題を担っていたことから，この制度はわが国でも1990年代以降に導入されてきた。だが，現状としては，取締役と執行役員を兼務している取締役もあり，基本的な政策決定とそれに基づく執行業務を明確に区別できず，また，取締役が執行役員を監視する責任体制も十分に確立していない，という問題点があるようだ。

次に，第二の「社外取締役の導入」であるが，これは2006年から施行された会社法にもその性格が明記されている社外取締役を，新しい取締役として企業外部より受け入れる制度である。これによって従来から形骸化の批判を浴びてきた取締役会が，透明性と客観性を高めて活性化するものと期待されている。しかし，この制度も外部からの社外取締役がどれほど正確かつ詳細に企業全体を理解し，社内取締役と対等に議論していけるのか，また選ばれた社外取締役が当該企業の関係者である場合が多いので，はたしてどの程度第三者として客観的な視点から政策決定できるのか，などの問題点があると考えられる。

そして，第三の制度として「各種委員会の設置」があげられるが，これも会

会社法：社会経済の情勢が激しく変化する中で，2006年には新しく会社法が施行されたが，それはこれまで別々に分散していた会社に関する法規を1本にまとめたもの。会社自治の範囲を拡大し，規制緩和や自由化によって企業活動の効率性を高め，競争力を強化する狙いがある。

社法で委員会設置会社として指名委員会，報酬委員会，および監査委員会という3種類の委員会の設置が認められている。まず指名委員会は，これまで実質的に取締役の人事権を握っていた会長や社長などの経営者層からこの委員会へ権限を移行させるものであり，また報酬委員会は取締役や執行役員などの報酬額を決定する役割を担うものである。これらの委員会のメンバーとして過半数は社外取締役が選任されるので，形式的には第三者の客観的な立場から経営者の報酬内容を決めることができる。さらに監査委員会は，取締役や執行役員の行為に違法性があると判断したなら，それを取締役会に報告し，またその行為の中止を請求する権限をもっている。これらの委員会の機能を通して，これまで経営者が専横的に握っていた様々な権限を委員会に移行し，そこで公平性と透明性を保持した形で集団的に決定することが可能となったのである。

③　トップ・マネジメントの組織風土

　以上のように，わが国でのコーポレート・ガバナンス改革に関わって各種の具体的な制度を検討してきたが，こうした制度はたしかに従来から批判されてきた取締役会の形骸化を是正し，あるいは専制的な支配力をもった経営トップの誤った意思決定と経営執行を防止するなど，ガバナンス改革の優れた機能を発揮するものとして評価できる。だが，そうした制度の有する重要な意義を承認しながらも，同時にそれがもつ限界性を忘れてはならない。そのような制度自体がもつ限界性とは何か。それは制度というものがあくまで形式的な仕組みを意味しており，その制度を実際に実施し機能させるには，必ず人間という担い手が必要だということである。コーポレート・ガバナンスの場合，その担い手とは最終的に企業活動の意思と行動を決める責任を有する経営者であり，トップ・マネジメントという最高経営層である。したがって会長や社長，さらに彼らを含む取締役などが，どのようにコーポレート・ガバナンスの制度を生かしてそれを実践するのか，そこにガバナンス改革の成否がかかっている。制度それ自体はあくまで静的な形式上のシステムに過ぎず，それに人間の意思や意欲を吹き込むことによって，はじめてそのシステムに動的な生命が与えられる。そのように確立しているコーポレート・ガバナンスの制度に対して，経営

者層が生命を吹き込む際に最も大事なものがある。それこそがトップ・マネジメントの間で形成されている**組織風土**に他ならない。経営トップの有する共通の価値観や雰囲気、それは経営者が意思を決定し、またそれに従って行動する際に強い影響を与えるものである。もし、経営トップの間に沈滞した組織風土や新しいものに挑戦しない後ろ向きの組織風土しかない場合には、折角のガバナンス改革の方策も実行に移されないか、あるいは実行されたとしても形だけのものに終わってしまう。それとは逆に、もしトップ・マネジメントが活気と意欲にあふれ、失敗を恐れずに何事にも積極的にチャレンジしようとする前向きな組織風土に満ちていたなら、ガバナンスの制度も実質的な意味をもって有効に実施されていく。その時にはじめて制度という「仏」に人間の「魂」が入れられたことになる。そうしてガバナンスの制度がもつ優れた効果は、トップ・マネジメントの活性化された組織風土と結びつくことによって、大きく可能性から現実性へと前進していくのである。

3　CSRとコーポレート・ガバナンスの統合

1　CSR活動とガバナンス改革の相互作用

　これまで述べてきたように、いま現代企業は一方で誠実にCSRを実践し、また他方では積極的にガバナンス改革を推進することが期待されている。もちろん、これら2つの企業活動は独自の意義をもっており、それぞれ別個に行われるものである。だが同時に、両者は決して無関係に切り離されて存在するのではなく、互いに作用し影響を与え合う密接な関係の下に置かれている。

　まず一方で、企業がCSRを重視し積極的に取り組みを展開した場合、それはコーポレート・ガバナンスの具体的な制度の構築やその遂行にとって促進的な作用を及ぼす。なぜなら、企業はCSRを積極的に実践することで社会からの信頼と評価を獲得できるが、そのことがガバナンス改革を推進するために必

組織風土：組織構成員によって共有されている共通の価値観や雰囲気であり、それは彼ら1人1人の意思や行動を規定する。そうした組織風土は長い期間にわたって醸成されるが、企業が不祥事を発生させずに倫理志向の性格をもつためには、それを変革していく努力が必要である。

要なトップ・マネジメントの良好な組織風土の形成に繋がるからである。CSR を通してステークホルダーの信頼と評価が高まれば，ますます経営トップの間で活気に満ちた進取の気風が醸成され，それがガバナンス改革にも前向きに取り組む姿勢を強化することになる。逆に，CSR を無視して法令違反の不正・不祥事を発生させたなら，トップ・マネジメントの間にはどうしても沈滞した後ろ向きの雰囲気しか形成されず，それがガバナンス改革にも消極的な姿勢や対応となって現れてしまう。このようにして CSR からコーポレート・ガバナンスへの作用が見出されるのである。

また他方で，新しい制度の導入によってガバナンス改革を推し進めることは，その企業が CSR 活動を積極的に展開する条件をつくり出すことになる。なぜなら，ガバナンス改革によって確立された具体的な制度を実施することは，その企業が透明性と公正さを大事にした活動を展開していく基盤と条件を与えるからである。例えば，もしある企業が社外取締役制を導入して経営トップの独断的で誤った意思決定や行動を防止できたなら，それによって企業は社会的不正・不祥事を発生させず，法令を大切にするコンプライアンスへの道を歩むことができる。こうしてコーポレート・ガバナンスを遂行することが，CSR の推進にとって良い影響を与えるものと考えられる。

２ 「CSR 型ガバナンス」の構築に向けて

CSR とコーポレート・ガバナンスの統合という考え方をさらに一層推し進めることによって，ここに CSR 型ガバナンスという新しい企業統治のあり方が描かれてくる。では，その CSR 型ガバナンスとは一体何か。最も簡潔にいうなら，それは常に CSR を重視し，CSR と一体化したようなコーポレート・ガバナンスを意味する。その特徴として，第一にコンプライアンスの徹底化をあげたい。この CSR 型ガバナンスの下では，企業が自らの活動に関わるすべての法令を誠実に遵守し，それによって社会的な不正・不祥事の発生が避けられる。そして第二には，このガバナンスは様々なステークホルダーに迷惑をかけず，その利益を尊重し擁護することをめざしている。その結果，多くのステークホルダーは企業への信頼を深めていく。さらに第三には，CSR 型ガバナ

ンスはステークホルダーによる参加型ガバナンスを追求する。例えば労働者，地域住民，消費者などを考えてみると，そうしたステークホルダーたちは，それぞれの立場から企業の様々なレベルと分野で行われる意思決定に参加し，それに重要な影響を与える力をもつことになる。

　以上のような特徴のうちで，特に参加型ガバナンスについてもう少し詳しく検討してみよう。このCSR型ガバナンスでは，企業内での基本的な政策に関する意思決定に労働者が積極的に参加する。これはすでにドイツの企業で共同決定の名の下に実践されている。労働者は企業活動の直接的な担い手であり，生産・販売・財務などの各職能部門で企業活動の状況に精通している。彼らは経営者の指揮・監督の下で労働するとはいえ，同時に経営者にとって最も信頼のおけるパートナーでもある。そのため，経営者と共同で企業の意思決定に参加することに十分な合理性があり，合わせてその中で自らの労働条件や労働環境に関するCSRを推進していくことができる。また，地域住民というステークホルダーの場合にも，このCSR型ガバナンスを通して積極的に企業の意思決定に参加することが可能となる。企業の工場が立地する地域で生活を営む住民は，企業にとって最高の監視者であり協力者である。環境保全が企業活動にとって最も重要な課題となっている今日，その問題に直接的な利害関係をもつ地域住民の理解と協力が不可欠である。企業にとっては自らの生産活動によって環境を破壊せず，住民の快適な生活環境を維持することが基本的な使命となる。そのためにも，地域住民が常に企業との間で環境コミュニケーションを展開しながら，基本的な環境政策を決定する際に参加できるような仕組みを確立することが重要である。そうした参加型ガバナンスによって，はじめて地域住民からも強い信頼が得られるのである。

論点整理

　CSRやコーポレート・ガバナンス，そうした言葉がいまなぜ現代企業に渦巻いているのか。一口で言うなら，それは資本主義企業によって「無」責任な活動が行われ，またそこでは「無」統治な状態が支配しているからに他ならない。そこで，現代企業が社会から信頼され，社会と共生していく存在となるに

▶▶ Column ◀◀

ここまで進む差別化戦略⁉

「日本茶が米国に上陸」、そんな大見出しの記事が、ある日の新聞に。その日本茶とはもちろん緑茶のことで、日本人が最も慣れ親しんでいる飲み物です。まさに緑茶は私たちの日常生活になくてはならない必需品です。夏には冷やしたお茶を飲み、寒い冬には熱いお茶で暖まる。年がら年中お茶とつき合い、お茶なしの生活は考えられません。そんな日本の緑茶が、あのペットボトルに入った商品として、いよいよコーヒーや紅茶の米国市場に乗り出していく。ちょっと気になるのは、お茶の苦みや渋みがどれほど米国人に受け入れられるか。その点では、米国でも好まれるように苦みと渋みを抑えて販売するとのこと。しかし、ここで一言もの申す。いくら外国人の好みに合わせるからといって、無理に苦みと渋みを控え目にしたり、ときには砂糖まで加えて甘みを出すのは言語道断。ほんとうのお茶の味がまったく台無しになると思うのですが、どうでしょう。

ところで、いくつかの飲料メーカーから売り出されているペットボトル入りのお茶が、これほど人気商品となって市場を拡大させてきたのはなぜでしょう。きっと手軽なペットボトルの普及と道狭しとばかりに幅を利かす自販機があればこそ。まさにわが国はペットボトルと自販機の天国です。そしてもう1つ、お茶メーカーの多様な差別化戦略を忘れてはなりません。ペットボトルに入ったお茶の味で勝負するのはあたり前ですが、注目すべきは容器の量的差別化です。最大は2リットルから最少は200 ml まで、その間に 500 ml, 350 ml, 300 ml など様々な容量のペットが勢揃い、そして何と 280 ml と細かい分量のものまで。300 ml と 280 ml との差はわずかに 20 ml。それはほんのひと口かもしれませんが、そんな量的差別化が大事なのでしょう。おや、誰ですか、「こんなつまらない話でお茶を濁した」、なんて悪口を言っている人は。

はどうすればよいのか。企業が社会的責任を重視し、コーポレート・ガバナンスの制度を確立し実践する以外に道はない。CSR とコーポレート・ガバナンスの両者を統合し、互いに影響を与え促進し合う関係の下で新しいガバナンスのあり方を追求する。その際、単なる形式的な制度づくりだけでなく、確立した制度を生かすために優れた組織風土づくりを忘れてはならない。制度と風土、そうしたいわばハードとソフトの両方が結びついて、はじめて CSR 型ガバナンスも構築されていく。

推薦図書

久保利英明他共著（1998）『日本型コーポレートガバナンス』日刊工業新聞社
　　米国でのコーポレート・ガバナンスを参考にしながら，日本企業における企業統治の現状について論じている。

水尾順一・田中宏司編著（2004）『CSRマネジメント——ステークホルダーとの共生と企業の社会的責任』生産性出版
　　CSRによって，日本企業がどのように多様なステークホルダーと共生していくのかを明らかにしている。

菊池敏夫（2007）『現代企業論——責任と統治』中央経済社
　　企業の社会的責任とコーポレート・ガバナンスの関係を，企業の所有構造の変化や政府規制の問題と関わらせて解明している。

設問

1．様々なステークホルダーの間にはどのような利害対立があるのか，またその利害対立はどのように解決されるのでしょうか。
2．企業で働く労働者にとって，CSRやコーポレート・ガバナンスはどのような意味をもつのでしょうか。

　　　　　　　　　　　　　　　　　　　　　　　　　　　　　　　（田中照純）

第5章

社会的責任投資 (SRI) とコーポレート・ガバナンス

あなたは「コーポレート・ガバナンス」の目的である「企業の競争力強化」および「企業不祥事の防止（監視）」を資本市場から促進させる手段である「社会的責任投資 (SRI)」についてどう考えますか。本章では，SRIの考え方が，「企業は株主のもの（経営者と株主の関係性）」であるとの見解に立脚するのではなく，社会の一員として企業を捉える「企業の社会的責任（経営者とステークホルダーとの関係性－CSR－）」の考え方に基づいていることを学習します。

1　社会的責任投資 (Socially Responsible Investment：SRI)

近年,「持続可能な社会」への取り組みが議論される中で，それとは逆行する食品偽装や株価操作などの企業不祥事が散見されている。このような企業不祥事を起こさず，健全な経営を行う企業を資本市場から応援しようとする取り組みが「社会的責任投資 (Socially Responsible Investment；以下 SRI に統一)」である。SRI とは，「投資」という性格から，その規模を資産総額で計ることが多いが，各国における歴史的背景，法制度そして社会的な取り組みの違いからばらつきがある。しかしながら，近年，SRI の「S」が「社会的 (Socially)」という意味から「持続可能性 (Sustainable)」の「S」に意味合いが変化し，親しみやすさも助け増加傾向にある。社会的責任フォーラムの調査によれば*，日本における SRI 投資信託の資産総額は 2008 年 6 月現在 6707 億円と統計を取り始めた 1999 年の 10 倍弱に増加している（社会的責任投資フォーラム　http://www.sifjapan.org/document/asset.pdf　2008 年 8 月 23 日アクセス）。

　＊　日本における SRI の資産総額は，他の諸外国と比較すると小額である。その理由は，

日本のSRI資産が，公募ファンドに限られ，年金基金等の私募ファンドによる設定が少ないからである。また私募ファンドとは，特定の投資家から資金を集めるファンド，または適格機関投資家を対象としたファンドで，資産規模の大きな年金基金等を対象としているのに対して，広く一般的な個人投資家を対象に資金を募集するファンドを公募ファンドという。

　本章では，「企業の競争力強化」および「企業不祥事の防止（監視）」について議論する「コーポレート・ガバナンス（Corporate Governance：企業統治）」とそれを資本市場から応援する取り組みであるSRIとの関係性について学習する。その際，基本となるコーポレート・ガバナンスの対象は，狭義に「経営者」と「株主」との関係性を検討し，そして広義に「経営者」と「ステークホルダー（利害関係者：Stakeholder）」との関係性を議論している。SRIの対象は，狭義概念としての「株主」との関係性を基本とするものの，「社会的（Socially）」性格を踏まえステークホルダーとの関係性をより重視している。

　元来，ステークホルダーとの関係性を議論してきたのが「企業の社会的責任（Corporate Social Responsibilities；以下CSRに統一）」である。本章の議論は，コーポレート・ガバナンスからCSRへの概念拡張を基礎としている。この概念の拡張は，本来，「株主」を重視した会社経営を「ステークホルダー」を重視した運営へ変化させる。この概念の拡張は，後述するハーシュマンの「離脱（Exit）」，「発言（Voice）」そして「忠誠（Loyalty）」の概念を援用することで，社会からの能動的作用の重要性を説明することによって理解する。

　さてSRIは，上述のコーポレート・ガバナンスからCSRへの概念（対象）の拡張から生じる定量化しにくい価値を，どのように資本市場が評価するかという点に難しさをもっている。なぜなら，通常の「企業価値」は，財務情報により定量的に表される「株主価値」を意味するが，SRIは，企業のCSRに関する透明性の高い情報開示をもとに「企業価値」を算定するからである（「企業価値」と「株主価値」の概念は，「企業価値」が財務的観点のみから捉えられる部分的な「株主価値」を包含し，「企業価値」は，財務・非財務的価値双方による総体としての企業を定量化する概念である）。

　そこで後述する米・英・独・仏での情報開示に関する法令とその歴史的背景，

特に公的年金基金の運用規制そして非営利・非政府団体のCSRに関する情報開示への取り組みを検討することによって，SRIの普及を促進させる取り組みについて考察する。

2　持続可能な社会と「企業の社会的責任（CSR）」

　近年，持続可能な社会と自然環境問題が，同義語として議論されている。これは，生態系の「持続可能性」の問題が，1987年の国連ブルンライト委員会報告書において「持続可能な発展（Sustainable Development）」として初めて使用され，自然環境からの搾取の限界という問題と同列に議論されているためである。事実，ゴア（A. Gore）の『不都合な真実』そして「IPCC (Intergovernmental Panel on Climate Change：気候変動に関する政府間パネル）」による詳細な実証分析に基づいた将来にわたる地球温暖化問題が，2008年に北海道の洞爺湖サミットにおいて中心的な問題として取り上げられ，「持続可能な発展」を阻害する二酸化炭素排出について議論されている（アル・ゴア／枝廣淳子訳（2007）『不都合な真実：切迫する地球温暖化，そして私たちにできること』ランダムハウス講談社。また，洞爺湖サミットに関する情報は，http://www.g8summit.go.jp/　2008年8月23日アクセス)。このような持続可能な自然環境について議論され始めたのは，何よりもその要因を作り出す企業に対して，労働組合，「NPO（非営利団体 Nonprofit Organization；NPOに統一）」そして「NGO（非政府組織 Non-Governmental Organizations；NGOに統一）」等の能動的なステークホルダーが，活発な*「発言（Voice）」を行ったことを契機としている。

　　＊　矢野〔2005〕4頁。ハーシュマンは，社会現象を読み解くために経済面のみならず，同様に政治面からの考察が，より深い理解を促進させると考えている（A.O. Hirschman〔1970〕*Exit, Voice, and Loyalty Responses to Decline in Firms, Organizations, and States*, Harvard University Press／矢野修一訳〔2005〕『離脱・発言・忠誠──企業・組織・国家における衰退への反応』ミネルヴァ書房）。

　彼の著作「離脱（Exit）」，「発言（Voice）」，「忠誠（Loyalty）」では，複雑怪奇な社会現象をシンプルな3つの社会的行動により説明しようと試みている

(Hirschman〔1970〕)。

① 「離脱（Exit）」とは，顧客がある企業の財・サービスの購入をやめたり，メンバーがある組織から離れていく場合のことである。この行動の動機は，経済学的な「需要と供給」での均衡により決定される。

② 「発言（Voice）」とは，企業の顧客や組織メンバーが経営陣に対して，あるいは，その経営陣を監督する他の権威筋に対して，さらに耳を傾けてくれる人になら誰に対してでも広く訴えることによって，自らの不満を直接表明する場合のことである。この場合には，政治学的な「利益の言明」による観点が，動機となる。また，この「発言」は，「離脱」できない場合の唯一の方法である。

③ 「忠誠（Loyalty）」とは，経済学と政治学の結びつく余地（slack）として考えられ，最も非合理的にみえるときにこそ最も機能する作用と捉えている。つまり，「離脱」ないし「発言」の行動は，「忠誠」の程度に依存している。

「自然環境」といった変数は，受動的な主体であり，社会的に利害を相互補完するステークホルダーとして理解されるには，これら能動的な「発言」が必要となる。

持続可能な「社会」の一員として，自然環境を認識するには，コーポレート・ガバナンスからCSRに概念を拡張しなければならない。なぜなら，「企業の競争力強化」および「企業不祥事の防止（監視）」を議論するコーポレート・ガバナンス論での対象は，「経営者」と「株主」に限定されるからである。これは，コーポレート・ガバナンス論が，1930年代に会社支配論で展開された成果を踏まえているためである。会社支配論は，社会制度としての株式会社が「権力」を保持し，その「権力」の主体を解明することにあり，バーリとミーンズ（A. Berle and G. Means）による精緻な統計的証明によって「所有と経営の分離（separation of ownership from management）」という大株主の不在（分散化）を発見している。これは，会社の支配者（「権力」の主体）が，株主であるという従来までの常識を，株式の高度分散化によって株主から「専門経営者」に移行したことを明らかにしている（A. Berle and G. Means〔1932〕*The*

Modern Corporation and Private Property, Macmillan Company／北島忠男訳〔1958〕『近代株式会社と私有財産』文雅堂銀行研究社)。

　しかしながら，「株主」の高度分散化による強大な「専門経営者」の「権力」への牽制主体は，いかなるものであろうか。そのために，社会において強大な「権力」を保持する企業（「専門経営者」）は，社会の一員として持続可能な発展をめざせるのか。そのためには，（株主を含む）ステークホルダーに説明責任をもち，社会からの「正当性」を確保しなければならない。この理解は，1932年に行われたバーリとドットによる論争の中で，ドットは「経営者は誰のための受託者であるべきか」という論文で「会社が株主のために利潤追求するという唯一の目的で存在するという見解を，現時点で強調するのは好ましくない。究極的に法律を作る世論が，会社を利潤獲得機能と同じく社会奉仕機能をもつ経済制度とみなす方向に進んでいる。なお，こうした見解はすでに法理論に影響を及ぼしており，近い将来にさらに大きな効果をもつであろう」と指摘していることからも明らかである（正木久司・角野信夫〔1989〕『バーリ（経営学——人と学説）』同文舎，76頁；E. Dodd, Jr.〔1932〕"For Whom are Corporate Managers Trustees?", *Harvard Law Leview,* Vol. 45, No. 7)。

3　資本市場の変容と機関投資家の行動パターン：「離脱（Exit）」，「発言（Voice）」，「忠誠（Loyalty）」概念の援用

　近年，経営資源としての人・モノ・金そして情報が，経営活動のグローバル化，そして「ICT（Information and Communication Technology）」技術の発達等によって世界規模で循環している。このグローバル・ICT化の流れは，資本市場にも多大な影響を及ぼし，**擬制資本**」の氾濫とも思えるほど，過剰な資本流動性を供給している。

　さて，「株式会社は誰のものか」という問いに対して，株式会社の所有者は，商法上「株主」であると規定されている。しかしながら，「株主」は，法人と

擬制資本：この概念は，株式会社の価値を資本市場において評価する「市場価格（株主価値）」を意味している。つまり「擬制資本」は，「時価総額」とも理解され，株式会社が調達する額面価額（例：50円，5万円等）である「現実資本」と区別されている。

しての株式会社を所有し，その会社財産は会社自体が保有している。この二重構造という意味から，株主の権利は，「薄められた所有」とも考えられる。

　株式の権利は，①自益権と②共益権の2つであり，①自益権は，配当請求権等の会社から経済的な利益を受ける権利であり，②共益権は，株主総会における議決権や会社の管理運営に関与できる権利である。

　また，株式の特徴を考えれば，上述のA．権利証券とB．有価証券としての側面の両面をもっている。A．権利証券とは，①自益権と②共益権のことであり，「現実資本」とも呼ばれている。またB．有価証券としての意味は，証券自体が発行後に資本市場にて売買されキャピタルゲイン（値上り益）をあげるために取引される「擬制資本」として理解される。このように，分散化した「株主」の大多数は，会社を運営するよりも，キャピタルゲインの獲得が主な動機となる（勝部伸夫〔2008〕「会社は株主のものか」海道ノブチカ先生還暦記念論文集『現代企業の新地平』千倉書房，20頁，第二章を参照）。

　加えて，資本市場に多額の資金供給が行われた結果，投資ファンドという新たな資金運用主体が生み出されている。この投資ファンドへの資金流入は，巨額であり，着実に拡大を続けている。世界中での運用資産額はヘッジファンドで191兆4000億円，PEファンドで77兆円（＄1＝¥110）に及んでいる（投資ファンドの特徴を区別する定義は，多様である。通常は上場公開株式や上場公社債に投資するファンドである「ファンド」と，「オルタナティブ投資ファンド」に大別される。「オルタナティブ投資ファンド」の一形態としてPEファンド（Private Equity：プライベート・エクイティー・ファンドの略）があり，M&Aファンドも包括される。この「オルタナティブ投資ファンド」は，一般的に金融派生商品を活用して，相場の動向にかかわらず収益の確保をめざす運用手法を活用している）。

　上述の投資ファンドは，従来まで分散化していた「株主」を取りまとめるような資金運用のプロとしての「機関投資家」によって運用されている（機関投資家とは，2007年に施行された「金融商品取引法」の中で「適格機関投資家」の定義がなされている。この中で，機関投資家として代表的なものは，保険会社，年金基金，証券投資信託そして投資顧問会社等である〔金融庁「適格機関投資家に関する情報」http://www.fsa.go.jp/common/law/tekikaku/index.html　2008年8月23日

アクセス])。

　このような「機関投資家」が，企業を評価するには，彼らの受託する資金の性質に対応した多面的な企業価値を評価する測定方法が要望される。このような多面的に企業価値を評価する方法の1つとしてSRIがある。

　機関投資家の行動は，資金の供給者である投資家に対する「受託者責任」から，利益追求が基本となる。神田（2001）によれば「受託者責任」とは，法律的に「受託者の義務（fiduciary duty）」を意味している。一般に受託者は，①注意義務と②忠実義務を負っている。①注意義務は，「思慮分別ある人だったらするだろう判断をせよ，そういう注意を払って行動をせよ」という意味である。②忠実義務は，例えば，SRIの運用利回りが，通常の運用手法との比較において劣らない，つまり，自分の利益と「その他人」の利益とが利益相反関係にある場合には，「その他人」の利益を優先させなければならないという，意味である（神田秀樹〔2001〕「いわゆる受託者責任について：金融サービス法への構想」財務省財務総合政策研究所『フィナンシャル・レビュー』March, 2001）。

　この「機関投資家」の運用資金には，年金資金，保険，投機資金といった多様な資金供給者の意図を反映しなければならない。「機関投資家」は，受託者責任により自らが構成したポートフォリオが，相対規準となる「**株価指数（インデックス：Index）**」を上回ることを目標にしている。そのため，安定的かつ収益確保を目的とする「機関投資家」は，企業活動の不確実性（リスク）を低減させるような「発言」を行うことになる。

　株主行動についてハーシュマンの議論を援用すれば，株主は，企業の発展動向に不満があれば，企業の経営政策に影響力を2つの手段によって行使する。それは，株主が自己の株式を売却するか（「離脱」），または話し合い，株主総会での抗議や演説（「発言」）といった形で，経営者に株主利害をもっと考慮するように働きかけることである。ハーシュマンによれば，「離脱」ないし「発言」の行使は，企業と株主の関係性ないし忠誠心の程度に依存している（Hirsch-

---

株価指数（インデックス：Index）：上場企業を指数構成のために選抜し，その組入銘柄の株価合計を，銘柄数で除算して求める。一般的に，機関投資家が専門的に利用しているMSCI指数，日経平均株価指数，東証株価指数が，代表的な株価指数である。

第5章　社会的責任投資（SRI）とコーポレート・ガバナンス

表5-1　多様な株主グループの投資特性

株主グループ		離脱	発言	忠誠
機関投資家	株主価値最大化	＋＋	＋	－
	洗練された株主価値	＋	＋	＋
	SRI投資家	＋	＋＋	＋
個人株主			＋	＋
従業員株主		－	＋	＋

(注)　＋＋は根本的に重要，＋は重要であるが，根本的でない，－は重要ではないが，全く影響力がないわけではない。
(出所)　R. Zugehoer, Die Zukunft des rheinischen Kapitalismus, Unternehmen zwischen Kapitalmarket und Mitbestimmung, 2003, S.56, *"Tabelle 8, Verhaltensprofil der verschiedenen Aktionärsgruppen"* を参考に筆者加筆修正。

man／矢野訳〔2005〕注3, 52頁）。

このように，「機関投資家」の行動にハーシュマンの議論を援用すれば，一般的な「機関投資家」の行動様式をまとめた議論を以下のように整理することができる。

① 「**株主価値最大化論**（Maximized Shareholder Value Theory）」

伝統的な投資運用モデルで，株主価値（株価）の最大化を目標。

⇒「離脱（Exit）」：経済学的な観点からの株主行動の理論

② 「**洗練された株主価値論**（Enlightened Shareholder Value Theory）」

短期的な資本効率重視型ではなくステークホルダーとの関係性を重視した，長期的視点をもつ株主価値理論。1998年ハンペル委員会の旧通産省通達。

⇒「離脱（Exit）」と「発言（Voice）」の相互的作用に基づく株主行動の理論*

*　一般的な「機関投資家」の行動様式をまとめた議論は，「株主価値最大化論」，「洗練された株主価値論」，加えて「多元価値論（Pluralistic Value Theory）」がある。「多元価値論（Pluralistic Value Theory）」における概念は，株主はステークホルダーの一部であり，企業の所有者は，株主を内包したステークホルダーと考える。この意味から，ハーシュマンの政治的な観点からの「発言」を重視した理論である。

洗練された株主価値論（Enlightened Shareholder Value Theory）：企業を取り巻く利害関係者との友好な関係を考慮した投資こそが，最終的に株主価値を上昇させると考える。この概念は，株主価値の中に社会性を取り入れた初めての試みとして注目される。

機関投資家は,「離脱」オプションと並んで,経営者に対してますます「発言」を行っている。その際,企業の株主総会は,投資家にとって貴重な「発言」の場所になる,なぜなら,企業経営にファンド・マネージャーが,収益要求を行える直接的対話の場所であるからである。

多様な機関投資家の一属性としてのSRI投資家も無論,定量的な利回りを要求されるため,SRIからの利回りが,他の投資手法との比較において同じまたはそれを上回るかという問いに関して受託者責任の観点から,様々な議論が展開されている。事実,財務的指標のみから株主価値を追求している機関投資家の間には根強いSRI批判があることもたしかである(谷本寛治編著〔2007〕『SRIと新しい企業・金融』東洋経済新報社,26頁)。しかしながら,自然環境というステークホルダーを認識し,企業経営に取り込んだ例として,トヨタ自動車が手掛けるハイブリッド技術がある。この技術は,同社に大きな成果をもたらし,株価を押し上げる要因となっている。

4 機関投資家と年金法:米・英・独・仏の年金法を中心として

SRIはCSRに関する透明性の高い情報が企業から開示され,それを評価することを前提としている。そこで,SRIを導入する主要各国におけるCSR情報の開示についてみてみよう。本節では,特にCSR情報の開示についての制度的性格をハードローもしくはソフトローという観点から考える(ソフトローとは,国家がその規範の厳守を担保せず,原則として法的拘束力をもたないが,当事者の行動・実践に大きな影響を与えている規範のことである)。

1 アメリカのCSRに関する情報開示

アメリカにおけるCSR情報に関する考え方は,CSR情報が株主価値を最大化させる主だった要因として捉えられ,様々なSRI運用手法が考案されている。しかしながら,アメリカにおけるSRIを直接促す法制度は存在していない。つまり,ソフトロー的な観点からの規制が行われている。このソフトロー的な観点からの規制は,アメリカにおけるSRIの発展経緯から理解すること

ができる。もともとアメリカの SRI は，歴史的に宗教的（キリスト教的）価値観や活発な市民運動の経験から発展してきているからである。

このアメリカにおける歴史的背景から，社会運動家や教会グループ等の左派系アクティビストが，運動の一環として倫理的な企業に投資する一手段として SRI を利用したため，暗いイメージをもつことになった。しかしながら，現在では，SRI の「S」が「社会的（Socially）」という意味から「持続可能性（Sustainable）」の「S」に意味合いが変化し，年金基金を中心とした私募ファンドを運用する機関投資家が，SRI を多様な企業価値の判断手段として採用している。

アメリカにおける SRI は，教会関連の基金・年金基金の機関投資家が，独自に SRI 基準を導入し，受託資金を運用している。特に，大手年金基金であるカルパース（CalPERS：California Public Employees' Retirement System，カリフォルニア州公務員年金基金）は，独自にコーポレート・ガバナンス原則を組み込んだ SRI 投資手法を導入している。また，最大の SRI 資産残高を誇るカルバート・グループ（Calvert Group）は，独自に SRI 投資運用手法を研究・開発そして運用まで手掛けている。

２ イギリスの CSR に関する情報開示

イギリスにおける CSR 情報の開示は，ソフトロー的なアプローチが取られている。イギリスは，EU 域内に立地しているため，EU の CSR に関する取り組みから大きな影響を受けている。

イギリスでは 2000 年に「年金法（Pension Act）」改正が行われ，年金基金運用受託者が，運用に際して CSR に関する透明性の高い情報を基礎としているか否かについての情報開示を義務づけている。イギリスにおける CSR に関する法規制は，基本的には間接的・抑制的であり，政府によって民間の運用機関に自発的な取り組みを推奨している。この自発的取り組みを促進させる政策は，民間団体（FTSE，Financial Times 紙とロンドン証券取引所が共同出資する企業）による企業格付け，民間調査機関（EIRIS：Ethical Investment Research Service）等との連携により具現化され，SRI 運用に適応されている。

第Ⅰ部　経営学の基本問題とコーポレート・ガバナンス

3　ドイツのCSRに関する情報開示

　ドイツにおけるCSR情報の開示は，ソフトロー的なアプローチが取られている。それは，ドイツにおける企業経営が，企業の戦略策定にステークホルダーとしての「労働者」の利害が直接的に反映される「共同決定法（Mitbestimmungsgesetz）」によって規定されているためである（風間信隆監訳，風間信隆・松田健・清水一之訳〔2008〕『ライン型資本主義の将来――資本市場・共同決定・企業統治』文眞堂）。このようにステークホルダーの利害を確保しているにもかかわらず，ドイツにおけるSRIの資産規模は，他のSRI導入国と比較すると小額である。それは，戦後復興期における環境汚染問題から学習したドイツが，「持続可能性（Sustainable）」の観点から環境指向的な「投資」を制度的に促進させてきたからである。この意味から，ドイツにおけるSRIは，アメリカにおける投資手法の摂取・吸収と考えられる。

　具体的な環境政策として，2000年に施行された「再生可能エネルギー法（Erneuerbare-Energien-Gesetz：EEG）」があげられる。この法律は20年間，電力会社に対して火力発電よりも割高な固定価格で，再生電力の買い取りを義務化するものである。また2004年には「改正再生可能エネルギー法（Die novellierte Fassung des EEG）」が制定され，再生エネルギーの適用対象にバイオマス発電所も認定され，その影響力を強めている。この政策を根拠として2001年度に8社の保険会社と新産業に関わる事業主が，大口の機関投資家向けの私募ファンド（＝年金基金：Spezial-fonds）を設立し，風力発電用資金として1560億円のファンドを設定している。また同時期に集められた私募ファンドの運用額は2200億円に上っている。

　ドイツにおける年金基金の運用は，2001年の改正年金法（Altersvorsorgeverträge-Zertifizierungsgesetz-AltZertG）（池田良一〔2002〕「ドイツの企業年金制度と2002年年金制度改革（下）」『国際商事法務』Vol. 30, No. 5, 615頁）第7条5項において，長期的な投資利回りを求める年金基金の性格を考慮し，年金基金運用会社に対して，基金の運用にあたって倫理面，環境面，社会面への配慮についての報告を義務づけている（Bundesanstalt für Finanzdienstleistungsaufsicht；Gesetz über die Zertifizierung von Altersvorsorgeverträgen〔Altersvorsorgeverträge-Zerti-

表5-2 CSRに関する情報開示と先導主体（米・英・独・仏の年金法を参考に）

国	先導主体	任意規範
アメリカ	市民主導	ソフトロー
イギリス	政府主導	ソフトロー
ドイツ	市民主導（共同決定法）	ソフトロー
フランス	政府主導	ハードロー

（出所） 独立行政法人 労働政策研究・研修機構編「諸外国において任意規範等が果たしている社会的機能と企業等の当為行動に与える影響の実態に関する調査研究」労働政策研究報告書 No.88, 2007年9月。

fizierungsgesetz – AltZertG〕vom 26. Juni 2001, zuletzt geändert durch Art. 7 des Gesetzes vom 5. Juli 2004. http://www.bafin.de/gesetze/altzertg.htm 2006年12月18日アクセス）。

4 フランスのCSRに関する情報開示

フランスにおけるCSR情報の開示は，上述の比較対象国とは違い強行的規範（ハードロー）的なアプローチを取っている。これは，歴史的に年金資金や従業員貯蓄の運用等に関して企業に環境や社会，倫理への配慮を促進させる法律が存在するためである。

年金準備基金（FRR：Fonds de réserve pour les retraites）は，基本的に長期的な運用資金である公的年金を受託している性格上，CSRに関する情報を投資運用手法に取り入れたSRIの導入を義務化している。この年金運用を促進するために，CSRに関する情報開示に関して経済新規制法（NRE：Loirelative Nouvelles Regulations Economiques）が規定されている。このため，フランスで特徴的な制度として，労働団体の従業員貯蓄制度にSRI貯蓄プラン導入を義務づけているのである。

上述のアメリカ，イギリス，ドイツそしてフランスのCSRに関する情報開示と先導主体をまとめたのが**表5-2**である。

5　企業の CSR と SRI

　活発なステークホルダーからの「発言」に対して説明責任を負う企業は，CSR に関する透明性の高い情報を開示しなければならない。その情報開示に関して世界的に統一した様々なガイドラインが立案されている。そこで，本節においては情報開示に関する「グローバル・レポーティング・イニシアティブ；以下 GRI に統一」（サステナビリティー日本フォーラム　http://www.sustainability-fj.org/gri/index.php　2008 年 8 月 23 日アクセス）ガイドラインについて概観する。そして，この GRI の情報開示を積極的に企業評価に取り入れるため「UNEP（国連環境計画）」は，その活動の一部門として「国連環境計画・金融イニシアティブ（UNEP FI：Financial Initiative）」を立ち上げ，特に機関投資家に対して「責任投資原則（Principles for Responsible Investment：PRI）」の導入を推奨している。

1 「グローバル・レポーティング・イニシアティブ（GRI）」

　GRI は 1997 年にアメリカの非営利組織であるセリーズ*「CERES：Coalition for Environmentally Responsible Economies（環境に責任をもつ経済のための連合）」と**国連環境計画**（UNEP：United Nations Environment Program）との合同事業として持続可能性報告（sustainability reporting）の質・厳密性・利便性の向上を目的に発足した（中村瑞穂著〔企業倫理研究グループ〕〔2007〕『日本の企業倫理──企業倫理の研究と実践』白桃書房，170 頁）。

　　＊　セリーズは，1989 年にアラスカ湾沖で起きたタンカー（バルディーズ号）の座礁による原油流出事故を契機として，バルディーズ原則を公表している。この団体は，非営利団体ではあるが，アメリカの環境保護団体や投資関係団体などからなる連合組織で，セ

国連環境計画（UNEP）：1972 年 6 月ストックホルムで「かけがえのない地球」を合い言葉に開催された国連人間環境会議で採択された「人間環境宣言」および「環境国際行動計画」を実施に移すための機関として国連加盟国 58 カ国で設立した計画である。活動分野は，オゾン層保護，気候変動，有害廃棄物，海洋環境保護，水質保全，土壌の劣化の阻止，森林問題等である。

リーズのネットワークを構成する団体は，80余りの環境保護団体，公益団体，3000億ドルに及ぶ資金を代表する投資家やアナリスト等である。

さて，GRIは，2000年に「経済的・環境的・社会的パフォーマンスに関する持続可能性報告ガイドライン (Sustainability Reporting Guidelines on Economic, Environmental, and Social Performance) を発表し，2006年にはG3（第3版）を発表している。

２ 国連環境計画・金融イニシアティブの「投資責任原則（PRI）」

国連環境計画・金融イニシアティブ(UNEP FI)は，1992年に設立し，約100カ国以上の銀行・保険・証券会社等と包括的な連携を築いている。UNEP FIは，GRIとの連携から，UNEP FIに参加する多くの金融機関に持続可能な発展を促す情報開示について包括的な提携を行っている。加えて，UNEP FIが金融機関全般に対して「ESG：Environmental, Social and Corporate Governance（環境上の問題，社会の問題および企業統治の問題）」を導入することを意図しているのに対して，「投資責任原則（PRI：Principles for Responsible Investment）」は，特に「機関投資家」を中心に持続可能な発展を促進させる意味でPRIの導入を推奨している（責任投資原則については，http://www.unpri.org/files/PRI-Brochure_Japanese.pdf　2008年8月23日アクセス）。PRIは6つの基本的な原則から成り立っており，以下に翻訳を紹介する。

①私たちは投資分析と意思決定のプロセスにESGの課題を組み込みます。
②私たちは活動的な（株式）所有者になり，（株式の）所有方針と（株式の）所有慣習にESG問題を組み入れます（活動的な所有者とは，ハーシュマンの「発言」に依拠したもので，「株主責任を自覚したモノいう投資家」を意味している）。
③私たちは，投資対象の主体に対してESGの課題について適切な開示を求めます（適切な開示とは，GRIまたはそれに準じるガイドラインに基づく情報開示のこと）。
④私たちは，資産運用業界において本原則が受け入れられ，実行に移されるように働きかけを行います。

⑤私たちは，本原則を実行する際の効果を高めるために，協働します。

⑥私たちは，本原則の実行に関する活動状況や進捗状況に関して報告します。

「機関投資家」に適用されるPRIは，ESGを運用ポートフォリオのパフォーマンスの影響要因と捉え，受託者責任に反しない範囲でESG投資を推奨している。

世界的なSRIの資産規模は，米国が約250兆円，欧州が約170兆円である。つまり，近年のSRIは，リスク要因を含めた企業価値の算定を財務的な観点のみならず，ESGも重要な算定要素として認識している。もちろん，財務的な観点からの「無形資産（無形資産とは，A. 知的財産（特許権等技術，生産方法等），B. 人的資本（熟練労働者の能力等），C. 組織価値（ブランド，ビジネスモデル，マーケティング力等）に大別される）」アプローチも進んでいる。

このように，財務的な面，そして非財務的な面からもSRIは支持され，2007年にPRIを採用した受託資産総額は，約1000兆円に達したと報告されている（国連責任投資原則ニュース　http://www.unpri.org/media/PRI_media_release_29-04-07.php　2008年8月23日アクセス）。

論理整理：SRIの意義と限界

本章では，「コーポレート・ガバナンス」の目的である「企業の競争力強化」と多発する「企業不祥事の防止（監視）」を資本市場から促進させる手段としてSRIを検討してきた。その際，基本となるコーポレート・ガバナンスの対象は，狭義に「経営者」と「株主」との関係性を検討し，そして広義に「経営者」と「ステークホルダー」との関係性を議論してきた。そこで，本章のSRIの対象は，コーポレート・ガバナンスの狭義概念である「株主」との関係性を基本とするものの，「社会的」性格を踏まえた「ステークホルダー」との関係性がより重要視されている。この意味から，「ステークホルダー」との関係性を議論するCSRの概念を投資手法としてのSRIは内包している。その際，コーポレート・ガバナンスからCSRへの概念拡張は，ハーシュマンの「発言」の概念を援用することによって担保した。すなわち，近年，自然環境といった受動的なステークホルダーが，企業経営にとって重要視されるには，

第5章　社会的責任投資（SRI）とコーポレート・ガバナンス

> ▶▶ Column ◀◀
>
> 「もの言う株主（村上ファンド）」
> 　村上世彰氏が率いる投資顧問会社（解散）が，ニッポン放送株（時価総額ベースで同社を上回るフジテレビ株を保有していた）をめぐる一連の騒動でインサイダー容疑（証券取引法違反罪）に問われています。2005年当時，村上ファンドは，「もの言う株主」として注目されました。
> 　この事件にハーシュマンの「離脱（Exit）」，「発言（Voice）」そして「忠誠（Loyalty）」の概念を援用すれば，村上被告は「発言」者に相当します。この事件をきっかけに「経営者」は，資本市場からの「買収・合併（M&A）」の脅威を真摯に認識するようになりました。なぜなら，もし既存の「経営者」による戦略よりも，その会社の資源をより良く運営し，「株主価値」を上昇させることが可能であれば，その会社は市場に上場している以上（上場株式会社），より良い経営手法をもつ経営者によって運営なされるべきであるからです。
> 　さて，SRIも株主の観点から会社経営に対して「発言」をする主体です。ここで，村上ファンドとSRIの違いとは何でしょうか？　それは，「発言」の内容が異なっています。村上ファンドの「発言」は，自らが保有する株式の「株主価値」のみを高めることが最大の目的であるのに対して，SRIファンドの「発言」は，自らが保有する株式の価値は，企業を取り巻く様々なステークホルダーから形成される「企業価値」の上昇にあると考えるからです。そのため，労働者（雇用条件・環境），NPO，NGO，取引業者，国家そして顧客等との関係性を重視するのです。
> 　ハーシュマンの議論においても，「発言の有効性は，ある一定のところまでは，発言量に応じて増大するでしょう。でも，発言も離脱同様，行き過ぎる場合がある。すなわち，不満をもった顧客メンバーの抗議がある限度を超えると，むしろ妨害になる」と指摘しています。（ハーシュマン／矢野訳〔2005〕35頁）

能動的なステークホルダーである労働組合，NPOそしてNGO等からの「発言」が必要不可欠なのである。

　また，SRIでは，企業が重視する対象を，「株主」から「ステークホルダー」に拡張している。そのために従来，株主が重視した財務的判断から定量化しにくい非財務的な価値を，どのように資本市場が評価するかという点で難しさをもっていた。そのために，CSRに関する透明性の高い情報開示が必要となる。そこで米・英・独・仏の情報開示に関する法令，そして国連のGRIそ

して PRI を検討した。その結果として，SRI は，着実に年金運用といった公的機関に認知され，資本市場におけるプレゼンスを上昇させている。

しかしながら，以下 3 つの点で，SRI は問題を包括した取り組みであることを言及しなければならない。

　①機関投資家の受託者責任（利回り）と SRI 運用手法
　②SRI 投資家としての「発言」の公平性
　③戦略としての CSR 活動と営利原則に基づく企業の本質

が，SRI の課題と考えられる。

[推薦図書]

谷本寛治編著（2004）『SRI 社会的責任投資——市場が企業に迫る新たな規律』日本経済新聞社
　「SRI」の歴史的背景，そして SRI を導入している国々における制度・資産総額等々を詳細なデータの裏づけに基づき解説している。

中村瑞穂編著（2003）『企業倫理と企業統治——国際比較』文眞堂
　CSR そしてコーポレート・ガバナンスに関して主要各国の制度・実証的データに基づき解説している。

高橋俊夫編著（2008）『EU 企業論——体制・戦略・社会性』中央経済社
　CSR を導入し，世界的に高い信頼を獲得している欧州企業を中心に，企業戦略の観点から CSR を解説している。

[設問]
1．コーポレート・ガバナンスと CSR の対象の違いとは何ですか？
2．SRI との関係性からハーシュマンの「発言」意義とは何ですか？

(清水一之)

第Ⅱ部

コーポレート・ガバナンスの国際比較

第6章

日本のコーポレート・ガバナンスの特徴と課題

　本章では，1990年代以降の経済のグローバル化の急速な進展を受けて，企業経営に対する市場からの圧力が増大する中で，どのように日本企業のコーポレート・ガバナンスが変容してきているのかという点を考察します。とりわけ「日本的経営」の有力な制度的要因でもあった，「株式相互持ち合い」の変容に焦点を合わせながら，「株主の行動にどのような質的変化がみられるのか」という視点からコーポレート・ガバナンスの議論を考えてみましょう。

1　いまなぜ日本のコーポレート・ガバナンスが問われているのか

　ベルリンの壁の崩壊に象徴される旧東欧諸国の体制転換とソ連解体による冷戦構造の崩壊に加え，ITの急速な進展を契機とした経済の**グローバル化**の一層の展開を受け，1990年代以降，世界経済は大きな変化に直面した。一方でわが国では「バブル経済」が崩壊し，それまでその経営手法が高く評価されていた日本企業では一転して業績が低迷し始めた。あわせて日経平均株価も下落し始めたことから企業が保有していた株式の含み益は漸次減少していき，体力がなくなった企業が保有株式売却を急いで進めたことから，ますます株価の下落が進行した。「負のスパイラル」に陥った日本経済を映し出すように，日経平均株価は1989年12月末の3万8915円をピークとして以来下がり始め，2003

グローバル化：世界銀行はグローバル化を「個人や企業が他国民と自発的に経済取引を始めることができる自由と能力」と定義している。内閣府発行の年次経済財政報告ではこれを「資本や労働力の国境を越えた移動が活発化するとともに，貿易を通じた商品・サービスの取引や，海外への投資が増大することによって世界における経済的な結びつきが深まること」と位置づけている。

年には7607円を記録するまでに低迷した（小数点以下は切り捨て。「日経平均プロファイル日次データ」参照。参考までに，日経平均株価は，2008年に7162円にまで落ち込んだ。http://www3.nikkei.co.jp/nkave/data/index.cfm　2009年2月23日アクセス)。こうした株価の大幅な下落が進む中で，日本の株式市場において外国人投資家がシェアを拡大し始めた。いわゆる「日本買い」である。これにより株式保有構造が漸次変質し始め，同時に従来から政・官・財の三位一体の構造の中で大企業中心の「会社本位」な成長第一主義ともとらえられるシェア至上主義を取ってきた日本企業の多くは，環境変化へ対応するために「規模」ないし「シェア」から「効率」あるいは「利益率」を重視した経営へとその経営方針を転換していった。外国人による日本株への投資はROE（に代表される指標）を重視して行われることから，彼らのプレゼンスが高まるにつれ日本企業は株価の重視とさらなる経営効率化とを余儀なくされ，終身雇用や株式相互持ち合いといった従来からの「日本的経営」の特徴を維持できなくなってきている。

　日本企業は「企業集団」や「ケイレツ」という語句に表されるように，間接金融中心でかつ法人間の株式相互持ち合いに特徴があり，加えて日本的人事ないしは労務慣行による内部出身の経営者による「経営者支配」が一般的であった。また，取締役会や株主総会といった会社機関の実際の動向は商法（当時）の規定と乖離をきたしており，十全に果たされていなかったと指摘されている（風間信隆「21世紀経営学の課題——企業統治改革と共生型経営」『明大商学論叢』第85巻第1号，明治大学商学研究所，2002年12月，10-11頁)。こうした会社機関の機能不全は，日本経済がより一層世界経済へと組み込まれる中で，大きな問題として認識されるようになっていった。とりわけ市場のグローバル化，ボーダーレス化が一層進展する中で，日本企業も外国の資本市場を利用するようになった一方，他方では日本の資本市場でも外国人投資家がそのプレゼンスを高めるようになったことにより，日本の会社機関の機能に関する議論や企業シ

ROE：ROEとは株主資本（貸借対照表の資本の部の合計）を使ってどれだけ利益（損益計算書の当期純利益＝税引き後の利益）を上げたかを計る指標。ROE＝当期純利益／株主資本×100で計算する。

ステムに関する議論（例えば，Aoki and Dore, eds.,〔1994〕*THE JAPANESE FIRM -Sources of Competitive Strength,* Oxford University Press〔青木昌彦・R.ドーア編著／NTTデータ通信システム科学研究所訳〔1995〕『システムとしての日本企業』NTT出版〕）が国内外で高まり，世界経済に組み込まれた巨大株式会社を中心として，日本でも**コーポレート・ガバナンス**への関心が高まった。

　本章では上記の理解に基づき，伝統的な日本企業のコーポレート・ガバナンスのシステムが近年どのように変容してきたのかを考察対象とする。したがって日本企業の経営手法の変容を検討課題とすることになるが，伝統的な日本企業にみられる特徴として膾炙している年功序列（含：賃金体系）・終身雇用・企業別組合といった三種の神器に代表される「日本的経営」の特徴に焦点をあてるというよりは，とりわけ「株式相互持ち合い」の面から従来の日本企業のコーポレート・ガバナンスのシステムを検討し，これが維持できなくなった背景の整理を試みる。あわせて制度面の変化について，2006（平成18）年の会社法施行を戦後からの商法改正の流れの中で把握し，株式会社の機関設計に関わる点を整理しつつ，会社法施行の意義を確認しながら日本におけるコーポレート・ガバナンス論議と，かかる問題に関連する実際の動向を整理検討する。

2　伝統的な日本のコーポレート・ガバナンス体制

[1]　企業体制論*の見地からみるコーポレート・ガバナンス

　＊　本章では「企業体制」の概念を踏まえ，コーポレート・ガバナンス・システムという語句も併せて用いることにより，日本の企業社会の特徴を反映させた体系的企業制度の観点から，わが国において展開されているコーポレート・ガバナンスを把握する。

　コーポレート・ガバナンスとは，大規模公開会社を対象として，「株式会社とは誰のものか」という問題提起を根底におきながら，公開株式会社のトッ

コーポレート・ガバナンス（corporate governance）：英語表記"corporate"の名詞形"corporation"は，構成員から独立した人格をもつ「法人」を意味する。たとえ構成員が変動しても，法人は存在し続ける。また，英語表記"governance"の動詞形"govern"の起源は，ラテン語"gubernare"（船の舵を取る）に由来する。

プ・マネジメントの意思決定や，行動に対する監視・牽制機能を誰がどのようにして行いうるか，という問題を主要な論点としたものとして位置づけられ，とりわけ以下の二点，すなわち①企業のトップ・マネジメントの意思決定や，行動に対する監視・牽制あるいは評価機能を誰がどのようにして行いうるか，②企業の意思決定ならびに業務執行の効率性をいかに高めるかという問題に，トップ・マネジメントがどのように関わるのか，という点を中心的な課題事項として認識した諸問題であると整理できる。この概念は以下のように，狭義，広義の両者に区分される。

狭義のコーポレート・ガバナンス概念とは，取締役会に代表されるトップ・マネジメント機関の構造と機能あるいは取締役会の意思決定における株主の権利の問題をさし，広義のコーポレート・ガバナンス概念とは，端的にいえば公開企業とは何をするのか，誰が会社を支配するのか，企業の活動から生じるリスクや収益はどのように負担・分配されるのかといった問題を決定するような法律的・文化的・制度的配置の枠組み全体に対するものとして把握される (Margaret. M. Blair and Bruce K. McLaury〔1995〕*Ownership and Control*, The Brooking Institution, p. 3)。

一方，「**企業体制**」の概念とは，異なる様々な社会的規制の中で成立しうる企業の構造全体に主眼をおいた企業の法制的構造に関する分析に基づく。すなわち企業は一体誰のものかという命題を根底におきながら，社会の中に企業をどのように位置づけるのかという視座に立ちつつ，株式会社のトップ・マネジメント機構におけるコントロールに関する問題をこの機構の制度設計問題として取り上げる概念である。したがって「企業の意思決定，業務執行および監督機構の中で，当該企業をめぐる利害関係者の利益がどのように調整されるのかという問題」とともに，「利害関係者の利害を妥当に調整しつつ，健全かつ効率的な企業経営を確保し，ひいては国民生活の安定を図ることを目的として，

企業体制：「制度」が一般的に法制化された社会的な仕組みを意味するのであれば，こうした法制が保持する制度的機能に着目して，それとの関連によって制度としての企業のあり方を組織的構造の解明と，その制度のもとでの存在意義の正当性とを明らかにするために取り上げられた主要概念が「企業体制」であると理解される。

会社の管理機構のあり方とりわけ経営チェックの問題を検討するもの」（森本滋〔1994〕「企業統治と商法改正」川又先生還暦『商法・経済法の諸問題』商事法務研究会，113頁）として位置づけられる。

こうした「企業体制」の概念を踏まえると，日本企業のコーポレート・ガバナンス・システムを考察するにあたり，企業と社会との関係をどのように位置づけるのか，あるいはわが国に固有の企業システムはあるのか，またあるとすればそれはどのようなものなのかといった観点から，かかる問題に検討を加えていく必要があると思われる。こうした意味から，従来からわが国の企業関係者や経営学者の間で一定のコンセンサスを得てきた日本企業の経営手法たる「日本的経営」の側面にも少し触れてみよう。

「日本的経営」の特徴とは何か，との問いかけに対しては，いわゆる三種の神器としてあらわされる特徴があげられよう。すなわち集団主義的な要素を基底的概念におく「終身雇用」「（賃金体系を含む）年功序列制」ならびに「企業内組合」がそれである。これらは「日本的経営」の特徴として定着し，長く国内外から高い評価を得てきた。一方，「日本的経営」の優れた要素をあげてみれば，①「高品質と低コスト」，②「幅広い製品ライン」，③「リーン生産」，④「資産としての従業員」，⑤「終身雇用制度」，⑥「コンセンサス型リーダーシップ」，⑦「強固な企業間ネットワーク」，⑧「長期的目標」，⑨「高成長産業への企業内多角化」の諸点があげられる（M. ポーター・竹内弘高〔2000〕『日本の競争戦略』ダイヤモンド社，101頁以下）。これら日本的経営の優れた要素としてあげられている諸点を踏まえつつ，以下では「日本的経営」の一構成要因として位置づけられる，「株式相互持ち合い」の観点から日本のコーポレート・ガバナンス・システムを検討する。

2　日本型コーポレート・ガバナンス：内部監視の観点

日本の大企業における，「株式相互持ち合いにおける株主の立場」に顕著にあらわれるように，コーポレート・ガバナンスのシステムにおいても日本では長い間株主をあたかも「外部者」として取り扱う傾向が強かった[*]。そのため，トップ・マネジメント組織は意思決定機関と業務執行機関とが一体化した純粋

な内部機構であり，取締役会構成員の多くは従業員を兼務する取締役であった。こうした状況を，弁護士であり日本コーポレート・ガバナンス・フォーラムの理事である久保利は，米国やドイツにおけるトップ・マネジメント機関と比較しながら以下のようにあらわしている。

 * 敵対的買収への防衛策として株式の持ち合いが進行したことを受け，江川は「株式持合の結果，株主の権利が形骸化し，株主が重視されなくなったのではなく，そもそも経営者が株主を重視していなかったために，株主の権利を形骸化させる目的で株式持合が進行した」と論じている。こうした日本企業の特徴は，当然そのコーポレート・ガバナンス・システムでも同様の傾向をもつと推察される（江川雅子〔2008〕『株主を重視しない経営』日本経済新聞出版社，38頁以下を参照）。

「（前略）わが国においては，代表取締役は取締役の資格を前提にしているために，そこでの監督は自己監督の色彩を脱しえず，また人事慣行として，代表取締役が従業員の中から取締役候補や監査役候補を適当に選択し，その者はほぼ自動的に株主総会で選任されるため，代表取締役は取締役，監査役中の最上位者として認識されることとなる。こうした原因から取締役会は代表取締役に対する強力な監査機能を持ちえないこととなる。その反面，日本の大企業においては取締役の名に値しない従業員兼務取締役が増加したことから，法の建前に反して重要な経営戦略や実質的な討議は取締役中の上位者のみから構成される経営会議や常務会に移管され，取締役会そのものは，事後承認機関となっていた」（久保利英明〔1998〕「構造的欠陥を露呈する日本のコーポレートガバナンス」久保利英明・鈴木忠雄・高梨智弘・酒井雷太『日本型コーポレートガバナンス』日刊工業新聞社，8-9頁）。

こうした日本型のコーポレート・ガバナンス・システムにおいて，「トップ・マネジメント組織をどのように監視するのか」という点を内部監視機能の観点からみれば，法律上，取締役会あるいは監査役は，本源的には業務執行に対するチェック機能を果たす組織として位置づけられているにもかかわらず，トップ・マネジメント組織の階層的秩序構造において有効なチェック機関とはなりえないどころか，現実にはトップへの賛同者としての立場にある。すなわち，日本型コーポレート・ガバナンス・システムの主たる問題点は，内部監視

機能が実質的に機能不全を起こしている点にあり，したがってこうした問題点が外国の**機関投資家**を代表とする多くの投資家から批判されてきた点でもある*。

* 例えば，1980年代後半からの日米構造問題協議の過程で，アメリカ側から日本企業の系列（株式持ち合い）批判がなされた。この背景には，日本の対米貿易黒字が膨大な額に達し，この不均衡の主因が「日本市場の閉鎖性」にあるとする認識があった。また，カルパース（CalPERS）に代表されるアメリカの公的年金基金等が日本の会社の運営に関し活発に発言を始めたことも1つの契機として，独占禁止法の強化による排他的取引慣行の改善や系列取引の監視もうたわれた。

3 日本型コーポレート・ガバナンス：外部監視の観点

他方で，資本市場による外部監視メカニズムという観点から見てみれば，日本型のコーポレート・ガバナンス・システムでは，1965年の『資本の自由化』に対抗するために独占禁止法の大幅緩和などを通じて「安定株主工作」を促進させ，その結果「株式の相互持ち合い」が金融機関を中心として進められたという歴史的事実もある。これを受けて市場に占める個人株主の比率は小さくなり，また資本市場を通じた監視という意味における外部監視機能がほとんど存在しないに等しいコーポレート・ガバナンス・システムが構築され，米国と比較して，相対的に経営者が株主による監視（証券市場からのチェック）に晒されない状況が作り出された。

これには株式相互持ち合いのみならず，メイン・バンクからの銀行借入，社長会の存在，役員派遣，グループ企業間における中間財市場取引などの日本企業の特徴としてあげられる諸要因も大きく影響している。すなわち日本企業は，ある集団ないしはグループに属しながら，その集団ないしはグループのメンバー企業からの監視，牽制を受けてきたといえる。こうした点は，前述した「日本的経営」の優れた点としての，⑥「コンセンサス型リーダーシップ」，⑦「強固な企業間ネットワーク」，⑧「長期的目標」ならびに⑨「高成長産業への

機関投資家：国内外を問わず，年金基金，商業銀行，信託銀行，投資銀行，生命保険会社，損害保険会社，証券会社，ヘッジファンド，投資ファンド，投資顧問会社，その他の資産運用機関などをさす。

企業内多角化」などとも結びつき,日本企業がもつ特質としての集団主義的な側面が垣間みえる。したがって日本型コーポレート・ガバナンス・システムの問題点は,欧米と比較して相対的にウチ向きな企業体制が構築されてきたことを1つの要因として引き起こされているともいえよう。

また,資本市場を通じた監視という意味における外部監視機能がほとんど存在しないということは,企業の経営権が市場競争からある程度まで内生的に隔離され,また守られていることを示しうる。したがって従業員と企業とが継続的につきあっていくという期待を相互に持ち合うと同時に,経営者やその他の従業員に関する中途採用の労働市場が不完全であるような「終身雇用」に基づく経営と雇用のシステムが機能するのに役立っていることから,日本型コーポレート・ガバナンス・システムは,日本企業の雇用システムの働きに補完的な役割を果たしているという見方もできる(ポール・シェアード〔1995〕「株式持ち合いとコーポレート・ガバナンス」青木昌彦・R.ドーア編著/NTTデータ通信システム科学研究所訳〔1995〕389-391頁参照)。

3　株式持ち合い構造の変容:株主行動の変容と機関投資家の台頭

1　株式相互持ち合い

株式の相互持ち合いを特徴とするわが国の株式所有構造は,伝統的な「日本的経営」を形成する有力な制度的要因の1つであった。株式相互持ち合いは,資本市場における企業買収に対する防衛策でもあった。また自社と密接な関係をもつ企業を相手として株式が相互に所有されることにより,株式保有企業の支配力が相互に相殺されることから結果的に**経営者支配**を確立させ,これを遠

経営者支配説:バーリとミーンズ(A. A. Berle & G. C. Means)は,株式会社の支配形態を5つに分類している。この5つのうち,過半数持株支配(80%未満-50%所有)から所有と支配の分離が始まり,最大株主の株式所有比率が5%未満の企業を経営者支配企業と位置づけている。すなわち,株式の高度分散化により,所有権をもたないにもかかわらず,経営者は株主総会において委任状を獲得しやすい状態にあることからその地位を利用して経営者であり続けられる。株式相互所有を行っている企業間では株式所有を通じた互いの支配力が相互に相殺され,結局のところ経営者が企業を支配するということである。

因として長期的視野に立った企業経営を可能にしたとも指摘される（James C. Abegglen and George Stalk Jr.〔1985〕*Kaisha : the Japanese Corporation*, Basic Books［ジェームズ・C. アベグレン，ジョージ・ストーク／植山周一郎訳〔1986〕『カイシャ——次世代を創るダイナミズム』講談社］）。他方で，「株式資本の空洞化」を引き起こし，株式会社本来のチェック機構が機能しなくなったことが，経営者による企業の私物化を生むと批判もされた（西山忠範〔1983〕『脱資本主義分析』文眞堂）。こうした「経営者支配説」を通じた説明以外にも，株式相互持ち合いについては，とりわけ六大企業集団に代表される企業グループを念頭に置いて，「株主支配説／相互支配説」による説明，すなわち社長会が大株主会と同様の機能を果たし，社長相互間の信任関係の存在が相互支配を成立させるとした説明もされてきた（株式相互持ち合いによる企業同士の相互支配については奥村宏〔1975〕『法人資本主義の構造——日本の株式所有』日本評論社に詳しい）。

　株式相互持ち合いは，1949年に証券取引が再開された後，当時69.1%であった個人株主の持株比率（東京証券取引所　http://www.tse.or.jp/glossary/gloss_k/ko_kojinmochikabu.html　2008年8月15日アクセス）の漸次的低下，財閥解体とそれに伴う放出株式を引き受けた旧財閥系グループによる株式所有比率の上昇，加えて後年のとりわけ外国資本による企業買収の脅威を低減させることを目的とした独占禁止法の改正を契機として段階的に進展してきた。株式相互持ち合いの嚆矢は，三菱グループが，1952年に陽和不動産（現在の三菱地所）の株式をグループ各社で保有したことといわれている。その後，他の旧財閥系企業でも進められ，株式持ち合いは，1970年代にはおおよそ完成された構造となった。近年の動向に目を向けてみれば，1990年代以降，世界的な規模で進行した株式市場の構造的変化が日本の資本市場にも大きな変化をもたらしている。（図6-1）

2　株式所有構造の変容

　日本市場における株式所有構造の変化の特徴は，おおよそ以下の3点に集約されよう。すなわちⓐ1990年代以降の株価の下落を要因としての，金融機関

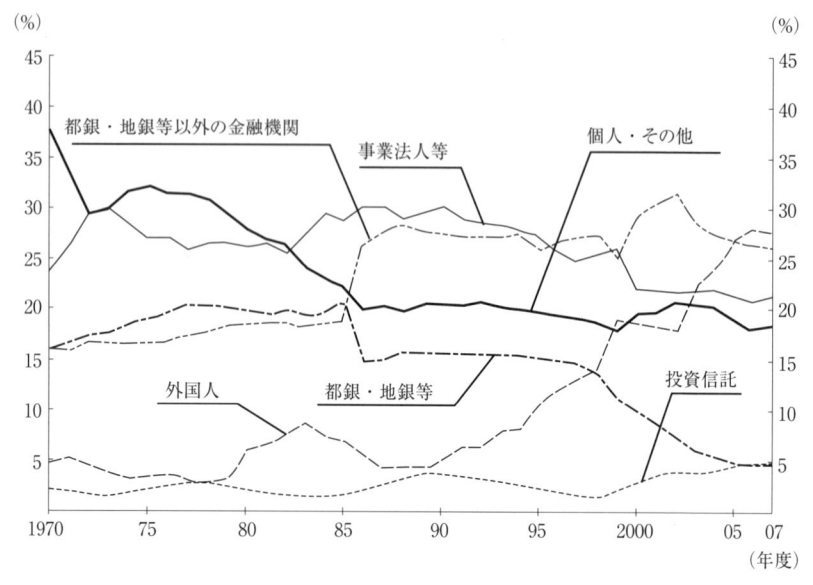

第Ⅱ部　コーポレート・ガバナンスの国際比較

図6-1　投資部門別株式保有比率の推移

(注)　都銀・地銀等は，1980年度以前は信託銀行を含む。
(出所)　全国証券取引所協議会『平成19年度株式分布状況調査について（要約版）』2008年6月18日，資4。

を中心とした株式の相互持ち合いの解消を契機とする株式持ち合い構造の流動化（しかし近年では，M&Aの脅威を背景として産業企業では部分的に復活も確認されている*），ⓑ外国人機関投資家の東京市場におけるプレゼンスの高まり，ⓒ個人金融資産の1535兆円（2007年9月末現在）の中には，従来の銀行預金や郵便貯金のような安定的形態での金融資産保持から，リスク選好投資（株式投資・投資信託・外国証券等）へ向かうものも出現してきた**，という3点である。（図6-2，6-3）

　＊　全国証券取引所協議会『平成19年度株式分布状況調査の調査結果について（要約版）』2008年6月18日，2頁によれば，事業法人等の株式保有比率は，前年度比プラス0.6ポイントで，2004（平成16）年度以来3年ぶりに上昇した。投資部門別株式売買状況（東証，大証および名証）の売買代金の集計値でみると，同部門は2007年度のすべての月で買い越しとなり，07年度最大の上昇部門として年度合計で2兆5240億円と全

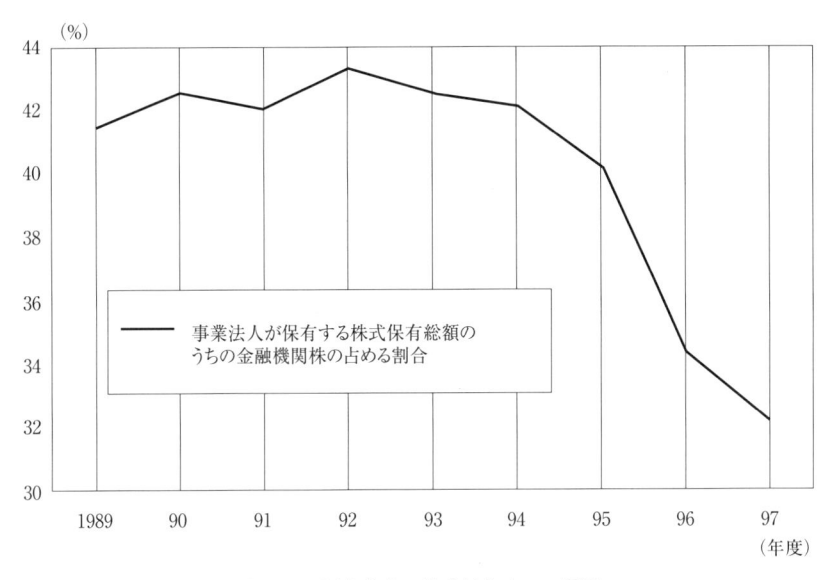

第6章　日本のコーポレート・ガバナンスの特徴と課題

図6-2　顕在化する株式持ち合いの解消

（注）　金融機関とは，銀行・証券・保険・その他金融業をさす。
（出所）　大塚明子「日本の株式市場の構造変化」『郵政研究所月報』1999年3月，37頁。

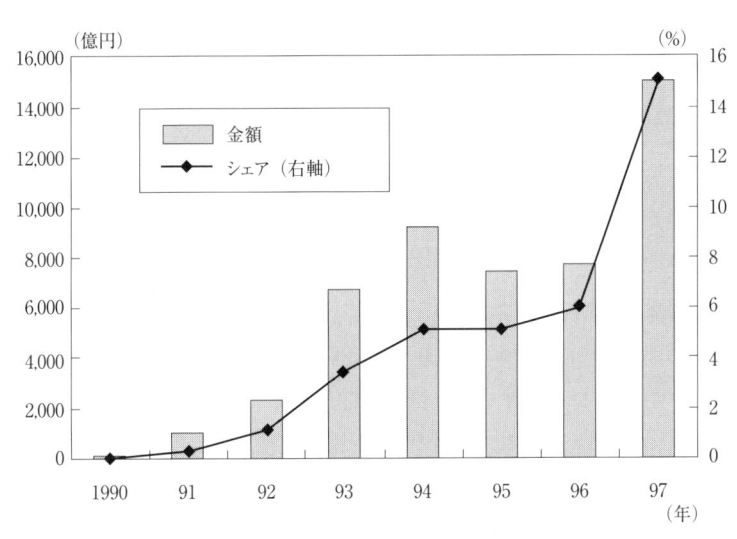

図6-3　外資系投信会社の市場参入状況

（出所）　大塚明子「日本の株式市場の構造変化」『郵政研究所月報』1999年3月，38頁。

投資部門中最大の買い越し額となっている（3月末時点の時価総額ベース）。
＊＊　しかし，2008年9月9日の『日本経済新聞』朝刊1面では，「銀行にマネー滞留」との見出しの記事で，世界的な景気減速を背景としてわが国でも投資を回避する傾向が強まり，企業の設備投資あるいは株式市場に資金が向かわなくなっている直近の状況を伝えている。

　まず，ⓐの株式持ち合い構造の流動化について，全国証券取引所協議会が発行している『平成19年度株式分布状況調査』をみてみよう。この調査によれば，最近10年間の株式の所有構造の変化を1997（平成9）年度と2006（平成18）年度の投資部門別株式保有比率の増減でみてみると，長銀・都銀・地銀が14.8％から4.6％へ，事業法人が24.6％から20.7％へとそれぞれ減少し，両者を合算して14.1％減少する一方，外国人が13.4％から28.0％へと14.8％増加している。こうした状況を『平成17年度株式分布状況調査』では，約10年間の間に，日本の株式の所有構造の大きな特徴といわれていた「株式の持ち合い」が解消に向かい，実に時価総額ベースで全上場会社の約15％にのぼる金融機関や取引先等が保有していた株式が市場に放出され，そのほとんどすべてを外国人が引き受けた形となっている」（全国証券取引所協議会『平成17年度株式分布状況調査の調査結果について』2005年9月25日，12頁）とまとめている。

　こうした状況は1990年代後半以降急速に進展したが，その理由はいくつか考えられる。1つはバブル経済崩壊を契機とした長期間にわたる景気低迷による資金繰りの逼迫に際し，保有していた株式を売却することにより資金を捻出する企業が増加したことがあげられる。またこの時期には，銀行もむやみに貸し出しを増やせない状況にあり（いわゆる「貸し渋り」），銀行からの融資を受けにくい時期であったことも要因の1つであろう。こうした銀行行動の変化は，企業の銀行離れも引き起こした。

　2つ目には，株式持ち合いにより保有されていた株式が，必ずしも高い配当利回りでなかったことと併せて，株価が急速に下落したことによって株式を保有している企業の資産効率の悪さが急速に顕在化したことがあげられる。従来は，配当利回りが低くても株価そのものが上昇していけば株式含み益を期待できるので，配当の利回りが多少低くても株式を保有しておくメリットは高かった。しかし，バブル経済の崩壊後，企業業績は悪化の一途をたどり，自社の資

産を再度検討する過程で持ち合い株式の資産効率の悪さが顕在化したといえる。また，持ち合い株式の利益率が低いということは，資本市場からの経営者への規律付けが今まで皆無であったということも併せて指摘できるであろう。その意味では**メイン・バンク**制と併せて，株式相互持ち合いが日本のコーポレート・ガバナンス・システムに対し与えてきた影響は極めて強いものであったと理解できる。

3 外国人投資家（機関投資家）の台頭

さらに大きな変化として外国人投資家（機関投資家）による日本市場での株式保有比率が高くなったことにより，彼（女）らの意向を無視できなくなってきたということがあげられる。次第にアングロ・サクソン流の株主重視，資本効率重視の考え方が日本企業にも浸透し，同時に**M&A**に対する心理的障壁が近年非常に低くなってきている*。これが従来からの「日本的経営」のゆらぎの一因になっているといえよう。とりわけ外国籍の機関投資家は，持ち合いの解消の時期に合わせて日本市場でのプレゼンスを高めてきた。外国人投資家の株式保有比率は『株式分布状況調査』からもわかる通り，平成19年度では前年度比0.4ポイント減の27.6%と5年ぶりに低下したものの，この直近10年間にわたりその保有比率を年々高めている。

* 日本のM&A件数は2000年代に入り，産業再編目的の大型合併，IT関連企業の積極的M&A戦略あるいは投資ファンドによる株式の大量取得などにより増加してきた。とりわけ2005年にはライブドアによるニッポン放送株買占め事件が耳目を集めたが，現在は事業法人による同業他社への買収提案や大型のTOB（株式公開買付け）のみならず日本企業による海外企業の買収へと広がっている。

メイン・バンク：メイン・バンクは，日本では主取引銀行と呼ばれ，融資・預金・手形取引・株式引き受けなどにおいて他の銀行よりも踏み込んだ取引を継続的に行うことにより，経営内容に関わる情報を共有しつつ当該企業へ安定的な資金供給を行う銀行をさす。企業と重層的かつ長期的な関係を持ち，不況期には経営指導や役員派遣を行うなど，企業に対して経営効率化の観点からのモニタリングの機能を果たしてきた。ドイツでもこうした銀行と企業との長期の取引関係が構築されており，メイン・バンクにあたる銀行をドイツではハウスバンクと呼ぶ。

M&A：Mergers and Acquisitions の略称であり企業の合併・買収の総称。

外国人投資家による国内株式保有比率の上昇が顕著となり，同時に日本の景気が極めて悪かった時期でもあった1990年代中盤以降，わが国ではこうした外国人投資家による「投資ファンド」を「ハゲタカ・ファンド」と呼称し，その動向に批判が集まったこともあった。しかし，すべての外国人投資家が「投資ファンド」というわけではなく，また「ハゲタカ・ファンド」というわけでもない。外国人投資家を一律に「濫用的買収者*」としてとらえるのではなく，株主に付与されている権利に基づいて，株主利益を徹底して追求する株主として外国人機関投資家を認識するほうが現実的であろう。

* 「濫用的買収者」について，東京高裁は，ライブドア事件における「商法280条ノ39第4項が準用する280条ノ10にいう「著シク不公正ナル方法」による新株予約権の発行に関する判決」で以下のように定義している。①真に会社経営に参加する意思がないにもかかわらず，ただ株価をつり上げて高値で株式を会社関係者に引き取らせる目的で株式の買収を行っている場合（グリーンメイラー）②会社経営を一時的に支配して当該会社の事業経営上必要な知的財産権，ノウハウ，企業秘密情報，主要取引先や顧客等を当該買収者やそのグループ会社等に移譲させるなど，いわゆる焦土化経営を行う目的で株式の買収を行っている場合③会社経営を支配した後に，当該会社の資産を当該買収者やそのグループ会社等の債務の担保や弁済原資として流用する予定で株式の買収を行っている場合④会社経営を一時的に支配して当該会社の事業に当面関係していない不動産，有価証券など高額資産等を売却等処分させ，その処分利益をもって一時的な高配当をさせるかあるいは一時的高配当による株価の急上昇の機会を狙って株式の高価売り抜けをする目的で株式買収を行っている場合。このように，当該会社を食い物にしようとしている場合，これを濫用的買収者と位置づけ，こうした濫用目的をもって株式を取得した当該敵対的買収者は株主として保護するに値しないとしている。（事件番号：平成17（ラ）429，事件名：新株予約権発行差止仮処分決定認可決定に対する保全抗告，裁判年月日：平成17年03月23日，裁判所名・部：東京高等裁判所第16民事部，結果：棄却，高裁判例集登載巻・号・頁：第58巻1号39頁，原審裁判所名：東京地方裁判所，原審事件番号：平成17（モ）3074，平成17（ヨ）20021）http://www.courts.go.jp/search/jhsp0030?action_id=dspDetail&hanreiSrchKbn=01&hanreiNo=11&hanreiKbn=02 最終アクセ

投資ファンド（Bay-Out Fund）：複数の機関投資家から資金を集めた上で，この資金を事業内容や資産が優れているにもかかわらず，株価が相対的に低くなっている事業会社や金融機関を対象として，当該企業の株式を大量に保有するとともに，経営陣に役員を送りこむなどを通じて経営に深く関与し，様々な手法を駆使して取得株式価格よりも株価を市場で高めた後，これを売却することにより，高い利回りの獲得を目的としたファンド。

ス日 2008 年 8 月 16 日)。

　外国人機関投資家は，何故これほどにまで利益をあげることに執着するのであろうか？　また彼（女）らの投資行動の特徴としてしばしば指摘されるように，何故短期志向の投資行動をとるのであろうか？　こうした点を整理するために，少し歴史を振り返りながら外国人機関投資家成因を確認してみよう。

　日本では，戦後，個人による株式直接購入，保有という貯蓄手段が相対的に減少した。企業の投資需要や個人投資家の投資行動を踏まえた金融・資本市場の歴史的，制度的枠組みの相違に基づいて，家計貯蓄は安定性志向を高め，圧倒的に高い比重で定期性預金を選好し，銀行ないしは保険会社に流入した。企業は資本市場での株式発行による資金調達というよりも，資金供給をこの家計貯蓄の流入に支えられたメイン・バンクからの融資に頼りながら経営されてきた。したがって日本では，株式市場に流入する資金の多くが，銀行を中心とする金融市場を媒介として，家計貯蓄を配分する構造に規定されていたといえ，経営権の維持といった企業の政策的意図とは別に，リスク分散の観点からも金融機関を介した法人による株式所有が進展し，結果的には金融機関が最終的なリスク負担者になった（銀行のリスク負担に関しては，亀川雅人〔1996〕『日本型企業金融システム』学文社，173 頁以下に詳しい）。

　他方米国でも，日本と同様に個人による株式直接購入および保有という貯蓄手段は相対的に減少したものの，機関投資家の役割を重視した米国では，家計貯蓄は株式市場への直接投資を目的とした機関投資家を介して市場に流入し，株式保有の原資となったのである。また，現在でも日本の家計金融資産の構成と米国のそれを比較してもわかる通り，米国の家計貯蓄は株式市場へと流入している。したがって米国における株式市場では，基本的に個人がリスクを分散して負担しているといえる（亀川〔1996〕180 頁以下を参照）。つまり，機関投資家は個人から資金を預託されているといえ，その意味で常に利益を計上し続けなければならない側面をもつ。したがって利益確保の姿勢が短期的志向にならざるを得ず，保有株式の価格に極めて敏感になることから，株式を頻繁に売買する。しかし，近年はウォールストリート・ルールに従った**退出（EXIT）**から，**発言（VOICE）**へと機関投資家の行動に変化がみられるという指摘がある。

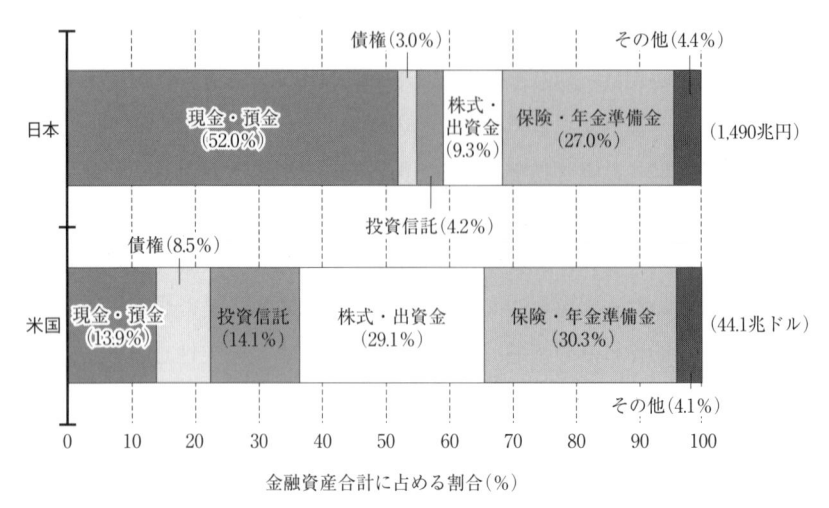

第Ⅱ部　コーポレート・ガバナンスの国際比較

図6-4　家計の資産構成：日米比較（2008年3月末）

日本（1,490兆円）：現金・預金（52.0%）、債権（3.0%）、株式・出資金（9.3%）、投資信託（4.2%）、保険・年金準備金（27.0%）、その他（4.4%）

米国（44.1兆ドル）：現金・預金（13.9%）、債権（8.5%）、投資信託（14.1%）、株式・出資金（29.1%）、保険・年金準備金（30.3%）、その他（4.1%）

金融資産合計に占める割合（%）

(注)　「その他計」は，金融資産合計から，「現金・預金」，「債権」，「投資信託」，「株式・出資金」，「保険・年金準備金」を控除した残差。
(出所)　日本銀行『資金循環の日米比較：2008年1Q』2頁　http://www.boj.or.jp/type/stat/boj_stat/sj/sjhi 081 q.pdf　2008年7月29日アクセス。

　これは，自らが株式を所有している企業の業績が悪ければ，所有株式を売却するという選択（退出）から，「もの言う株主」（「行動する株主：Activist」）として，自らが株式を所有している企業の経営に深く関与することにより，高い配当や株価上昇に基づく利益の実現に繋げていこうとする機関投資家の行動パターンの変化を表したものである（Albert O. Hirschman〔1970〕*Exit, Voice, and Loyalty Responses to Decline in Firms, Organizations, and State,* Harvard University Press

退出（EXIT）から発言（VOICE）へ：政治学や国際関係論のみならず，経済思想や組織論などの多分野において優れた著作を残したA.O. ハーシュマンが提唱した理論の1つであり，経営学の領域では，投資家の行動原理を説明する理論としてよく知られている。退出（exit）は顧客がその会社の商品を購入するのをやめたり，組織のメンバーが組織を脱退することであり，投資家の行動原理にあてはめれば，投資家が保有している企業の株式を売却するという選択がこれにあたる。株式売却は，株価を下落させる要因となる。発言（voice）は顧客や組織のメンバーがその組織に対して不満を表明することであり，投資家の行動にあてはめると，株主の権利行使の一形態として企業の経営者に自らの意見を表明することをさす。企業は，株価下落を容認するかあるいは株主の意見に従うかの選択を迫られることとなる。
もの言う株主　→第1章25頁参照。

〔A.O. ハーシュマン／矢野修一訳〔2005〕『離脱・発言・忠誠――企業・組織・国家における衰退への反応』ミネルヴァ書房）。

　経済のグローバル化が進展する中で，資本は常に高い利回りを求めて様々な金融商品に姿を変えつつ世界中を移動する。したがって外国籍の機関投資家が日本企業の株式を取得した場合，株主として，企業経営者に対して株主がもつ権利に基づいた要求をするのはある意味で当然である。日本の資本市場で外国籍の株主がプレゼンスを高めていけば株式相互持ち合いは緩み，また従来の「日本的経営」が雇用の問題を含めて大きく動揺することは避けがたいことである。外国籍の機関投資家の台頭は，企業経営に対する資本市場からの圧力の高まりとして，日本企業にますます「株価・配当重視経営」を要求する原動力となっていくといえよう。

4　1990年代以降の制度変化

1　商法改正と法制のあり方の変容

　わが国では，1950（昭和25）年商法改正で取締役会制度が導入され，代表取締役の法定，株主の帳簿閲覧権ならびに株主代表訴訟制度の法定がなされて以来，戦後から現代に至るまで商法は頻繁に改正されている。とりわけ1990年代に入り，ほぼ毎年のように改正されてきた。この2006年の会社法施行までの戦後の一連の商法改正作業の中心的テーマは，「経営者の不法あるいは不当な行動を監視ならびに牽制するためにはどのような組織形態が望ましいのか」という点と，「業務執行を監督する機関には，どのような権限を与えることが望ましいのかという点」とであった。

　1993（平成5）年の改正では，監査役の任期が伸長（2年⇒3年）されるとともに，監査特例法の改正（監査役の員数を3人以上に増員，社外監査役の義務づけ，監査役会制度の新設）や代表訴訟費用規定の改定（一律8200円⇒現行は1万3000円）が行われた。コーポレート・ガバナンスへの関心が高まったのは，この93年の商法改正等を受け，取締役の責任を追及する**株主代表訴訟**が頻発したことも大きく影響している（秋坂朝則〔2006〕『商法改正の変遷とその要点』一橋出

版；望月敏江〔2008〕「会社法と企業統治改革」菊地敏夫・平田光弘・厚東偉介編著『企業の責任・統治・再生』文眞堂，97頁）。

　1994（平成6）年改正では，自己株式規制が緩和され，続く1997（平成9）年には同年内に3度に分けて改正が行われた。この改正で，自己株式方式と新株引受権方式でのストック・オプション制度が創設され，また合併手続きの簡素化，利益供与に関する罰則規定強化が図られた。1999（平成11）年改正では持株会社や完全子会社の創設の容易化を可能とする株式交換ならびに株式移転制度が導入され，2000（平成12）年には，特定事業部門の子会社化や子会社間での事業整理が容易になるような会社分割制度が創設された。

　こうした商法の一連の改正において，法制のあり方という点で近年大きな変化が生じている。法務省は，2001（平成13）年に「経済関係民刑基本法制整備推進本部」を発足させた。これは，2001年からの5年間にわたり，経済活動に関わる民事，刑事の基本法制の整備を行い，従来の「事前規制型法制」から「事後救済型法制」の整備へと基本法制を根本的に見直すことを目的としている（原田晃治〔2002〕「会社法改正の課題と展望」『商事法務』No.1617，1月5・15日合併号，35頁以下）。すなわち，債権者や株主を害するおそれがあるものは一律に規制するという姿勢をもって経済活動の際の取引の安全性あるいは取引主体の保護を第一義に考えて構成されてきた従来の事前規制のあり方を改め，たとえ債権者や株主を害するおそれがあったとしても，それが経済活動に有用なものであれば事前に規制するのではなく，規制緩和や新たな制度を設けることによりこれを利用可能にするべく事後救済型の法制へと方向転換したものである（長瀬範彦〔2004〕『ファーストステップ会社法第3版』東洋経済新報社，198-201頁）。こうした転換は，企業を取り巻く国際競争環境の激化を受け，企業組織の柔軟な再編を可能にし，また積極的かつ迅速な経営判断を具現化できることをめざしたものであり，具体的には以下の4つの視点を導出できよう（長瀬

株主代表訴訟：会社の取締役がその職務を忠実に遂行しなかったことにより，会社に損害を与えたとみなされるときに，株主が会社のために取締役を訴える訴訟をいう。すでに「株主代表訴訟」という語がメディアを通じて膾炙しているが，会社法では，こうした訴訟を「責任追及等の訴え」という語句を用いて表している。

〔2004〕202-205頁)。

　第一は,コーポレート・ガバナンスの実効性確保という視点である。具体的には2001(平成13)年に金庫株の見直し,株式制度の見直し,取締役と監査役との責任の軽減ならびに株主代表訴訟制度の合理化等が規定され,さらに2002(平成14)年改正は商法企業統治法とも呼ばれ,日本のコーポレート・ガバナンス・システムにおける極めて大きな変更点をもたらした。これにより米国型のコーポレート・ガバナンス・システムを取り入れた会社機関設計である委員会等設置会社形態を大会社ならびにみなし大会社にのみ選択的に導入が可能となり,併せて商法と証券取引法(いずれも当時)の規制の統一,さらにこれらの企業会計規則を国際会計基準に合致させることを容易化するための計算規定の見直しも行われた。第二の点は,2001(平成13)年11月の改正にみられるように,株主の権利行使,株主総会運営,会社関連書類の作成・保存あるいは情報開示等の諸点に,ITの進歩を受けた高度情報化社会への対応するための方策を取り入れようとしたものである。第三の点は,企業の資金調達手段に関わる改正である。これは株式あるいは社債の発行による資金調達の円滑化を図り,また証券流通性の確保あるいは投資家保護について見直すというものであり,間接金融から直接金融への重心移動やベンチャー企業の資金調達の容易化を図るための環境整備である。最後にあげられるのは,上述した3つの視点に基づいた見直しの際に,**比較可能性と公正性**とを重視する**国際会計基準**との調和の観点や,米国あるいは欧州市場でも受け入れられるような国際的に整合性がある制度構築をめざすという視点である。

比較可能性と公正性:企業活動がグローバル化に展開する中で,各国間の会計基準の違いから財務諸表上いくつかの相違点が生じていた。こうした資金調達のための企業の会計情報を,国際的な観点からそれぞれ比較できることと,その公正性とが国際会計基準で強く求められている。

国際会計基準(International Accounting Standards : IAS):国際会計基準委員会(IASC)によって設定された会計基準である。会計基準とは粉飾決算や会計制度の違いから生じる問題などから投資家を守るために,国が企業に義務づけている決算書など財務諸表の作成ルールをいう。欧州ではEU発足に合わせて,国別に企業会計基準を決めていたこれまでのやり方を改め,この「国際会計基準」に統一することにした。

2 会社法施行とコーポレート・ガバナンス

商法の一連の改正はさらに進められ，2006（平成17）年には会社法が施行された。会社法では，株式会社の機関設計の視点は以下の2つの区分により整理される。第一は，公開会社か非公開会社か（会社における**株式譲渡制限**の有無）という区分である。有限会社制度の廃止により，株式譲渡制限会社であるかどうかが制度設計の新たな基準となった。第二の視点は，会社の規模（**大会社**と大会社以外）という区分である。商法では，株式会社は4類型のみの機関設計が認められていたが，会社法による会社機関設計では，上記2点の区分に応じてとりわけ非公開会社の制度設計の選択肢が増加した。設置必須機関である株主総会ならびに取締役のほか，取締役会，監査役，監査役会，会計監査人，委員会および新設された会計参与を設置するか否か，またこれらの設置（または不設置）義務があるかどうかにより，39通りもの様々な機関設計が可能となった（例えば望月〔2008〕105-106頁を参照）。

ここで，わが国のコーポレート・ガバナンス上の問題に大きく影響を及ぼした委員会設置会社*について，監査役会設置会社ならびに監査役設置会社との相違点を踏まえつつみていくことにしよう。

* 2002（平成14）年の商法改正で設置された委員会等設置会社は，会社法では細かな改正とともに，委員会設置会社へと名称が変更された。

前述の通り，2002（平成14）年改正によって，わが国の企業は従来型の取締役会と監査役とによる二元的監督機能をもたせた機関設計か，社外取締役を中心とする米国型に準じた取締役会による一元的監督機能をもたせた機関設計か

株式譲渡制限：株式の自由な譲渡に制限をかけることであり，こうした会社は株式会社でありながら，これまでの有限会社に準じた機能をもつ会社形態となる。株式譲渡制限がない会社は，会社形態上従来型の株式会社として考えてよい。

大会社：会社法施行前は，株式会社の監査等に関する商法の特例に関する法律（商法特例法）により，資本あるいは負債の多寡で大会社，みなし大会社，小会社に区分していた（この区分に該当しない会社は中会社として区分）。会社法では，大会社についての制限を除いて機関設計が自由になり，小会社の特例規定が消滅したので，小会社の定義はされていない。大会社については，会社法2条6号により定義されており，下記のいずれかに該当する会社をさす。イ）最終事業年度に係る貸借対照表に資本金として計上した額が5億円以上であること。ロ）最終事業年度に係る貸借対照表の負債の部に計上した額の合計額が200億円以上であること。

のどちらか一方を選択しなければならなくなった*。しかも従来型の機関設計においても，監査役の権限ならびに独立性は極めて高いレベルにまで強化された。3名以上の監査役の半数以上は社外監査役でなければならないこともあり，従来型の徹底化が図られている（小林秀行編著〔2006〕『第2版　新会社法とコーポレートガバナンス』中央経済社，32頁）。監査役機能の徹底化については，日本監査役協会が2513社から得たアンケート調査により，この法改正を積極的に評価する会社が多いという事実が確認されていることからも，現場には好意的に受け止められているとみられる**。

　一方米国型に準じた機関設計では，取締役会の中に過半数が社外のメンバーからなる指名，報酬，監査の3委員会をおくとともに，執行役に業務執行を任せ，取締役会はその監督に徹するのである。

* 2008年11月26日付の『日本経済新聞』19面では，東証一部上場企業のうち，社外取締役を導入した企業の割合が2007年度に45％強に達し，株主によるコーポレート・ガバナンスを機能させる代表的仕組みが日本でも日常化してきたことを伝えている。ただし，この制度への評価は定まっていないこともあげ，この制度が効率的な企業経営に必ずしも寄与するわけではないことも同時に指摘している。

** 社団法人日本監査役協会「『企業統治に関する商法等改正法』施行後における監査役の実務対応状況調査結果コメント」平成14年9月17日，http://www.kansa.or.jp/PDF/x_2002 enq 020917.pdf（最終アクセス日2008年8月19日）によれば，今回の改正によって監査役制度は「十分強化された」と考える会社が7割を占め，「強化されたがさらに強化すべき」を合わせると8割以上の会社が「強化された」と回答しており，この法改正を積極的に評価していると考えられる。

　ではこの両者について，会社法ではどのような規定がなされているのであろうか。

　まず，「監査役会設置会社」とは，監査役会を置く株式会社および会社法の規定により監査役会を置かなければならない株式会社をいう（会社法2条10号）。会社法では委員会設置会社を除く取締役会設置会社において，監査役会を置くことが認められており，また公開大会社においては，委員会設置会社を除き，監査役会を設置しなければならないと規定されている（会社法326条2項・327条1項・328条1項）（相澤哲・葉玉匡美・郡谷大輔編著〔2006〕『新・会社

法』商事法務，410頁)。

　一方「監査役設置会社」とは，「監査役をおく旨の定款の定めのある株式会社または会社法の規定により監査役をおく義務を負う株式会社のうち，監査役の監査の範囲に会計に関するものに限定する旨の定款の定めを設けた会社を除いたもの」である（会社法2条9号）（相澤・葉玉・郡谷〔2006〕413頁以下）。つまり定款で監査役の監査の範囲を会計に関するものに限定している会社は，監査役が設置されていても監査役設置会社には該当しない。監査役会設置会社と監査役設置会社との関係は，監査役会設置会社は前提として監査役設置会社であることが必要不可欠であるので，定款で「監査役を置く旨」を定める必要がある（相澤・葉玉・郡谷〔2006〕270頁以下）。

　「委員会設置会社」とは，指名委員会，監査委員会および報酬委員会をおく株式会社をいう（会社法2条12号）。伝統的な日本型コーポレート・ガバナンス・システムを有する監査役会設置会社とは異なり，委員会設置会社は米国にならった株式会社機関設計がなされている。すなわち取締役会の中に社外取締役が過半数を占める委員会を設置し，取締役会が業務執行を監督する機能をもつ一方，業務執行については執行役にゆだね，コーポレート・ガバナンスの合理化と適正化をめざして監督機能と業務執行機能とを分離していること（会社法415条）が機関設計上の特徴であり，委員会の主な権限は，以下の通りである。

　◆指名委員会：株主総会に提出する取締役（会計参与設置会社にあっては取締役および会計参与）の選任および解任に関する議案の内容の決定である。すなわち，指名委員会の機能は執行役を監督する取締役会の人事権を，社外取締役を中心とする指名委員会に委ねることにより独立性を高めることにある。

　◆報酬委員会：361条1項ならびに379条1項および2項の規定にかかわらず，執行役等の個人別の報酬等の内容を決定。執行役が委員会設置会社の支配人その他の使用人を兼ねているときは，当該支配人その他の使用人の報酬等の内容についても同様である。すなわち，報酬委員会の機能は取締役や会計参与の報酬決定に関して，執行役からの関与を防止することにより，彼（女）らの独立性を担保することにある。

◆監査委員会：執行役等（執行役および取締役。会計参与設置会社にあっては，執行役，取締役および会計参与）の職務の執行の監査および監査報告の作成ならびに株主総会に提出する会計監査人の選任および解任ならびに会計監査人を再任しないことに関する議案の内容の決定である。すなわち監査委員会の機能は，業務執行ならびに会計の監査であり，必要があれば子会社に対しても営業報告を求め，その業務ならびに財産状況を調査することができる（望月〔2008〕100-102頁を参照）。

　以上のことからコーポレート・ガバナンスの面における監査役会設置会社と委員会設置会社との特質をまとめると以下のことがいえよう。

　まず，監査役会設置会社の特徴は，監査役の権限と機能とが大幅に強化された点にある。業務執行機関と取締役会との両者からの高い独立性を有する監査役の存在は，ガバナンス面でも優れた特質をもつものと思われる。

　他方委員会設置会社においては，監査委員会構成員が取締役であることから自己監査になる点，常勤監査役が存在しない場合が想定される点などから一部弱点はあるものの，例えば指名委員会による取締役選任および解任議案決定権（会社法404条1項）や，報酬委員会による報酬決定権（会社法404条3項）など3委員会の設置により監査役会では実現できない業務執行者に対するガバナンスが可能となる点で，優れた特質をもつものと理解される（相澤・葉玉・郡谷〔2006〕428-429頁）。

5　日本のコーポレート・ガバナンスに残された課題

　これまで「株式相互持ち合いの流動化」と「商法改正・会社法施行」とに焦点をあてながら，日本におけるコーポレート・ガバナンスの変容を，制度の変化と，かかる問題に関連する実際の動向との整理を通じて検討してきた。

　株式相互持ち合いには部分的な復活も確認されるが，1990年代以降その比率は低下している。また外国人投資家の持株比率の上昇や機関による株式所有比率も上昇している。こうした動きの背後には，株式市場への家計資金の流入が，株式の直接保有という形態を採らずに，機関投資家を介した間接的株式保

有という形態で進展していることが予想される。こうなると企業サイドからみれば，「自社の株主が誰なのか」はっきりとみえないという問題点が生じてくる。他方で法人や機関投資家ばかりではなく，個人株主も「もの言う株主」として，株主総会で積極的な発言によりその存在感を高めている。2008年の株主総会では，議決権を行使した個人株主の4割（2007年度末に日本株を保有していた人の4分の1に相当）が会社提案に反対票を投じている（『日本経済新聞』2008年7月28日朝刊，25面）。たしかに会社は「株主だけのもの」ではないが，ブルドックソース社における**買収防衛策**発動の是非をめぐる最高裁判決で，株主共同利益について「会社の利益の帰属主体である株主自身により判断されるもの」と規定していることから，現行の法体系に従えば，経営者は，株主を重要な利害関係者としてとらえながら，他の利害関係者の利益も追求していくことが望まれる（阪口祐康〔2008〕「ブルドックソース事件最高裁決定と買収防衛策の制度設計に関する実務上の問題点の検討」『判例タイムズ』判例タイムズ社，No.1265, 59-66頁）。さて，制度改正とコーポレート・ガバナンスの変容と関係を見てみよう。会社法の施行により，大会社のコーポレート・ガバナンスはうまく機能するようになったのだろうか？

機関設計に関わる法改正では，大企業は監査役会設置会社か委員会設置会社かのどちらかを選択しなければならなくなった。しかし，米国型をモデルとした会社機関設計たる委員会設置会社形態をとる企業は非常に少なく，わずか68社にしかすぎない*ことからも，新しい制度の導入よりも，従来の制度の徹底化すなわち監査役設置会社形態をとりながら，従来の機能を強化するというアプローチが選好されているようである。

* 日本取締役協会による公開企業を対象とした委員会設置会社移行企業リスト（2008年7月2日付）による。http://www.jacd.jp/report/080702_01report.pdf 2008年8月25日アクセス。

買収防衛策：米国では買収防衛策としてポイズンピル（毒薬条項），ホワイトナイトあるいはクラウンジュウェルなど，いくつもの手法があるが，わが国ではライツプラン（強制転換条項付新株予約権）の導入が多い。これは一定割合の議決権を取得した買収者が現れた場合に，その他の株主が市場よりも安い価格で株式を取得できる権利を予め付与し，買収者の持株比率を薄める方策である。

また「もの言う監査役」も現れ始めた。荏原製作所では，会社側が作成した事業報告を社外監査役が承認せず，結果的に会社側は株主総会で計算書類を決議事項にするという異例の措置をとった（『日本経済新聞』2008年7月21日朝刊，16面）。これは監査役の権限強化として導入した，監査活動について個々の監査役の権限行使が制限されない「独任制」に関する議論を引き起こすことになった。

　コーポレート・ガバナンスに ONE BEST WAY はない。したがって法改正による機関設計変更に従って，業務執行と監視役を担う組織を明確に分離すれば，コーポレート・ガバナンスが十分に機能するというものでもないし，また「良きコーポレート・ガバナンス」を追求すれば企業不祥事が起きないというものでもない*。会社法施行までの商法改正作業の中心的テーマは，「経営者の不法あるいは不当な行動を監視ならびに牽制するためにはどのような組織形態が望ましいのか」という点と，「業務執行を監督する機関には，どのような権限を与えることが望ましいのかという点」とであった。つまり，この問題は1つの決まった解決法があるような性質のものではなく，不断の改正を必要とした問題なのである。畢竟，コーポレート・ガバナンスの原点といえる，バーリー＝ミーンズの「経営者すなわち取締役が自らを選出しうる力を保持している状態，つまり『経営者支配』の状態」は，依然として残ったままなのである。

* 平田は制度をどんなに整えても，他者により律せられるコーポレート・ガバナンスではその脆弱さから脱しえないとし，根源的には経営者自身による自己統治の姿勢によるコーポレート・ガバナンスの重要性を指摘している。平田光弘（2008）『経営者自己統治論』中央経済社，に詳しい。

論点整理

① 「日本的経営」の特徴を「株式相互持ち合い」の面からみながら，従来からの「日本的経営」を維持できなくなった背景を整理すると，バブル経済崩壊以降の株価の下落を一因として，外国人による日本株への投資が増加したことがあげられる。彼（女）らによる株式投資はROE（に代表される指標）を重視して行われることから，彼（女）らのプレゼンスが高まるにつれ，日本

第Ⅱ部　コーポレート・ガバナンスの国際比較

▶▶ *Column* ◀◀

伝統的大企業への敵対的買収

　2006年夏に，日本の伝統的な大企業の1つである王子製紙（業界第1位）が，北越製紙（中堅ではあるが，コート紙では国内トップ企業）に対して敵対的株式公開買付け（hostile tender offer）を実施しました。こうした伝統的日本企業の間でもM&Aは「禁じ手」ではなくなってきたといえます。

　この事件をすこし振り返ってみましょう。北越製紙は労使協調路線を掲げる企業で，同年5月に設備投資（約550億円）を発表したばかりでした。また同業他社の大王製紙，日本製紙も新設備投資を発表したばかりでした。こうした業界環境から，王子製紙社長（業界団体である製紙連合会の会長）は紙の供給過剰を懸念し，北越製紙に対して友好的TOBによる合併を試みました。しかし北越側がこれを拒否し，取締役会で事前警告型の買収防衛策の導入を決議するとともに相手を三菱商事とする第三者割当増資を決定しました。結局，王子は北越に対する敵対的TOBを開始し，株式の公開買付けに入ったのですが，同業他社である日本製紙グループがこの王子製紙と北越製紙のTOB紛争に介入したほか，北越製紙の労働組合，地元の地方銀行である第四銀行ならびに地元の行政までもが王子に反発し，大きなニュースになりました。

　このケースでは，従業員，銀行，地場の銀行ならびに行政までもが私企業のM&Aに影響力を行使し，結果的に王子製紙による北越製紙をターゲットにしたM&Aは失敗に終わりました。この後，製紙業界は供給過剰に陥り，三菱製紙や北越製紙は赤字を計上し，また王子もまた大幅な減益になりました。ですから王子製紙による北越製紙へのM&Aはある意味正しい将来予測に基づいたものであったともいえますが，企業買収の際に被買収企業のステークホルダーがこぞって反対したという事実から，王子製紙側が北越製紙のステークホルダーに対する「対話」をうまく行えていなかった点が指摘できます。こうした点から，この事件は日本における企業観たる多元的企業観を再認識させる事件であったといえるのではないでしょうか。

企業もROE重視の経営を余儀なくされ，「規模」ないし「シェア」から「効率」あるいは「利益率」を重視した経営へと転換していった。

②企業経営に対する資本市場からの圧力は一層高まっており，経営者は株価・配当重視の経営を余儀なくされている。しかし会社は株主のもの（「株主だけのもの」ではない）でもあるので，株主の権利追求の動向によってはこう

した動きは必然的におきる事態である。したがって経営者は株主を重要な利害関係者としてとらえた上で，他の利害関係者の利益も追求していくことが望まれる。

③会社法の施行を商法改正の流れの中でとらえ，かつ株式会社の機関設計に関わる点を整理することにより，会社法施行の意義を確認する。法改正により可能となった委員会設置会社のような米国型をモデルとした会社機関設計は，結局のところあまり取り入れられていない。むしろ監査役設置会社形態をとりながら，従来からの監視・監督機能を強化するというアプローチが多い。

④コーポレート・ガバナンスにはOne Best Wayはない。この問題は，株式会社と社会との関係をどのように位置づけるのかという命題と不断の関係にあり，したがって常に改正され続ける性質をもつ。

[推薦図書]

江川雅子（2008）『株主を重視しない経営』日本経済新聞出版社
　　戦後の日本企業の経営者が株主を重視しなくなったのは，株式市場の機能不全と投資家の短期的投資傾向にあるという視点から，日本型コーポレート・ガバナンスについて検討を加えている。

平田光弘（2008）『経営者自己統治論──社会に信頼される企業の形成』中央経済社
　　良き企業統治を実現するために制度にどんなに手を加えても，他者により律せられる企業統治ではその脆弱さから脱しえないとし，根源的には経営者自身による自己統治の姿勢による企業統治の重要性を指摘している。

吉村典久（2007）『日本の企業統治』NTT出版
　　日本企業の統治構造の実態と近年の変化を，筆者が参加した調査プロジェクトの結果や制度面の分析を通じて，株式所有構造，同族会社，経営者の属性といった視点も含めながら考察している。

[設問]

1. 本文中でも言及した通り，従来多くの日本企業では取締役会を構成する取締役のほとんどが社内出身でした。彼（女）らは業務執行も兼務することが多かったことから，取締役の機能たる監視機能を十全に発揮しえなかったとの批判を受け，執行役員制度の導入を図る企業も出てきました。執行役と執行役員の違いを踏ま

えて，執行役員制度とはどのようなものか考えてみましょう。
2．買収防衛策に対しては，株主利益が希釈化されるという批判や企業経営者の保身のためという批判がよく出てきます。なぜこうした批判が出てくるのか考えてみましょう。

（松田　健）

第7章

アメリカのコーポレート・ガバナンスの特徴と課題

　企業は誰のものでしょうか。発行株式が証券取引所で取引される企業ははたして誰のものでしょうか。企業が進むべき方向を定めるのは誰でしょうか。経営者は誰の何のために事業を営むべきなのでしょうか。企業の目的ははたして何に設定すべきなのでしょうか。本章は，アメリカ国内の法令に準拠して設立された株式会社の経路依存の側面を明らかにした上で，公開企業のガバナンスのメカニズムについて説明します。

1　アメリカの建国と株主資本主義

　20世紀のアメリカで一般化して普及した株式会社の起源について，ミクルスウェイトとウルドリッチは，次のように説明している。「建国後のアメリカで，州政府は，〈特許法人〉を設立した。州政府が設立した〈特許法人〉には専売の権利が例外的に交付された。新しい国家の建設に必要不可欠なインフラストラクチャーを独占するために設定された優越的な権利は州政府から〈特許法人〉に交付された。」（J. Micklethwait and A. Wooldridge〔2003〕*The Company: A Short History of a Revolutionary Idea,* Modern Library, p. 43〔J. ミクルスウェイト，A.ウルドリッチ／鈴木泰雄訳，日置弘一郎・高尾義明監訳〔2006〕『株式会社』ランダムハウス講談社，72頁〕参照）

　建国後のアメリカにさかのぼって，州政府は，インフラストラクチャーを整備するために設立された〈特許法人〉に〈営業許可証〉を交付する権限を独占していた。したがって，たとえ州政府が定めた手続に基づいて設立された〈特許法人〉であっても，当該法人が履行すべき責任を実際に履行していなければ，当該法人に交付された〈営業許可証〉は州政府の権限で取り消すことができた。

その後，州政府が独占していた〈特許法人〉の設立ならびに〈営業許可証〉の更新等に関わる権限は，企業弁護士がイニシアティブを取って推進した規制緩和措置を経て縮小された（久保利英明〔2007〕『株式会社の原点』日経BP社，11頁）。ニューヨーク州で準則主義が1811年に採用されたのを皮切りに，ニューヨーク州以外の州でも法人の設立に州政府の許可は原則として必要なくなったのである。このようにして，時代は特許主義から準則主義へと移行し，州政府が独占していた〈営業許可証〉の更新に関わる権限は実質的に州政府から株主へと移行した。現代のアメリカにおいても株主に優越的な権利が保障されている所以である。もっとも株主の有限責任を前提として，企業に出資した株主の地位については，連邦政府および州政府がそれを保全すべきであるという見方も根強い。

アメリカという国家の発展の途上で成立した株主資本主義の様態について，20世紀末のアメリカで疑問の声が湧き上がった。「企業価値」という名の下にM&A（合併と買収）が相次いだからである。たしかに法律上の手続を経て実施されたM&Aは事業構造の再構築を促進した。しかし実際問題として，事業組織間のM&Aは，株主以外のステークホルダーの一部に補償困難な損失や損害を与えて問題視された。また，**CEO（最高経営責任者）のインセンティブ**として導入されたストック・オプションもモラル・ハザードを誘発した。さらに，株主資本主義は，高額な経営者報酬に対する批判や経営者個人の保身を図るための様々な術策（例，ゴールデン・パラシュートなど）を誘発しただけではなく，長期的な視点に立った投資への意欲さえも減退させたとも批判される。

こうした時代思潮の中で，「経営者は，誰の何のために事業を営むべきか」が問われた（水村典弘〔2008〕『ビジネスと倫理――ステークホルダー・マネジメントと価値創造』文眞堂）。1995年から2000年にかけて編成された「**公開企業の再定義プロジェクト**」の成果報告書『公開企業の再定義――ステークホルダ

CEOのインセンティブ：CEOの報酬は，①固定報酬（報酬の全体に占める割合［以下同様］：13％），②業績連動賞与（24％），③長期インセンティブ（＝株式報酬）（63％）から構成されている（日本取締役協会ディスクロージャー委員会「〔2007年度〕経営者報酬ガイドライン――報酬ガバナンスの確立を」から抜粋）。

ー・マネジメントと組織富』は，〈特許法人〉の系統を汲む公開企業のレゾン・デートルとそれを正当化し得る合理的な根拠について，次のように記している。「公開企業を正当化し得る合理的な根拠は，公開企業が，富——人間が共同生活を営むうえで必要な財やサービス——を作り出すために必要な能力をもっているからである。公開企業は，社会的な機関——公開企業の設立許可は社会の自由裁量によって判断され，公開企業に〈営業許可証〉を交付・更新する権限も社会に帰属している——として事業を営んでいる。公開企業の正当性は専ら関係当事者（コンスティテュエンシー）が抱く期待に応えるだけの能力を（公開企業が）もっているか否かによって判断される。公開企業の設立許可は関係当事者の自由裁量によって判断され，公開企業に〈営業許可証〉を交付または更新する権限もまた関係当事者に帰属している。」(J. E. Post, L. E. Preston and S. Sachs〔2002〕*Redefining the Corporation : Stakeholder Management and Organizational Wealth,* Stanford University, p. 9)

　企業の関係当事者とは，「企業が営む事業に必要な資源——経営資源——を提供し，当該企業の存続に不可欠な人」（例，政府，株主以外の投資家，従業員，取引先，顧客，社会公共など）を意味している。企業の関係当事者は，それが照準を定めた企業に対して〈営業許可証〉を交付または更新し得るだけのパワーをもっている。しかし企業と関係当事者間の権力関係も作用して，関係当事者が行使可能なパワーの有効性は，関係当事者が企業の事業活動に必要な資源を有しているか否かに依存している。もっとも企業の関係当事者の側が〈営業許可証〉を更新しなくとも，対象企業に損失や損害が生じるとはかぎらない。一部の例外を除いて，企業の関係当事者が行使可能なパワーには排他的な正統性が認められていないからである。

公開企業の再定義プロジェクト：公開企業のポジショニングとグローバル化した社会経済環境における公開企業の役割と目的を明らかにするために編成された。プロジェクトの論点は，①「公開企業とその CEO は誰に対して責任を負うのか」，②「公開企業とその CEO は何に対して責任を負うのか」に設定されている。

2　株式会社の機関の設計と運営上の課題

「コーポレート・ガバナンス」の英語表記 **"corporate governance"** はしばしば「企業統治」と翻訳される。しかし厳密にいえば，英語表記"corporate governance"は，「法人の統治」を意味する。「コーポレート・ガバナンス」を理論化して体系化した「コーポレート・ガバナンス論」は，「法人一般の統治（舵取り）」を射程圏内に収めながらも，法律上の人格（法人格）を取得して営利事業を営む法人のガバナンスのメカニズムを問題にしている。

第一に，コーポレート・ガバナンス論は，法人に設置すべき機関の設計，導入，ならびに運営上の課題を問題にしている。法人に機関が設置される理由は，法人の意思決定等が機関において行われるからである。どの機関も固有の役割を有し，相互に関連し合って法人の全体を構成している。しかし法人に設置された機関が設計図通りに運営されるとはかぎらない。機関に運営上の課題が出てきた場合には，機関の再設計や再編成が広く議論されることになる。

第二に，コーポレート・ガバナンス論は，企業の中でも，①IPO（株式公開）を経て，②発行株式が証券取引所で取引される企業を対象として議論を組み上げている。したがって，「コーポレート・ガバナンス」は，「公開企業の統治」と言い換えることもできる。

コーポレート・ガバナンス論の焦点が「公開企業の統治」に収束した理由の第一は，公開企業の存在が政治的・経済的・社会文化的・技術的なパワーをもつからである。民主主義を標榜する国家において，パワーの中枢機構は人々から絶えず詮索され，一方的に牽制される。理由の第二は，株式会社に設置された機関は，所有と経営の分離が高次元で達成されている企業を前提として設計されているからである。理由の第三は，株式会社に設置された機関が機能不全に陥るような事態が実際に起きたからである。たとえ株式会社に設置すべき機関の設計図を引いたとしても，設計図通りに機関が運営されるとはかぎらない。

"corporate governance"　→第6章107頁参照。

第7章 アメリカのコーポレート・ガバナンスの特徴と課題

　株式会社に設置すべき機関の内容と構成は，**連邦国家**の下で連邦政府および州政府が定めた法律によって制約される。こうした公権力の規制は公的規制と呼ばれる。また証券取引所や ALI（アメリカ法律協会）なども株式会社に設置すべき機関の内容と構成について様々な規則を定めている。公権力の介入を排除し，個人や団体が自主的に定めた規制は自主規制に分類される。例えば，NYSE（ニューヨーク証券取引所）が定めた「NYSE 上場規則」の「(303 A.00) コーポレート・ガバナンスの基準」は，「(303 A.01) 独立取締役の定義」，「(303 A.04) 指名委員会／コーポレート・ガバナンス委員会」，「(303 A.05) 報酬委員会」，ならびに「(303 A.06) 監査委員会」について詳細な規則を定めている (New-York Stock Exchange "NYSE Regulation：Listed Company Manual" http：//www.nyse.com/lcm/lcm_subsection.html　2008 年 8 月 30 日アクセス)。また，ALI が発表した「コーポレート・ガバナンス原則」も，株式会社に設置すべき機関の内容と構成について勧告している。

　しかし，たとえ「コーポレート・ガバナンスの強化（または改革）」という名目であろうとも，私法上の法人の設立や業務の内容に規律を立てて制限することに連邦政府は消極的である。例外的には，「1933 年証券法」，「1934 年証券取引法」，「2002 年公開企業の会計改革と投資家保護に関する法律（以下，企業改革法と表記）」などであろう。SEC（証券取引委員会）は，「1934 年証券取引法」に基づいて創設された行政委員会として知られる。また，「**サーベンス・オクスレー法**」とも呼ばれる企業改革法は，投資家保護を立法目的として，「1934 年証券取引法」に従ったディスクロージャー（企業の情報開示）の正確性と信頼性を改善するために制定された。このような目的を達成するために，独立的で非営利目的の法人 PCAOB（公開会社会計監視委員会）が，会計事務所とその監査業務等を監督するために設立された。また，SEC に提出する四半期報告書ならびに年次報告書の記載内容について，CEO および CFO（最高財務責任

連邦国家：アメリカ（＝アメリカ合衆国）は，連邦政府の下に複数の州政府が統合して構成された連邦国家の典型例である。したがって，法人の設立等についても，連邦政府および州政府等が準拠法を定めている。デラウェア州で設立された法人は「デラウェア法人」と呼ばれる。

サーベンス・オクスレー法　→第 3 章 53 頁参照。

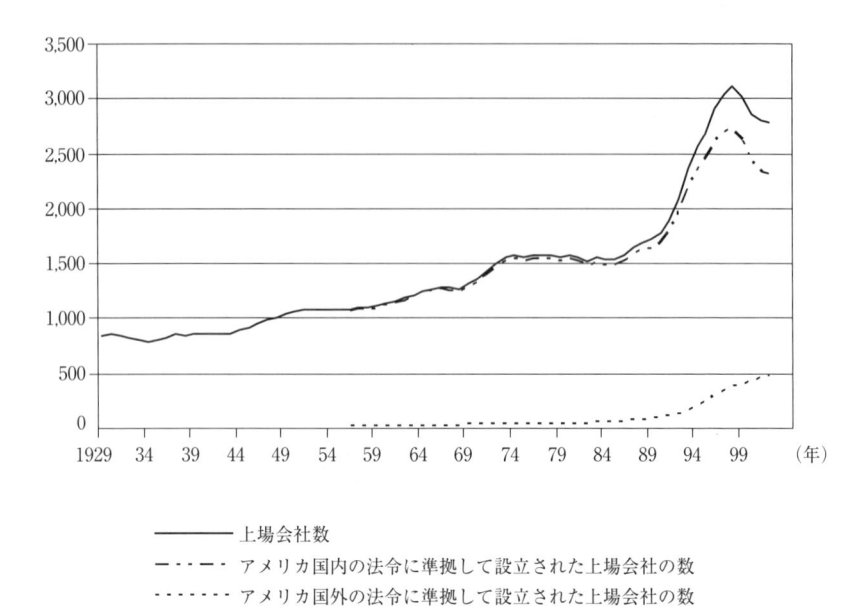

図7-1　ニューヨーク証券取引所における上場会社の推移（1929-2002年）

（出所）New York Stock Exchange "NYSE Number of Listed Companies (1929-2002)" http://www.nyxdata.com/nysedata/asp/factbook/viewer_edition.asp?mode=table&key=3010&category=5　2008年8月30日アクセス

凡例：
― 上場会社数
―・― アメリカ国内の法令に準拠して設立された上場会社の数
・・・・ アメリカ国外の法令に準拠して設立された上場会社の数

者）が署名してそれを保証することも同法は義務づけている。

　連邦政府が定めた法律の中でも，株式会社に関連した法律の目的は，以下7項目に要約できる（J. L. Colley, Jr., J. L. Doyle, G. W. Logan and W. Stettinius〔2005〕*What is Corporate Governance,* McGraw-Hill, p.8）。①独占の禁止および公正な取引の確保に関する法律を定め，競争的な市場を維持すること，②公益事業等の非競争的な市場に規律を立てて制限すること，③資本家と労働者の均衡を維持すること，④資本市場の秩序を保障すること，⑤危険な製品や詐欺的行為から消費者を保護すること，⑥雇用，教育，住居，ならびに公共施設などを等しく享受できる条件を整えること，⑦環境を保護すること，などである。しかし，資本主義と民主主義を前提として，私法人が営む事業の内容等に規律を立てて制限することについて連邦政府および州政府は消極的である。

　アメリカで公的規制が前面に出ない理由の第一は，建国後のアメリカで株式

会社がたどった道筋に照らして明らかである。なお，私法人に対する州政府の干渉を排除した最初の判決は，「ダートマス大学対ウッドワード事件」（連邦最高裁判所第17巻518頁［判決年：1819年］）までさかのぼる。理由の第二は，公的規制が「規制コスト」を伴うからである。たしかに企業改革法は，投資家保護を主な目的として立法された。しかし企業改革法の影響下で，アメリカ国内の資本市場の国際的な競争力は低下してきている。アメリカ国内の証券市場におけるIPOの件数も減少してきている。発行株式がアメリカ国内の証券市場で取引される企業の数についても，アメリカ国外の法令に準拠して設立された企業の数は増加してきているものの，全体として減少傾向にある（図7-1）。

3　取締役会とガバナンスのメカニズム

　企業は，法律に定めた手続を経て，法律上の人格を取得する。このようにして権利能力を取得した企業は，法律上の権利と義務の主体として，契約の当事者になることができる。したがって，株式会社についても，連邦政府，州政府，ならびに証券取引所が株式会社の設立等について定めた法律および規則を遵守しなければならない。また，取締役の役割と責任についても，連邦政府，州政府，ならびに証券取引所が定めた法律および規則によって制約される。

　「所有と経営の分離」を前提として，公開企業は，いわゆる**代議政治**の形態を採用して事業を営んでいる。したがって，株主は，それが株主総会で選任した取締役に法人の舵取りを任せる。ここに，取締役全員で構成された取締役会は，「株主の財産を管理する人々の会議体」という性質を帯びる（W. G. Bowen〔2008〕*The Board Book: An Insider's Guide for Directors and Trustees*, W. W. Norton）。株主の付託を受けた取締役から構成された取締役会には，企業の経営について最高次元の責任を負う人（＝CEO）の選任，業績評価，ならびに解任の権限と，CEOの業務執行に対する監督の機能がある。取締役会とCEOの関係

代議政治：代議制を採用した政治の意。代議制とは，国民の意思を反映して選出された代表者に政治の運営を任せる制度である。

について，取締役会は，①CEO が企業の目的を効率的に達成しているか否かを監督するだけではなく，②CEO の業務執行の内容と程度が法律上・道徳上の要求事項や要求水準を満たして妥当な状態にあるか否かを監督し，③CEO の業務執行を正しく導く羅針盤として機能しなければならない。

　コーポレート・ガバナンスのパラダイムについて，第一に，CEO は，取締役会に対して説明責任を果たさなければならない。なぜなら，CEO の任免権はあくまで取締役会に帰属しているからである。第二に，取締役会は，株主に対して説明責任を果たさなければならない。なぜなら，不特定多数の株主から出資を受けて企業は事業を営んでいるからである。**NACD（アメリカ取締役協会）**が 2005 年に公表した報告書「取締役会のプロフェッショナリズム」によれば，取締役会は，企業の経営について最高次元の責任を負う人（＝CEO）と，企業が発行した株式の所有者（＝株主）を結びつける役割を担っている（National Association of Corporate Directors〔2005〕*Report of the NACD Blue Ribbon Commission on Director Professionalism,* p.1）。

○取締役の要件

　NACD（2007：23）の調査報告書「公開企業のガバナンス調査」（以下，NACD 調査〔2007〕と表記。なお，該当頁は発行年に併記）によれば，取締役会の構成メンバーの数は平均 8.1 名である（National Association of Corporate Directors〔2007〕*Public Company Governance Survey*）。取締役会議長と CEO を分離した企業の割合は，NACD 調査（2007：24）の回答企業の 46.7％ である。回答企業の 16.5％ は，退任した CEO が取締役会の構成メンバーになることを禁じている。また，NYSE は，取締役会の構成メンバーの過半数を独立取締役で構成するように求めている。取締役会の構成メンバーに占める独立取締役の割合が 75％ 以上の企業は，NACD 調査（2007：29）の回答企業の 48.2％ である。以下，独

アメリカ取締役協会：英語表記"National Association of Corporate Directors"。略称"NACD"。1977 年に設立された非営利目的の会員組織。会員は主として，アメリカ国内の法令に準拠して設立された企業の取締役。コーポレート・ガバナンスに関する調査報告書などを多数発表してきている。
　http://www.nacdonline.org/　2008 年 8 月 30 日アクセス

立取締役の割合が 50% 以上～75% 未満の企業は回答企業の 46.1% であり，独立取締役の割合が 50% 以下の企業は 5.8% である。

　取締役の候補者には，上席執行役以上の職位および実務経験が求められる。社外取締役を募集する際に重視される職務上の経験は，上位から順に，①同業種における上席執行役としての経験，②異業種における上席執行役としての経験，③高度に専門特化された職務の経験，④技術者，⑤投資家，⑥政府関係者，⑦大学の教授職または大学勤務の役員，などである。しかし実際の取締役会は，①異業種における上席執行役としての経験，②高度に専門特化された職務の経験，③同業種における上席執行役のとしての経験，④投資家としての経験，を有する社外取締役が多くを占める（NACD 調査〔2007：30〕）。

　取締役を募集する際に重視される職種は，上位から順に，①経営者（現任の CEO または CEO の経験者），②財務部門（CFO を含む），③外部監査（外部監査人または外部監査人の経験者を含む），④業務部門（COO［最高執行責任者］を含む），⑤マーケティング部門（マーケティング部門の責任者を含む），⑥法務部門（法務部門の責任者または総務部門の責任者を含む），⑦情報技術部門（最高情報責任者［CIO］を含む），⑧人的資源管理（HR）部門（HR 部門の責任者を含む），⑨内部監査部門（内部監査人を含む），⑩投資家向け広報（IR）部門（IR 部門の責任者を含む），などである。しかし実際の取締役会には，①経営者，②財務部門，③業務部門，などの経験者が多くを占める（NACD 調査〔2007：30〕）。取締役を募集する際には，取締役の構成メンバーにおける男性と女性の比率（＝ジェンダー・**ダイバーシティー**）や，人種・民族の比率（＝エスニック・ダイバーシティー）についても問われる。NACD 調査（2007：33-34）の回答企業の 65.0％が女性の取締役を少なくとも 1 名は任命している。また，回答企業の 41.7％がマイノリティーの代表権者を少なくとも 1 名は任命している。双方の比率は企業の規模に比例して増える傾向にある。

ダイバーシティー：「多様性」とも訳される。組織におけるダイバーシティーとは，個人を特徴づける要素（例，性，性的嗜好，人種，民族，年齢，国籍，文化など）を積極的に受け入れる態度を意味している。

○企業の目的と取締役会の有効性

　取締役会の有効性は，企業の目的によって制約される。企業の目的は，①利潤の追求と，②株主の権利とそれに伴う利益の最大化である。前者について，企業は，営利事業を営むために，法律に定めた手続を経て，法律上の人格を取得しているからである。後者について，株主は，企業が営む事業に必要な原資を拠出し，出資額に応じたリスクを負っているからである。どちらについても，企業の目的は，企業理念によって部分的に制約されることがある。

○取締役会主導のガバナンス

　取締役会の意思決定は，取締役全員で構成される取締役会で行われる。NACD (2004) の報告書「取締役会のリーダーシップ」は，取締役会が有効なチームとして機能するために必要な条件として，以下5項目を示している（National Association of Corporate Directors〔2004〕*Report of the NACD Blue Ribbon Commission on Board Leadership,* p.15）。

・取締役は，本来的な職務を正しく遂行しているか？
・取締役として適格な人物が取締役に充てられているか？
・取締役が職務を正しく遂行するために必要なシステムは万全か？
・取締役に正確な情報が十分に伝達されているか？
・取締役会のカルチャーは正常か？

　取締役会で審議ならびに決議すべきガバナンス上の課題は多岐にわたる（図7-2）。しかし取締役会で審議ならびに決議すべき重要な事項について，取締役会が有効に機能しているともかぎらない。例えば，①CEOの後継問題，②エグゼクティブレベルのタレント・マネジメントとリーダーシップの開発，③企業戦略の立案と統制，④リスク管理とクライシス管理，⑤取締役の指名と後継取締役の指名，などである（NACD調査〔2007：9-11〕）。

　コーポレート・ガバナンスで主導的な役割を担う取締役会の意思決定は，機関としての意思決定であり，取締役全員の合議制の会議体という形態を採用している。しかし近年，社会公共の要求と期待の内容と水準は高度化し，取締役会で審議ならびに決議すべきガバナンス上の課題も複雑化している。取締役は，

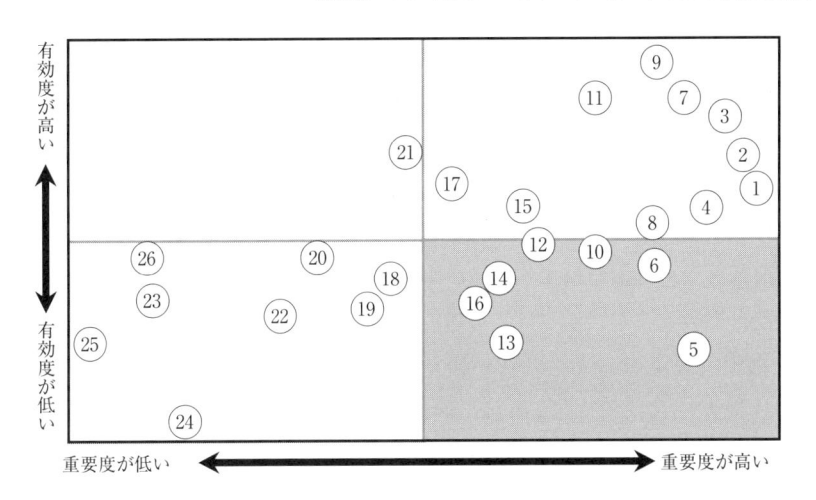

第7章　アメリカのコーポレート・ガバナンスの特徴と課題

1	取締役のリーダーシップ	14	取締役の指名と後継取締役の指名
2	取締役とCEOの関係性	15	CEOの報酬
3	取締役のカルチャー	16	リスク管理とクライシス管理
4	取締役の有効性	17	取締役会の段取り
5	CEOの後継問題	18	株主との関係
6	企業戦略の立案と統制	19	情報管理
7	財務に係る情報の監督・内部統制	20	合併と買収
8	CEOの業績評価	21	委員会の構造
9	ディスクロージャー	22	取締役会と取締役の評価
10	企業業績と業績の評価	23	取締役の募集
11	連邦政府及び州政府が定めた法律の遵守	24	取締役の教育と能力開発
12	取締役の採用	25	企業の社会的責任
13	エグゼクティブレベルのタレント・マネジメントとリーダーシップの開発	26	取締役の報酬

図7-2　取締役会の重要度と有効度のマトリックス

（出所）　National Association of Corporate Directors (2007) *Public Company Governance Survey*, p.11.

様々な局面で取締役個人の身をリスクにさらしているといえよう。例えば，取締役会の意思決定に起因して企業または第三者に経済的な損害を与えれば，取締役個人が損害賠償請求の対象となる。こうした事態に備えて，NACD調査（2007：19）の回答企業の99.1％は，**D&O保険**に加入している。

143

○取締役会と委員会

　取締役会には，専門特化された委員会が複数設置されている。委員会の意思決定も，機関としての意思決定であり，委員全員の合議制の会議体という形態を採用している。

　取締役会に設置された各種委員会は，取締役会における審議と議決に先んじて，取締役会の権限に属する特定の事項について調査または審議する機関として機能している。したがって，取締役会に設置された各種委員会には固有の目的・権限・規定が明文化され，独立性の高い社外取締役が就任している。NACD調査（2007：37）によれば，取締役が職務に割りあてる時間の46.8%は，各種委員会における調査，審議ならびに決議にあてられているという。

【監査委員会】企業改革法の301条は，監査委員会の構成メンバーについて厳密に規定している。同法は，監査委員会の構成メンバー1名について，財務に通じたエキスパートであることを求めている。また，NYSEやNASDAQ等の証券取引所も監査委員会の独立性について厳密に規定している。両取引所ともに，監査委員会の構成メンバー全員に財務リテラシー（財務に関する知識や能力）を求めている。

【報酬委員会】CEOの報酬問題は常に話題に上る*。報酬委員会は，CEOの業績の客観的な分析と評価のために，可視的な指標を定めている。しかし企業業績に占めるCEOの貢献度の立証は容易ではない。また，企業業績とCEOの報酬を同一基準（尺度）で計ることも容易ではない。後者について，NACD調査（2007：13）は，①客観的な業績指標が存在しない，②将来予想される株価とストック・オプションの行使価額の差を正確に予測することはできない，などの理由をあげている。

　＊　経営者報酬の内容と構成については，タワーズペリン編〔2008〕『「経営者報酬」の実務詳解』中央経済社，に詳しい。

D&O保険：英語表記"Directors & Officers Liability Insurance"。「会社役員賠償責任保険」とも訳される。業務に起因して取締役または執行役が損害賠償請求を受けた際に被る被害を塡補する保険。責任保険の一種。損害賠償請求が増加しているために，D&O保険の引受条件は厳格化され，料率も引き上げられている。

【ガバナンス・指名委員会】取締役会議長および各種委員会の委員長の選定ならびに指名について，NACD 調査（2007：28）の回答企業の61.0％は，ガバナンス・指名委員会に委ねている。以下同様に，回答企業の30.2％が取締役会全体の審議に委ね，回答企業の20.1％が CEO と取締役会議長に委ねている。退任後の CEO が取締役会の構成メンバーとして更任できるか否かについて，回答企業の16.5％が，退任後の CEO が取締役会の構成メンバーになることを禁止している。また，2006年の NACD 調査と比較して，CEO・取締役会議長が各種委員会の委員長を選定している割合は半減している。

【その他の委員会】公開企業には，監査委員会，報酬委員会，ならびにガバナンス・指名委員会以外にも様々な機能をもつ委員会が設置されている。NACD 調査（2007：27）には，経営委員会（45.3％），財務委員会（26.1％），投資委員会・M&A 委員会（20.5％），戦略策定委員会（13.8％），倫理・コンプライアンス委員会（11.2％），リスク監視・危機管理委員会（8.1％），従業員福利・退職給付制度検討委員会（7.6％），技術委員会（7.2％），広報・政策・社会責任委員会（5.4％），人的資源・労使関係・経営管理能力開発委員会（3.9％），環境政策委員会（3.8％）が列挙されている（カッコ内の数値は，NACD 調査〔2007年〕の回答企業に占める設置件数の割合）。

4 公開企業のレゾン・デートル

企業の目的を所与として，取締役会は，CEO の業務執行の内容と程度が法律上・道徳上の要求事項や要求水準を満たして妥当な状態にあるか否かを監督し，CEO の業務執行を正しく導く羅針盤として機能しなければならない。

株式会社の根拠法を引合いに出すまでもなく，株主には，それ以外の**ステークホルダー**に対して優越的な権利が保障されている。「株主の権利とそれに伴う利益は，株主以外のステークホルダーの権利とそれに伴う利益と相互に矛盾して対立している」とも広く奉じられる。こうした〈株主 VS. ステークホル

ステークホルダー　→第4章 73頁参照。

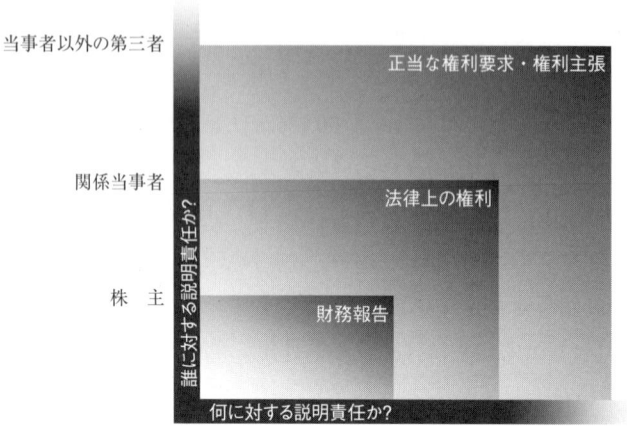

図7-3 ステークホルダーという概念が適用される範囲

（出所）L. S. Paine〔2003〕*Value Shift : Why Companies must Merge Social and Financial Imperatives to Achieve Superior Performance*, McGraw-Hill, p.123〔L. S. ペイン／鈴木主税・塩原通緒訳〔2004〕『バリューシフト――企業倫理の新時代』毎日新聞社，199頁参照〕。

ダー〉の構図にみられる二分法はともすれば「株主以外のステークホルダーの存在は，資本主義，利益追求，あるいは効率と相容れることはない」という誤解を招く。しかし株主以外のステークホルダーの権利とそれに伴う利益が株主のそれに対して優先的に取り扱われたとしても，株主が経済的な損失を被るとはかぎらない。一般的な理解に従えば，ステークホルダーという概念は，株主，関係当事者，ならびに当事者以外の第三者を包括している＊（**図7-3**）。

＊　ステークホルダーの集合＝ ｛株主，政府，株主以外の投資家，従業員，取引先，顧客，社会公共，NGO｝

以上の文脈で問うべきは，株主の権利とそれに伴う利益の内容と性質についてである。通説に従えば，目的合理的な人間は専ら自己の利益を最大化するために行動するという。しかし今，新古典主義の経済理論で前提していた目的合理的な経済人仮説に内輪から疑問符が投げかけられている（P. J. Zak〔2008〕*Moral Markets : The Critical Role of Values in the Economy,* Princeton University）。なぜなら，人間は必ずしも利己的な態度を貫くとはかぎらないからである。株主についても，①利己的な動機に基づいて株主権を行使する側面と，②利他的

第7章　アメリカのコーポレート・ガバナンスの特徴と課題

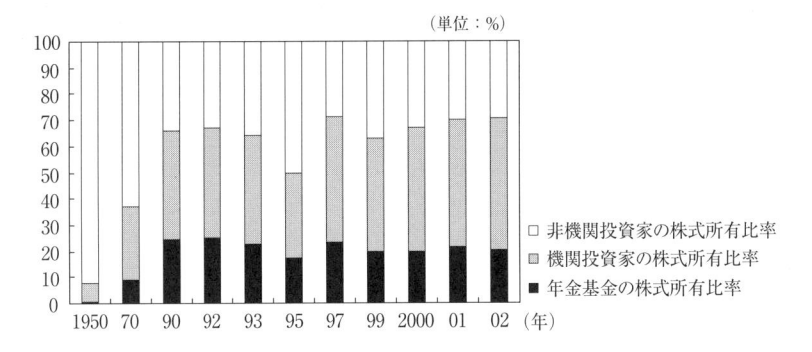

図7-4　ニューヨーク証券取引所における投資部門別の株式所有比率（1950-2002年）
（出所）　New York Stock Exchange "Holdings of Corporate Equities in the U.S. by Type of institution" http://www.nyxdata.com/nysedata/asp/factbook/viewer_edition.asp?mode=table&key=2673 &tcategory=12　2008年8月30日アクセス

な動機に基づいて株主権を行使する側面をもっている。利己的な株主の場合，権利者と受益者はたしかに合致している。しかし自分の利益を後回しにして他人の利益を優先する株主も実際に存在する。利他的な株主の場合，権利者と受益者は必ずしも合致しない。典型的には，**株式市場の機関化現象**（図7-4）とともに，機関投資家の議決権行使の基準は，「株主以外のステークホルダーの権益を株主のそれに対して優先的に取扱うべきである」という方向に転換している（J. P. Hawley and A. T. Williams〔2000〕*The Rise of Fiduciary Capitalism : How Institutional Investors can Make Corporate America more Democratic,* University of Pennsylvania, p. 97）。

　機関投資家の投資行動が資本市場で影響力をもつとともに，利他的な株主の輪郭が浮かび上がってきた。こうした利他的な株主の性格について，グッドパスター（1991）は，ラテン語の格言"Nemo Dat Quod Non Habet"（人は自分が望まない行為を他人に依頼することはない）を引合いに出して，「株主は，それが属する共同体の規範に矛盾した経営判断を対象企業に促すことはない」と説く（K. E. Goodpaster〔1991〕"Business Ethics and Stakeholder Analysis,"*Business*

株式市場の機関化現象：証券取引所で取引される株式の所有比率に占める機関投資家の割合が増加する現象。1985年に設立されたCII（機関投資家協議会）は，「コーポレート・ガバナンスの指針」と題して様々な政策や勧告を出してきている。

> > *Column* ◀ ◀

〈フランケンシュタインのモンスター〉に比喩される公開企業

　アメリカの文献で公開企業は〈フランケンシュタインのモンスター（フランケンシュタインが創造した怪物）〉に比喩されることがあります。〈フランケンシュタイン〉とは，イギリスの女性作家メアリー・シェリー（1797-1851）が 1818 年に出版した長編怪奇小説『フランケンシュタイン――あるいは現代のプロメテウス』に登場する青年科学者ヴィクター・フランケンシュタインの姓です。この小説には，醜悪な外見と純粋な魂をもつ怪物が人間社会から疎外される経過が克明に描かれています。現代でも〈フランケンシュタインのモンスター〉は，「創造者自身に脅威となり不幸をもたらすもの」を比喩しています。〈フランケンシュタインのモンスター〉を引合いに出して巨大株式会社の姿を客観描写したのは，連邦最高裁判所の陪席裁判官ルイス・D.ブランダイス（1856-1941）です。映画「フランケンシュタイン」が劇場公開された年の 2 年後（1933 年）の連邦最高裁判所の判例（第 288 巻）に搭載された判例には，1930 年代のアメリカで影響力を増していた巨大株式会社の姿が綴られています（US Supreme Court Center, *LOUIS K. LIGGETT CO. v. LEE, 288 U.S. 517 1933,* US Supreme Court Cases and Opinions : Volume. 288　http://supreme.justia.com/us/288/517/case.html　2008 年 8 月 30 日アクセス）。ブランダイスが，〈フランケンシュタインのモンスター〉を引合いに出して 1930 年代の巨大株式会社の姿を客観描写した理由の第一は，人間に共通の目的を達成するために創造された法人が当の人間によって制御困難な事態に陥っていたからです。理由の第二は，「所有と支配の分離」を経て，株式会社のパワーを牽制するために設計されたメカニズムが有効に機能しなくなったからです。

Ethics Quarterly, Vol. 1, No. 1, p. 68）。グッドパスターが，株式市場の機関化現象を横目に説いた〈ND 原則〉――ND には，ラテン語の格言"Nemo Dat"の頭文字が採用されている――は，人間の利己心から出発した利己主義（エゴイズム）や互恵的利他主義の立場を否定して，利他主義の立場を肯定するものである。キリスト教の教義として広く知られる「隣人愛」を思想的な根拠に据えて理論化された〈ND 原則〉は，とかく株主の利己的な側面が強調される時代にあって，株主の利他的な側面に光をあてたものとして評価できる。

　以上の内容を踏まえ，〈株主 VS. ステークホルダーの構図〉に変化が起き

た理由の第一は，目的合理的な経済人仮説に軌道修正が施されたからである。利他的な株主の存在を説く〈ND 原則〉は，株主の権利とそれに伴う利益と株主以外のステークホルダーのそれを架橋しているといえよう。理由の第二は，取締役に対して株主以外のステークホルダーの権利とそれに伴う利益に対して優遇的な措置を促すような判例がデラウェア州を含むアメリカ国内の複数の州の裁判所の判例集に登載されたからである。また，アメリカ国内の複数の州議会でも〈**ステークホルダーの権利とそれに伴う利益の確保に関する法律**〉が可決されている。しかし一連の路線変更には批判も寄せられている。敵対的買収の申し出を断るために，同法が御都合主義的に利用されるような事態も実際に起きているからである。

論点整理

　企業価値の極大化の条理は，企業価値という唯一の目的を取締役と CEO に提示している点で理論的に優れている。しかし実際問題として，EPS（発行済株式 1 株あたりの当期純利益）を図って，企業価値それ自体を低下させるような事態も実際に起きている。アメリカ国内の証券取引所で株式が取引される企業の取締役と CEO は，高収益のプレッシャーと社会公共の利益の狭間で揺れ動いている。

推薦図書

J．ミクルスウェイト，A．ウルドリッチ／鈴木泰雄訳，日置弘一郎・高尾義明監訳（2006）『株式会社』ランダムハウス講談社
　　アメリカにおける資本主義の発展に寄与した株式会社の素性を明かしている。株式会社の経路依存を知る上で必読。
R.B．ライシュ／雨宮寛・今井章子訳（2008）『暴走する資本主義』東洋経済新報社

ステークホルダーの権利とそれに伴う利益の確保に関する法律：英語表記"stakeholder statues"または"non-shareholder constituency statutes"。同法の成立を経て，株主以外のステークホルダーの権益を優先した結果として，特定の株主に何らかの損失を与えたとしても，当該企業の取締役は株主に対する受託責任の侵害という理由で訴えられることはなくなった。

資本主義と民主主義の関係について説く。株主優位のコーポレート・ガバナンスについて警笛を鳴らす。

吉森賢（2007）『企業統治と企業倫理』放送大学教育振興会
「企業は誰のものか」について様々な視点から詳説。ケースや研究者へのインタビュー記事も充実している。

設問

1. 〈よい取締役〉とは，どのような取締役でしょうか。
2. 資本主義と民主主義の関係について考えてみましょう。

（水村典弘）

//第 8 章

イギリスのコーポレート・ガバナンスの特徴と課題

　　イギリスは，17世紀から株式会社制度のような仕組みを導入し，世界で最初に産業革命が起きました。コーポレート・ガバナンスは，アメリカと同じアングロサクソン型の特徴を有するといわれていますが，イギリスは EU に加盟し，欧州諸国の影響も受けています。1990年代以降のコーポレート・ガバナンス改革は，欧州諸国の改革に大きな影響を与えました。それでは，イギリスのコーポレート・ガバナンスの特徴は何でしょうか。

1　コーポレート・ガバナンスとアカウンタビリティ

1　株主に対するアカウンタビリティ

　イギリスでは，1600年に，今日の株式会社に近い形態で，東インド会社が設立されている。これは，交易を主な目的とした会社で，その後，西インド会社など，同様の会社が作られている。そうした中で，1711年に南海泡沫会社事件が起きる。投資家から金銭を詐取するようなことが行われたため，1720年には，泡沫会社禁止令が発布され，国王の承認を経ない株式会社の設立が禁止されることになる。産業革命の進展と時を同じくして，1801年にロンドン証券取引所が設立され，1825年に泡沫会社禁止令が廃止される。1855年には，有限責任法が制定され，出資者に有限責任が認められるようになるとともに，1862年の会社法改正では，準則主義が採用され，株式会社設立のための手続き要件を充たせば，自由に株式会社が設立できるようになった。

　20世紀初頭の会社法改正では，株式会社を公開会社と閉鎖会社に分類し，公開会社に貸借対照表の開示を求め，株主に対する**アカウンタビリティ**（accountability）を明確に規定するようになる。公開会社とは，証券取引所に株式

を上場している企業であり，原則として誰でもその株式の売買に参加できるような株式を発行している企業である。1985年の会社法改正では，有限責任を有する株式会社は「有限責任会社」(Ltd.) と公開有限責任会社 (PLC) とに区別され，今日，イギリスの代表的な企業の多くがこの公開有限責任会社をとるようになっている。

　さて，株式会社が公開会社の段階になると，量的にも質的にも他の会社形態とは異なることになる。量的には，資本市場を通じて社会から多額の資本を集めることができるようになる。質的には，**「所有と経営の分離」**から，さらに「所有と支配の分離」が生じうる。「経営者支配」という現象の出現である。「経営者支配」とは，株式を所有していない経営者が会社を支配する現象を指している。会社を支配するとは，経営者が事実上の取締役の任免権を掌握することを意味している。これにより，経営者による会社の「私物化」や経営者が会社を「食い物」にするような現象が生じうる可能性が高まることになるが，その一方で，株主の利益を超えた社会の利益を求めるような「中立的テクノクラシー」として経営者が行動するという期待も高まることになる。

　「経営者支配」というような現象が生じているとしても，経営者の株主に対するアカウンタビリティは，解除されるものではない。経営者が会社運営を自由に行うためには，それが一見すると会社を支配しているようにみえるとしても，アカウンタビリティを履行しなければならないのである。それゆえ，後述するように，イギリスのコーポレート・ガバナンス改革においては，株主に対するアカウンタビリティが重視されるのである。アカウンタビリティは，財務報告を行うという会計責任を意味するものではなく，近年では，社会報告や環境報告をも包摂するものになっている。例えば，1997年には，サステナビリティ社 (Sustainability) により，経済，社会，環境に関する業績開示のために，

アカウンタビリティ：説明責任と訳される。行為の結果について説明し，報告する義務を意味する。株式会社においては，経営者は株主に対して説明責任を有し，その履行により責任が解除され，正当性が得られる。

「所有と経営の分離」：株主が直接，経営に関与しないことを意味する。株式会社においては，取締役会が「所有と経営の接点」となるが，経営者が取締役を自由に選任できるようになると，経営が所有から完全に分離されることになる。

トリプルボトムラインが公表されている。このことは，株主が単に経済的業績の開示を企業に求めるばかりでなく，それに影響を与えうる社会業績や環境業績に関する情報の開示を求めていることを意味している。イギリスにおいては，アカウンタビリティの拡充が進められているのである。その結果，CSR報告書やサステナビリティ報告書などを作成する企業が増加している (J. Charkham [2005] *Keeping Better Company,* Oxford University Press)。

2 利害関係者に対する責任

イギリスの企業は，株主利益を重視するアングロサクソン・モデルの企業として取り上げられることが少なくない。しかしながら，イギリスのコーポレート・ガバナンスの文献においても，**利害関係者** (stakeholders) に関する言及がなされていることが多い。例えば，マリン (C.A. Mallin) は，利害関係者論を含めて研究の整理を行っている (C.A. Mallin [2006] *Corporate Governance,* Oxford University Press)。また，1996年，当時の労働党党首であったブレア (T. Blair) は「利害関係者経済」という言葉を用いて演説を行っていたが，ブレアを首相とする労働党政権成立以降，CSR (corporate social responsibility：企業の社会的責任) や利害関係者に関する政策が実施されるようになっている。例えば，2001年には貿易産業省閣外大臣としてCSR担当大臣が任命され，年金法の改正では，年金基金の運用受託者に投資先のCSRについて考慮することが求められている。また，イギリス政府は，CSRを「競争上の関心とより広い社会の関心に取り組むために，法令遵守という最低限の要件を超えて，企業によって行われる自発的活動」と定義し，企業にCSRへの取り組みを促しているのである。

1998年に公表されたコーポレート・ガバナンス委員会の最終報告書において，取締役は利害関係者の関係について責任があり，株主に対する関係ではア

トリプルボトムライン：経済業績，社会業績，環境業績を同時に開示することを意味する。この考えに基づき，CSR報告書やサステナビリティ報告書などが作成されている。情報開示については，ESGと呼ばれる環境，社会，ガバナンスの側面が重視されるようになっている。
利害関係者 →第4章73頁参照。

カウンタビリティが求められるとされている。企業の利害関係者が有する権利が尊重されることが求められるのである。2006年の改正会社法では,「利害関係者」や"CSR"という表現は用いられなかったものの,会社の取締役には,意思決定により予想される長期的結果,従業員の利益,取引先,顧客その他のものと会社の事業関係を発展させる必要性,事業活動の社会および環境への影響,高い水準の事業活動の評判を維持することを求め,環境問題や地域社会問題等に関する情報の開示が求められている。

キャドバリー (Cadbury), M&S (Marks & Spencer), シェル (Shell) などの企業のウェブサイトには,CSR報告書やサステナビリティ報告書が掲載され,CSRとの関連からそれぞれの企業と利害関係者との関係について示されている*。

* その具体的内容については,インターネットを通じて各社のウェブサイトを参照のこと。

2 コーポレート・ガバナンス改革の進展

1 改革の背景

イギリスにおけるコーポレート・ガバナンス改革は,1990年代初頭に相次いで発覚した企業不祥事を契機として行われている。例えば,1990年,大手食品会社のポリー・ペック (Polly Peck) が不正に政治献金を行っていたことが明らかになり,1991年には,BCCI (Bank of Credit and Commerce International) が犯罪組織の資金洗浄に関与し,ディリーミラー紙などを有する大手メディア企業グループのマックスウェル (Maxwell) では,経営者が従業員の年金基金を不正に流用していたことが明らかになる。これらの不祥事は,財務報告の信頼性を揺るがすものであった。

一方で,1990年代初頭にカンタベリー大司教が経営者の高額報酬を批判し,その後,経営者の高額報酬に関する社会的関心が高まることになる。また,イギリスにおいては,1960年代以降,個人投資家の株式所有割合は一貫して低下し,1990年代には,その約6割を年金基金,保険会社,投資信託などの機

関投資家が所有することになる。1985年には，イギリス最大の機関投資家といわれ，現在では積極的にコーポレート・ガバナンスに関与しているハーミーズ（Hermes）が創設されている。その一方で，1990年代以降，機関投資家の議決権行使のあり方に対しても強い批判がなされたため，機関投資家もコーポレート・ガバナンス改革に関与することになる（関孝哉〔2003〕「イギリスの企業統治構造」佐久間信夫編著『企業統治構造の国際比較』ミネルヴァ書房）。

こうした中で，イギリスでは，コーポレート・ガバナンス改革が行われることになる。

2 「ソフトロー」による改革

イギリスは，1980年代以降，保守党政権の下で，「小さな政府」を掲げ，各種規制の緩和政策を採用していた。また，**慣習法**（common law）が重んじられ，敵対的買収に関する事例に示されるように，イギリスの産業界には，自主規制により問題を解決する伝統があった。一連の企業不祥事を受け，1991年，キャドバリー（A. Cadbury）を委員長とする，「コーポレート・ガバナンスの財務的側面委員会」，通称キャドバリー委員会が，ロンドン証券取引所，財務報告に関係する団体などの支援により，設置される。そして，1年後，最善慣行規範（code of best practice）を公表する。そこで，コーポレート・ガバナンスは，企業が指揮され統制される仕組みとされ，最高経営責任者（Chief Executive）と取締役会会長の分離，NED（Non-Executive Director：非業務執行担当取締役）の増員，NEDにより構成される監査委員会，指名委員会，報酬委員会を取締役会に設置すること，遵守状況に関する報告を行うことなどが規定されていた。キャドバリー委員会は，実際にイギリスの企業で行われている慣行の中で，もっともよいと思われるものを調査し，最善慣行規範としてまとめたのである。

キャドバリー委員会では，経営の自由が尊重される一方で，アカウンタビリ

慣習法：不文法主義の下で，人々の行動が慣習とみなされるようになると法としての効力が発生するとするもの。判決の実例を意味する判例を重ねることにより，法の具体的な内容が明確になる。

ティも重視され，それゆえ，コーポレート・ガバナンスの財務的側面を検討することを目的として設置されながら，最善慣行規範には，取締役会の機能と構成の問題が重視されることになった。さらに，「遵守せよ，さもなくば，説明せよ」という原則を採用し，最善慣行規範をロンドン証券取引所の上場規則に組み込むことを求め，遵守できなかった場合には，遵守できなかった理由を説明することを企業に求めている。これは，単に形式的に最善慣行規範の遵守を企業に強制するのではなく，遵守状況に関するアカウンタビリティの履行を企業に求めたのである。

1995年には，グリーンブリー委員会が経営者報酬に関する最善慣行規範を公表する。具体的には，NEDを含めた報酬委員会の設置や最善慣行規範の遵守状況の開示などである。そこでは，有能な経営者をその職に惹きつけるだけの報酬の支払いを許容する一方，報酬の決定のあり方に関する透明性を向上させ，経営者報酬に関するアカウンタビリティの履行を企業に求めている。1998年には，キャドバリー委員会の後継組織とされたハンペル委員会が「アカウンタビリティも事業の繁栄も」重視したコーポレート・ガバナンス原則(Principles of Corporate Governance) を公表する。これまでの「規範」から「原則」という言葉が用いられるようになり，「すべきである」という表現から「した方がよい」という表現に改められている。これは，最善慣行規範を遵守することが困難な規模の比較的規模の小さな企業への波及を意図したためである。

1998年，ロンドン証券取引所は，キャドバリー委員会以降の最善慣行規範やコーポレート・ガバナンス原則を統合規範として，上場基準の中に組み込み，上場企業に対してその遵守を求めている。1999年，内部統制に関するターンブル委員会がイングランドおよびウェールズ勅許会計士協会により設立され，報告書の中で，統合規範に内部統制を要件とすることを求めた。2001年には，マイナース・レビュー，「イギリスにおける機関投資」が公表され，機関投資家の投資原則についても広く開示が求められるようになった。同じ年，アメリカでエンロン事件が起きると，取締役会の実効性が問われることになり，2002年には，ヒッグス・レビューが公表され，NEDの独立性やNEDに求められる知識・技能・態度などが示された。これは，エンロンが形式的には優れた取

締役会を有していたにもかかわらず，各種不正に対応することができなかったためである。2003年は，監査委員会に関するスミス・レビューが公表され執行行為から独立して監査を行うことなどを確認した。その後，金融サービス庁（Financial Services Authority）は，これらの報告やレビューを受け，それらを含める形で統合規範を改正した。

2005年には，内部統制に関するターンブル報告書が改訂され，2006年，イギリスの会計基準の設定に関わる財務報告評議会（Financial Reporting Council）により，その独立性が認められるところでは，取締役会会長が報酬委員会委員長を兼務することなどの点を修正した改訂版も出されている。

このように，イギリスにおけるコーポレート・ガバナンス改革は，現在では，金融サービス庁がコーポレート・ガバナンスに関する統合規範を改訂しているものの，ロンドン証券取引所，財務報告に関係する団体，産業界が積極的に関与することにより，「ソフトロー」と呼ばれる緩やかな規制により行われている。

3 会社法の改正

「ソフトロー」によるコーポレート・ガバナンス改革が行われる一方で，2006年には，会社法の改正も行われている。その背景には，1985年の会社法改正以降，改正が行われず，一方でECの会社法調和計画を執行したことにより，会社法が複雑化したことがある。1997年，ブレアによる労働党政権の発足後，会社法の見直し作業に入っている。翌年，貿易産業省により，会社法改正に関する中間報告が公表され，広くパブリックコメントが求められた。2001年に会社法改正に関する最終提案書が公表されたのち，2002年の「会社法の現代化」，2005年の「会社法改革」に関する白書が公表され，会社法の条文案が示されている。会社法改正に関する最終提案書では，取締役については株主に対するアカウンタビリティのみならず，利害関係者へ配慮することが求められて

ソフトロー：法的規制を意味するハードローに対して，緩やかな規制を意味している。業界団体や個別企業の自主規制の側面も有する。その範囲が特定の業界等に限定されず，また，「遵守せよ，さもなくば説明せよ」という原則が用いられる。

いた。
　会社法の改正をめぐっては，株主利益主義と多元主義との対立があったが，その改正は，どちらかの立場に立つではなく，包括的な立場が採用されることになった（杉浦保友〔2007〕「イギリス新会社法の下での取締役によるステークホルダー利益考慮義務」松本恒雄・杉浦保友編『EUスタディーズ4　企業の社会的責任』勁草書房）。株主利益主義とは，法人擬制説の立場から，取締役は株主の利益のために行動しなければならないとするものである。多元主義の立場は，利害関係者との長期的関係を維持し，倫理的，社会的，環境的に責任ある行動をとるべきとし，株主とその他の利害関係者との間に利益相反が発生することを考慮すべきとする。今回の改正では，会社と利害関係者との良好な関係が価値を創造すること，長期的な成功には倫理的，社会的，環境的取り組みを考慮する必要があるとする包括的な立場が採用されたのである。
　2006年に女王により裁可された改正会社法では，非公開会社も想定して現代化がなされ，手続きも簡素化されて，ウェブサイトを利用した通信方法の導入も認められた。一方で，非監査業務に関する収入の開示など，監査人関連の規定が強化されている。また，「利害関係者」や"CSR"という表現は用いられなかったものの，取締役が考慮すべきこととして，意思決定により予想される長期的結果，従業員の利益，取引先，顧客その他のものと会社の事業関係を発展させる必要性，事業活動の社会および環境への影響，高い水準の事業活動の評判を維持すること，株主を公平に扱うことが指摘されている。1985年会社法においては，取締役はその職務を行う際に，株主のみならず従業員の利益に対しても配慮しなければならないとされていたが，取締役の配慮の対象が拡大されているのである。その具体的な内容については，今後の判例によって明示されることになる。さらに，上場会社に対しては，環境問題や地域社会問題等に関する情報の開示も求められている。
　1997年に始まった会社法の改正作業は，2006年の女王の裁可により，一つの区切りを迎えた。イギリスが慣習法の国であることとも関連するが，その作業には，9年余の歳月を要している。

3 コーポレート・ガバナンスの特徴

1 機関投資家の積極的関与

イギリスにおいては，キャドバリー委員会以降，機関投資家が積極的にコーポレート・ガバナンス問題に関与することが求められている（J.&A. Solomon〔2004〕*Corporate Governance and Accountability,* Wiley）。2007年，英国最大の機関投資家であるハーミーズは，コーポレート・ガバナンス原則を公表している。そこには，株主とのコミュニケーション，長期的株主価値の向上，首尾一貫した戦略の必要，従業員，取引先，顧客との実効的な関係の管理，社会全体へのコストの転嫁を最小限にすることなどを内容としている*。ハーミーズは，他の一部の機関投資家と同様に，投資先を選定する際に，地球環境問題への取り組みを評価している。その一方で，イギリスには多様な機関投資家が存在する。例えば，2008年に日本の電源開発に対する株主活動で注目を集めたTCI（The Children's Investment）のように，積極的な株主活動を通じて利益を得ようとするところもある。

* 以下のウェブサイトに原則の全文が掲載されている。http://www.hermes.co.uk/pdf/corporate_governance/Hermes_Principles_Japanese_May_07.pdf 2008年7月10日アクセス

また，機関投資家を支援する各種団体もある。例えば，株式市場の約6割を保有する年金基金が年金基金協会（National Association of Pension Funds）に参加し，委任状行使に関する助言サービスを受けている。1990年代以降，機関投資家の議決権行使のあり方に対しても強い批判がなされたため，機関投資家の議決権行使に変化がみられている。2003年の改正統合規範においても，機関投資家に会社との対話を図ることが求められ，さらには，機関投資家には議決権行使に対して責任を負うことも求められている。

2005年9月，イギリス保険業協会，投資信託協会，イギリス年金基金協会などが参加する機関株主委員会（Institutional Shareholders' Committee）は，2002年に公表した「機関株主及びその代理人による責任に関わる原則ステートメン

ト」に関する調査報告書を公表し，同原則ステートメントを改定している。そこにおいても，議決権行使を含む株主行動の方針を明示することや，取締役会が機関株主の期待に対して的確に対応しない場合には取締役会を変えるために特別総会（Extraordinary General Meeting）の開催を求めることが述べられている。そのため，イギリスの株主総会においては，機関投資家の果たす役割が大きなものとなっている。

　ハーミーズなどのコーポレート・ガバナンスに積極的に関与しているイギリスの機関投資家は，同様の立場に立つ他国の機関投資家とともに，1995年にICGN（International Corporate Governance Network）を組織し，国際的にコーポレート・ガバナンスに関与している。

2　NED

　アメリカや日本においては，社外取締役と呼ばれているものが，イギリスのNEDである。文字通り，業務執行を担当しない取締役である。そのため，ほとんどの場合，NEDは社外出身者である。NEDをイギリス企業に導入しようとする動きは，1990年代にコーポレート・ガバナンス改革が始まる以前から存在した。1987年，PRONED（Promotion of Non Executive Director）は，「NEDの行動規範」を公表し，従業員1000人以上の企業において3名以上のNEDを任命し，取締役会の3分の1をNEDにすることを求めている。その後，イギリス企業ではその導入が進展しているのである。NEDを導入する理由として，外部の視点を導入できること，会長や最高業務執行取締役を統制すること，企業家的能力を代替できること，国際的視野を導入できること，困難な時期に会社を運営できること，取締役会の過程を改善できること，専門知識を利用できること，倫理的風土を維持するのに役立つことなどがあげられる。

　ヒッグス・レビュー以降，NEDの独立性が求められるようになり，2003年の統合規範の改正により，原則として独立NEDが過半数を占めることが求められている。独立NEDは，過去5年以内に当該企業およびグループ会社の従業員ではなく，取締役報酬とは別に追加報酬を受けるものでもなく，当該企業の取締役等と親族関係になく，9年以上当該企業のNEDとして活動していな

いものなどを指している。さらに，指名委員会においてもその過半数を独立 NED によって構成されることが求められ，上級独立 NED を任命して株主との対話を進めることが求められている。

　2008 年時点での具体的な企業をみてみると，キャドバリーの取締役会は，8 人の NED と 3 人の執行担当取締役により構成され，NED の 7 人は，独立 NED であり，取締役会会長が上級独立 NED である。M&S の取締役会は，6 人の NED と 4 人の執行担当取締役により構成されている。6 人の NED は，独立 NED でもあり，取締役会会長代理を務めるものが，上級独立 NED である。シェルの取締役会は，8 人の NED と 5 人の執行担当取締役により構成されている。8 人の NED は，独立 NED でもあり，取締役会会長代理を務めるものが，上級独立 NED である。NED の出自について，それぞれの会社で確認できるところでは，他社の経営者や他社の NED であることが多い。そのためか，改正統合規範においては，現職の地位にある業務執行取締役が 2 社以上の NED に就任すべきではないとされている。

③　取締役会付委員会

　1992 年の最善慣行規範以降，イギリスの企業では，取締役会の内部に取締役会付委員会を機能別に設置することにより，取締役会の機能を分化させている。統合規範等で求められている取締役会付委員会は，指名委員会，報酬委員会，監査委員会である。指名委員会は，その過半数を独立 NED で占められるものとされ，取締役の指名において指導的な役割を果たすことが求められている。報酬委員会は，最低 3 名の独立 NED で構成されるとされ，他社や従業員の賃金などにも考慮しながら取締役の報酬を決定するが，長期にわたる報酬制度の導入には株主の承認が必要であるとされている。

　監査委員会は，最低 3 名の独立 NED で構成され，監査を担うことになる。統合規範において示された監査委員会の役割としては，会社の財務諸表と会社の財務業績に関係する公式発表の誠実性の監視，会社の内部監査機能の実効性の監視と評価，外部監査人の指名に関して取締役会に勧告すること，外部監査人の独立性，客観性，監査過程の実効性の評価と監視，外部監査人が監査以外

の役務を提供する場合の実施方針の作成がある。また，監査委員会の権限は開示すべきであるとされている。企業によっては，監査委員会が**内部統制**において，中心的な役割を果たしている。

キャドバリー，M&S，シェルなどの企業においては，CSR委員会や社会的責任委員会という名称の委員会を取締役会に設置している。CSRや企業倫理に関する事柄がこうした委員会により担われている（出見世信之〔2007〕「英国のコーポレート・ガバナンス」佐久間信夫編著『コーポレート・ガバナンスの国際比較』税務経理研究会）。

取締役会付委員会の制度を導入することにより，取締役会に求められる職能とその分担がより明確になっている。企業によっては，各委員会の要件や職責についてもウェブサイトにおいて公表されており，外部からその業績を評価することが容易になっている。

4　コーポレート・ガバナンスの課題

1　欧州会社法への対応

EUは，会社法改正指令，企業買収指令，透明性指令などを相次いで出し，「欧州連合における会社法の現代化とコーポレート・ガバナンスの向上」という文書も2003年に出している。2004年には，欧州会社法が施行され，設立，登記，決算報告等の会社運営について，加盟国ごとの会社法に応じて手続きを変える必要がなくなり，欧州会社規則に準じて手続きをとることができるようになった。2005年よりEUに上場する企業は全て国際会計基準（IAS）を適用しなければならなくなり，また，会社のおかれている状況によっては従業員の経営参加についても求められることになる。

イギリスの企業は，株主利益を重視するアングロサクソン・モデルといわれ，労使共同決定や二層制の取締役会制度を採用してはいない。欧州会社法により，

内部統制（internal control）：会社がその業務の適正を自ら確保するために行われる活動。粉飾決算などの違法行為を防止するために，経営者が主体的に整備することが求められている。

第8章　イギリスのコーポレート・ガバナンスの特徴と課題

▶▶ Column ◀◀

イギリス最大の企業不祥事とその後の改革

　1991年11月,「メディア王」と呼ばれたロバート・マックスウェルは,所有するヨットでの航海中に謎の死を遂げました。その後,イギリス最大の企業不祥事が発覚します。すなわち,総額4億5000万ポンドの従業員年金が不正に流用された事実が明るみに出たのです。

　マックスウェルは,旧チェコスロヴァキアからの移民でしたが,1980年代にメディア関連の企業買収を繰り返し,ディリーミラー紙などを発行する巨大メディア企業グループを作りました。彼は,買収資金を有利に調達するために粉飾決算を行い,さらには,従業員年金を不正に流用していたのです。

　この不祥事がイギリスにおけるコーポレート・ガバナンス改革や年金法制定の契機となりました。企業買収による拡大,経営者の暴走などは,アメリカにおけるエンロンの経営破綻や日本でのライブドア騒動などと共通します。経営者が自己の帝国を拡大するかのように,企業買収を梃子として事業活動を拡大し,そのためには,法律の網をくぐるかのような活動も厭わなかったのです。こうした企業の活動を防止することを目的として,イギリスではコーポレート・ガバナンス改革が行われました。

　その改革は,自主規制を重んじる伝統に基づき,キャドバリー・シュウェプスの経営者であったエイドリアン・キャドバリーを長とする委員会に委ねられました。同社は,19世紀に敬虔なクェーカー教徒でもあるキャドバリー一族により創業され,その製品ばかりでなく,従業員や地域社会に優しい企業として名声を得るようになっていました。キャドバリー委員会では,企業の実践から最善と思われる慣行を集め,最善慣行規範とし,「遵守せよ,さもなくば,説明せよ」の原則の下,その遵守状況に関する開示を求めました。それに加えて,キャドバリー委員会は,5年後の検証を求め,コーポレート・ガバナンス改革を継続させたのです。

イギリス企業がこれらを強制されることはないが,欧州会社として展開するには,こうした事柄に対応することが求められることになる。

[2] 取締役会の役割

　イギリスの取締役会においては,一層制の取締役会制度を採用しているために,NEDが多数派を占めるものの,一定数の業務執行取締役が加わっている。

ハンペル委員会やヒッグス・レビューにおいても確認されているように，取締役会改革において業務執行能力の向上も求められ，取締役会のチームワークも重視されている。それゆえ，イギリスの取締役会は，アメリカの取締役会や日本の委員会設置会社における取締役会のように，監督機能にのみ特化することはできない。すなわち，取締役会が業務執行取締役と NED とにより，構成されることで，「執行と監督の分離」を果たすことが求められることになる。

ヒッグス・レビュー以降，NED については，その独立性の向上が求められることになり，さらに，上級独立 NED を任命し，NED が報酬委員会や監査委員会を構成することにより，「執行と監督の分離」を果たそうとしている。取締役会付委員会制度の導入により，役割を明確にし，個々の NED にそれぞれの役割を果たさせる仕組みにすることで，「執行と監督の分離」の問題に対応しているのである。こうした仕組みが十分に機能するには，個々の NED の資質やモラール等の人的な側面に依存することになり，今後も継続的に制度上の改善を行い，個々の NED を機能させる工夫が求められることになる。

論点整理

イギリスにおいては，1990 年代以降，主としてソフトローの立場からコーポレート・ガバナンス改革が推進されている。それは，規範を制定し，その遵守状況について説明するというものである。その説明は，機関投資家などの企業外部の者が評価することになる。取締役会については，NED の導入，その独立性の向上が図られ，監査委員会，指名委員会，報酬委員会の設置が求められている。

|推薦図書|

A. キャドバリー／日本コーポレート・ガバナンス・フォーラム訳（2003）『トップマネジメントのコーポレートガバナンス』シュプリンガーフェアラーク東京
　　コーポレート・ガバナンス改革を主導したキャドバリーにより執筆され，実務家の視点から，コーポレート・ガバナンスを理解できる。
出見世信之（1997）『企業統治問題の経営学的研究』文眞堂
　　アカウンタビリティの観点から，コーポレート・ガバナンス問題について検討

し，関係概念等について整理できる。

日本コーポレート・ガバナンス・フォーラム編（2001）『コーポレート・ガバナンス・フォーラム：英国の企業改革』商事法務協会
　1998年の統合規範まで，イギリスにおけるコーポレート・ガバナンス改革の資料が翻訳され掲載されている。

設　問

1．イギリスのコーポレート・ガバナンス改革において，アカウンタビリティが重視されたのはなぜでしょうか。
2．イギリスのコーポレート・ガバナンス改革において，取締役会に委員会制度が導入されたのはなぜでしょうか。

（出見世信之）

第9章
ドイツのコーポレート・ガバナンスの特徴と課題

　1990年代から現在にいたる20年近くのあいだ，資本主義あるいは市場経済とはいったい何かということが問われてきました。これは，企業という存在がどのようなものであるかを問うことにもつながります。ドイツでは，自由な市場経済を原則としつつ，働く人の生活や権利，さらには環境保護といった社会的側面をどうやって両立させるのかが重視されてきました。そういった考え方では，どのようなコーポレート・ガバナンスが展開されているのでしょうか。

1　ヨーロッパ社会経済の中心としてのドイツ

　ヨーロッパにおいて，中心的な地位を占めている国の1つがドイツであることは，よく知られている。ドイツは，イギリスなどに比べて産業革命などで遅れをとったが，19世紀以降，急速に経済力を強め，今やヨーロッパ経済の基軸となっている。また，「**社会的市場経済**」(social market economy / soziale Marktwirtschaft) の理念に即した社会経済体制の構築がめざされてきた点も，ドイツの大きな特徴である。しかも，この考え方はヨーロッパ連合（EU）における社会経済理念の柱の1つとして受け継がれている。こういったことを考えれば，ドイツにおける社会経済や企業の特徴や課題を知っておくことは，日本企業にとっての課題や影響を考える上でも有益であろう。

社会的市場経済：第二次世界大戦後のドイツ連邦共和国における社会経済体制の基本理念。自由な経済活動に基づく市場経済を基本としつつも，働く人の生活や権利など，社会的な公正も同時に追求しようとする考え方で，ドイツの経済成長を支えてきた。この考え方は，ヨーロッパ連合においても受け継がれている。

では，ドイツ型企業モデルというのは，どのような特徴をもっているのであろうか。ここでは特に，①資本構成の特色——同族支配・財団所有と金融機関の影響力——，②監督と執行の制度的分離，③社会的側面の重視，④エコロジー的側面の重視という4つに焦点をあてることにする。それらは，ドイツの社会経済，そして企業がたどってきた歴史的展開の結果である。本章では，このような特徴をもつドイツ型企業モデルの検討を通じて，ドイツにおけるコーポレート・ガバナンス*について考えてみることにしよう。

> * ここでは，コーポレート・ガバナンスについて，「企業をめぐる様々な構造規制をはじめとする諸関係のしくみと，それら諸関係が企業発展におよぼす影響」として捉えておく。

2　ドイツ型企業モデルの特徴（1）：資本構成の特色

企業は他者に対して財やサービスを提供することによって，成果を獲得する経済的制度である。その際，いかにして資本を調達するのかが重要な課題となる。それをあらわすのが資本構成であり，企業形態である。ドイツの場合，日本と比べると株式会社の数が少なく，**株式合資会社**や**有限合資会社**など，特殊な企業形態がみられる。しかも，それらの中には付加価値創造額を基準とした「100大企業」に入るものもある。**表9-1**は2004年と2006年の数値を比較したものである。大半は株式会社であるが，有限会社や合資会社，株式合資会社，有限合資会社などもみられる。

表9-2は，2004年と2006年における100大企業を資本構成ごとに分類したものである。これらは，①外国籍企業の子会社，②個人，同族および同族財団所有の企業，③過半数が分散所有の企業，④過半数が公共機関所有の企業，⑤過半数所有のない企業の5つにケースに分類できる。このうち，⑤はいくつ

株式合資会社・有限合資会社：ドイツ特有の企業形態。商法上では合資会社に分類される。名称は似ているが，特徴は異なる。株式合資会社（Kommanditgesellschaft auf Aktien：KGaA）は，少なくとも1人の無限責任社員と有限責任をもつ株主からなる法人。無限責任社員については合資会社に関する規定が準用され，それ以外については株式会社に関する規定が準用される。有限合資会社（GmbH & Co. KG）は，別の有限会社が無限責任社員となっている合資会社。名目的には無限責任であるが，実際には有限責任となる。

第Ⅱ部　コーポレート・ガバナンスの国際比較

表9-1　ドイツにおける付加価値創造額100大企業の企業形態

企業形態	企業数		
	2002年	2004年	2006年
株式会社	74	75	75
有限会社	7	6	5
公法上の法人団体	3	4	3
登記協同組合	1	2	1
有限合資会社	5	3	3
合資会社	3	5	5
株式合資会社	2	2	2
相互保険会社	2	3	3
合名会社	1	0	1
その他（財団，分類不能）	2	0	-
ヨーロッパ株式会社（SE）	-	-	2
計	100	100	100

（出所）　Monopolkommission（2006）*Hauptgutachten 2004/2005*, S. 190.
　　　　Monopolkommission（2008）*Hauptgutachten 2006/2007*, S. 142.

表9-2　ドイツにおける付加価値創造額100大企業の資本所有形態

資本の所有形態	企業数		「100大企業」の付加価値にしめる割合（％）		付加価値の平均（単位：100万€）	
	2004年	2006年	2004年	2006年	2004年	2006年
過半数が「100大企業」によって所有	0	0	0	0	0	0
過半数が外国籍企業の単独所有	24	28	12.4	14.6	1,282	1,467
過半数が公共機関の所有	12	12	8.6	9.2	1,787	2,155
過半数が個人，同族，同族財団の所有	21	21	12.0	12.9	1,423	1,728
50％以上が分散所有	20	20	40.7	37.3	5,052	5,236
その他の過半数所有	9	7	12.6	12.1	3,478	4,859
過半数所有のない場合	14	12	13.6	13.9	2,406	3,242
全　企　業	100	100	100	100	2,481	2,809

（出所）　Monopolkommission（2008）*Hauptgutachten 2006/2007*, S. 175.

かの出資者の持ち分を合計すると過半数所有となるケースである。このようにドイツの場合，特定の出資者が過半数の持ち分を所有しているという企業がかなり多い。なかでも，創業者一族やそれによって設立された財団によって持ち分の過半数が所有されているケースが目立つ。

その一方で③にみられるように，ドイツにおいても企業の資本総額の増大によって，個人ないし法人それぞれの出資比率が低下し，同時に出資者数も増加するという所有の分散が生じている。その場合，一般的には経営者による企業の実質的支配が成り立つとされている。しかし，ドイツには**寄託議決権**(Depotstimmrecht)という特有の制度が存在する。これによって，実質的には金融機関が資本を所有しているわけではないにもかかわらず，金融機関の意思を企業政策の決定等に反映させることができる。

この同族支配と金融機関の影響力という2つのポイントは，ドイツだけではないとはいえ，ドイツ企業の特質を考える上で重要な意義をもっている。そこで，以下においては，これら2つの点について考えてみよう。

1 同族支配・財団所有と長期的な企業発展

日本においては第二次世界大戦での敗戦をうけて，かなり徹底的に財閥解体が進められたが，同じ敗戦国のドイツでは財閥や創業者一族による資本所有の解体はさほど行われなかった。そのため，現在もドイツでは多くの企業において，創業者一族や一族によって設立された財団によって半数前後ないしそれ以上の自己資本が所有されている。しかも，中小企業だけではなく，大企業においてもそういった資本所有構造になっているところが少なくない。例えば，ポルシェ（Porsche）やBMWは，現在も創業者や中興の祖にあたる人物の一族が過半数ないしそれに近い比率の持ち分を所有している。

また，自動車のABS（アンチロック・ブレーキング・システム）で知られるボッシュ（Robert Bosch）や，ヨーロッパ随一のメディア企業であるベルテル

寄託議決権：個人投資家が，自らの持ち分についての株主総会での議決権を金融機関に寄託するという制度。これは，ドイツにおける金融機関が，金融業務と証券業務を兼業できるユニバーサル・バンク制を採用していることに由来している。

スマン（Bertelsmann）などは創業者一族によって設立された財団が大半の株式ないし持ち分を所有している。同じく財団所有として特徴的な企業に，世界的に有名な光学メーカーのカール・ツァイス（Carl Zeiss）がある。

　このような同族や財団による所有がドイツ（ないしヨーロッパ）において普及している理由として考えられるのは，資本市場からの影響を意識することなく，安定的な企業発展を図れるという点である。加えて，ドイツにおいては企業を共同体ないし「家」（ただし，これは日本における「家」の考え方とは異なる）として捉えようとする伝統がある。19世紀までに多くみられた家父長的な従業員保護政策は，創業者一族を「家」の主人と想定する考え方に立脚していた。また，ドイツ語における「企業者」（Unternehmer）という概念は，リスクを負って経営する，あるいは自ら事業を起こして社会に製品やサービスを提供するという意味合いを色濃くもっている。その意味において，直接的に企業経営にたずさわるかどうかは別にしても，長期的な企業発展を実現するということに対して，創業者一族は強い関心を抱いていることが多いといえる。

2　出資者と債権者の両面性：金融機関の影響力

　ドイツにおいて，金融機関は他の企業における中枢的な意思決定に影響を及ぼしている。これは，ドイツの金融機関がハウス・バンクという伝統をもっていることに起因する。

　ドイツの金融機関は，金融業務と証券業務を兼務できるユニバーサル・バンクとして活動している。この点がドイツにおいて金融機関の影響力を強める一因となっている。というのも，企業に対して社債の引き受けなど，他人資本の提供を行う（＝債権者）一方で，証券業務として企業の持ち分（株式など）を購入することで自己資本提供者（＝出資者）として影響力を行使できるからである。こういった直接的な企業への影響力は，役員派遣といったかたちであらわれている。実際，2006年時点では7つの金融機関（銀行と保険会社）が100大企業のうち24社に役員を派遣している。監査役会議長に金融機関出身者が就任することもしばしばある。しかも，金融機関は役員派遣によって企業の経営状況について，広範かつ詳細な情報を迅速に獲得することが可能になる。

金融機関からの役員派遣は数値からみれば減少傾向にあるが，金融機関は寄託議決権によって間接的にも影響を及ぼすことができる点を見逃してはならない。ドイツにおいて，少額しか持ち分を保有していない個人投資家が議決権を行使することは少ない。結果として，金融機関は自ら出資していなくても企業に対して影響力を行使しうるわけである。

　さらに，企業が危機的な状況に陥ったとき，あるいは将来的な企業発展にとって重大な状況に立たされたときには，債権者として企業の意思決定に影響を及ぼすことができる。とりわけ，近年の競争激化によって，企業間でのM&Aがさかんに行われた。その際には，金融機関が大きな役割を果たしていた。ドイツにおける鉄鋼業界最大手であったティッセンとクルップの合併に際しても，ドイツ銀行をはじめとする金融機関の支援があった。

　このようにみてくると，ドイツ企業，あるいはドイツ経済に対して金融機関が及ぼしうる影響力はきわめて大きいことがわかる。株式相互持ち合いなどの資本提携や監査役会への役員派遣など，表面的に観察できるところでは金融機関の影響力は減退しているようにもみえる。しかし，寄託議決権の存在などを考えれば，一概にそうはいえない点に注意しておく必要があろう。

3　ドイツ型企業モデルの特徴（2）：監督と執行の制度的分離

1　監督と執行の制度的関係：単層制と複層制

　企業の発展を実際に導き出すこと，つまり業務執行（＝経営管理あるいはビジネス・リーダーシップ）は経営陣の役割である。ただ，それが適切になされているかどうかを判断するのは，経営陣による自己監督だけでは不十分である。ここに経営陣に対する監督をどのようにして行うのかが問題となる。一般的にコーポレート・ガバナンスというときには，この監督と執行との関係ないし構造が議論の対象となることが多い。

　では，それぞれの役割（機能）を誰（いかなる機関）が担うのか。これについては，監督機関と執行機関が制度的に明確に分離されているモデルと，そうではないモデルとに分けることができる。このうち，前者を複層制（Mehrstufigkeit），後者を単層制（Einstufigkeit）と称する。複層制といっても，現実には二層構成であることがほとんどであり，二層システム（dual system）と呼ばれることも多い。ドイツにおいては，業務執行を担当する取締役会（Vorstand）と，その監督を行う監査役会（Aufsichtsrat）からなる複層制が採用されている。

この複層制モデルは，監督を担当する機関ないし人間と業務執行を担当する機関ないし人間とが明確に分離されているので，形式的には監督機能を果たす上で有効であるといえる。実際，取締役会メンバーが監査役会メンバーを兼任することは禁止されている（株式法105条）。

2　監査役会の機能

では，監査役会と取締役会との関係はどのようなものであるのか。ここでは，監査役会の機能に注目して考えてみよう。

監査役会の最大の任務は，取締役会によってなされる業務執行を監督することである。これは，決算などの会計監査に比重をおく日本の監査役会との大きな違いである。ドイツの場合，監査役会は定款または監査役会の決議によって，取締役会の一定種類の業務について，同意権を有することができる。つまり，企業にとって重要な政策・戦略の実施に際しては，監査役会の同意が必要となるわけである（詳細については，正井章筰〔2003〕『ドイツのコーポレート・ガバナンス』成文堂，第5章参照）。このように，ドイツの監査役会は取締役会によってなされる業務執行＝経営管理に対して，強い影響力をもっている。実際，経営陣によって策定された企業政策や戦略を監査役会が同意権留保によって覆すケースもある*。

* 例えば，2004年4月22日に当時のダイムラー・クライスラーの取締役会によって決定された三菱自動車工業への支援策について，監査役会が否決したという事例がある。

もう1つの大きな役割は，取締役会メンバーの任免権をもっているという点である。例えば，2006年にフォルクスワーゲン（Volkswagen：VW）で起こった，当時のピシェッツリーダー取締役会議長（社長）の任期途中での退任には，監査役会の意向が強くはたらいたといわれている。ドイツでは，こういった経営者の交代に監査役会が大きな影響力を及ぼす場合がしばしばある。

このように，監査役会と取締役会というドイツの複層的な企業体制は，業務執行を担当する経営陣を監督する上で有効なしくみであるといえる。ただ，実際には監査役会の開催回数が年に6回程度と少ないことや，取締役会が監査役会に対して十分な情報提供を行っていないことなどの理由から，十分に監督機能が果たされていないという指摘も多い。ドイツにおけるコーポレート・ガバナンス改革のテーマの1つとして，この監査役会の機能をいかにして向上させるかという点が重視されているのは，そのためである（正井〔2003〕；海道ノブチカ〔2005〕『ドイツの企業体制――ドイツのコーポレート・ガバナンス』森山書店，第2章参照）。

加えて，2004年10月から**ヨーロッパ株式会社**を設立することが可能となった。その影響からか，イギリスなどに代表される単層制とドイツ型の複層制との比較研究が増えてきている。とはいえ，現時点では本店所在地をドイツ以外の国に移して単層制に移行しようとする動きはみられない。注意しておかなければならないのは，監督機構が整備されていれば企業発展が実現される，というわけではない点である。あくまでも，監督機構の存在意義は経営陣が適切に業務執行を行っているかどうかをチェックするところにある。その点を踏まえたうえで，監督と執行の制度的関係についての議論が展開されるべきであろう。

4　ドイツ型企業モデルの特徴（3）：社会的側面の重視

冒頭で述べたように，ドイツにおいては経済的な競争力と社会的な公正との両立をめざす社会的市場経済という理念が社会経済体制の基礎となっている。特に，従業員の生活や権利をどのようにして確保するのかという点については，長い歳月をかけて議論や方策が打ち出されてきた。そこで，ここではまずドイ

ヨーロッパ株式会社：ヨーロッパ連合全域共通の企業形態。Societas Europaea（SE）と標記し，ヨーロッパ会社とも訳される。株式会社形態を採り，資本金最低額は12万ユーロと定められている。また，自然人による設立は認められておらず，合併や子会社設立，組織変更など，法人によってのみ設立が可能である。近年，ドイツの大企業でもSEへの移行が進んでおり，アリアンツ（保険）やBASF（化学），ポルシェ（自動車）などがその代表例。

ツ経済ないし企業において社会的側面，すなわち従業員の生活や権利がどのように考えられてきたのかについて考えてみよう。

1 家父長的な従業員生活の保障から労資協調主義へ

19世紀後半から20世紀初頭にかけて大規模化したドイツ企業においては，いかにして企業としての一体性を維持し，従業員から忠誠心を獲得するかが課題となっていた。そのための方策として，従業員の生活を保護ないし支援するような様々な経営社会政策（betriebliche Sozialpolitik）が打ち出された。この時期の経営社会政策の大きな特徴は，オーナー経営者（あるいは，オーナー一族）としての企業者の温情による家父長的な性格（Herr im Hause）をもっていた点である。

しかし，労働運動の高まりなどによって，労資関係は家父長的な姿勢から労資協調的な方向性へと変化してゆく。特に第一次世界大戦による企業での労働力不足や，共同体思考の広まりによって，労資協調的な考え方が徐々にドイツにおける社会ないし経済の根幹となっていった。それが，第一次世界大戦後に成立したワイマール共和国において法制化される**経営協議会**（Betriebsrat）として結実することになる。これらの一連の動きは，労資協調的な考え方をドイツにおける社会経済体制の基本理念とする上で重要な意義をもっている。

その後，ワイマール共和国政府は1929年以降の世界恐慌などによる政治・経済の不安定化に対処しきれず，1933年にヒトラー（A. Hitler）率いる国家社会主義ドイツ労働者党＝ナチスが政権を担うことになる。ナチスによって労働組合は強制的に解散させられ，労働運動は抑制されてしまった。さらに，この時期にユダヤ人をはじめとする多くの人々が強制労働に従事させられた。いくつかのドイツ企業もまた，この一端を担っていた。戦後，一部の企業では，こ

経営協議会（従業員協議会／事業所委員会）：職場における従業員の利害や権利を守るために，企業内部に設置される組織で，従業員が5人以上いる場合には設置することが義務づけられている。日本の企業別労働組合と似ているところもあるが，争議権はなく，あくまでも労使協調が原則。この組織を通じて，従業員は雇用および就労環境など，従業員の生活にかかわる事項（＝社会的事項）などについて，情報入手・協議・共同決定することが可能となっている。監査役会に従業員代表が参加する場合，経営協議会の中心メンバーが入ることが多い。

れらに対する対応がなされている。

2 社会的市場経済の生成と展開：従業員の経営参加への道のり

　1945年5月，ナチス政権は崩壊し，ドイツは敗北する。そして，1949年にアメリカ・イギリス・フランスの占領地域がドイツ連邦共和国（西ドイツ）として，ソ連の占領地域がドイツ民主共和国（東ドイツ）として独立することになる。以下では，西ドイツについてみていこう。

　ナチス時代への反省を踏まえて，第二次世界大戦後の西ドイツにおける社会経済の基本理念として打ち出されたのが，すでに触れた「社会的市場経済」の考え方である。この考え方は，戦後ドイツの奇跡的な経済復興，そして高度経済成長を支える精神的支柱となった。

　しかし，1960年代後半以降，ドイツ経済は高度成長から次第に低成長へと転回してゆき，労資をはじめとするステークホルダー間でのコンフリクトが高まっていった。この時期に政権を担当したのが，社会民主党（SPD）である。SPDは労働組合の支援をうけ，従業員の経営参加を積極的に推し進めていった。

　すでに述べたように，ワイマール共和国時代に経営協議会の存在が認められていたが，戦後になって1951年には石炭・鉄鋼産業に属する大企業を対象としたモンタン共同決定法が，1952年には経営協議会の役割などについて定めた経営組織法が制定されるなど，従業員の経営参加は部分的ながらも進められていた。そして，SPD首班政権が成立すると，すべての大企業において業務執行機関である取締役会を監督する役割をもつ監査役会での労働側の経営参加を求める動きが高まり，1976年には共同決定法が制定された。その帰結としてできあがったのが，現在のドイツにおけるトップ・マネジメント機構（図9-1）である。

　この図においては，トップ・マネジメント機関への参加に焦点があてられているが，従業員の経営参加には大きく2つの方法がある。

　①企業レベルでの共同決定（Unternehmensmitbestimmung）
　②職場レベルでの共同決定（Betriebliche Mitbestimmung）

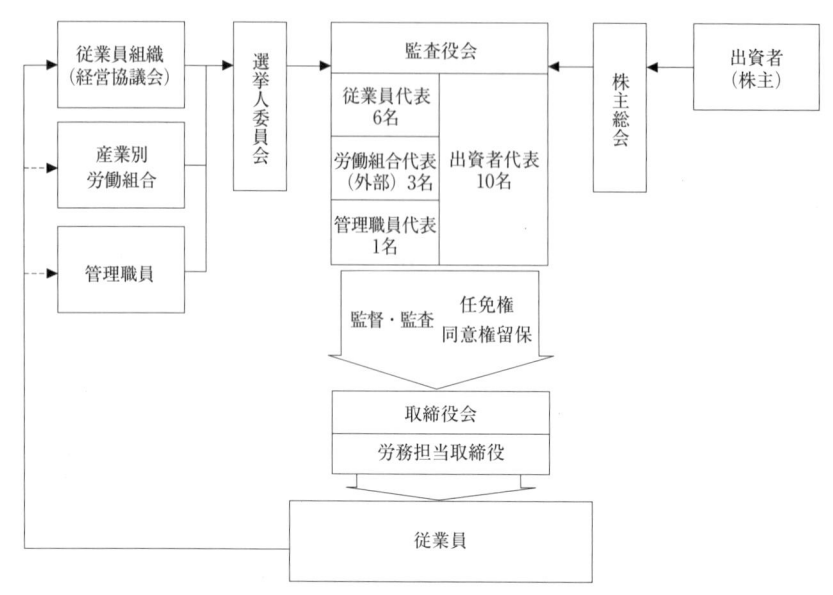

図9-1　ドイツ企業におけるトップ・マネジメントの機関構造
(出所)　筆者作成。

　ドイツにおける従業員の経営参加というとき，一般的には①の**監査役会レベルでの共同決定**，つまり企業政策のコントロールと監督への参加に注目が集まりやすいが，事業所をはじめとする現場レベルでの共同決定や協議情報入手といった経営参加も見逃してはならない。経営協議会は，実際に企業において働く従業員の生活などに直接かかわる事項について影響を及ぼしうるという点で，企業にとっても重要な存在なのである。

　従業員の経営参加については，最近のグローバル化の影響をうけて，批判にさらされることが多い。とりわけ，共同決定制度は企業における意思決定のスピードを遅らせ，効率的な企業経営を阻害するといった主張がなされている。しかし，共同決定そのものが企業発展を阻害したということを実証した研究は，

監査役会レベルでの共同決定：ドイツにおいては，従業員の人数に応じて，監査役会に従業員側から代表を送り込むことが可能となっている（＝企業レベルでの共同決定）。例えば，従業員が501人以上2000人以下の場合は監査役会メンバーの3分の1（2004年制定の「3分の1参加法」），2000人を超える場合は2分の1を参加させることが定められている（1976年制定の「共同決定法」）。

今のところみられない。むしろ，ドイツにおいて労働争議によって失われた日数がきわめて少ないというのは，社会的市場経済，ひいては従業員の経営参加がドイツの経済競争力を強化する上で有効であったことの一端を示している（熊谷徹〔2006〕『ドイツ病に学べ』新潮社，92-96頁）。さらに，VWにおける「Auto 5000プロジェクト」のように新たな構想が生み出されるなど，労資協調的な姿勢はドイツ企業ないしドイツ経済にとって重要な意義をもっている点に留意すべきであろう（高橋俊夫編著〔2008〕『EU企業論』中央経済社，第5章を参照）。

このように，ドイツにおいては長年にわたる労資（使）間での交渉の結果，両者の利害対立を抑制し，労資協調を実現することで企業発展の達成がめざされてきた。一見，非合理的にみえる従業員の経営参加は，共同体的な思考を根底にもつドイツにとって，むしろ無用の対立（コンフリクト）を抑えるという点で合理性をもっていると理解される。

5　ドイツ型企業モデルの特徴（4）：エコロジー的側面の重視

ドイツの社会経済ないし企業と聞いて想い起こされるのは，前節で述べた従業員の経営参加に代表される社会的側面の重視とともに，自然環境保護への高い意識＝エコロジー的側面の重視であろう。では，ドイツにおいてどのようにエコロジー的側面への重視が具体化されてきたのであろうか。ここでは，最近のEUレベルでの環境保護政策も含めて，みていくことにしよう。

ドイツでの最初の環境保護規制は，きわめて長い伝統をもっている。最も古いところでは，1310年にアンベルクで公布された森林保護を目的とする森林禁令であるとされ，1845年に施行された「プロイセン一般営業法」など，様々なかたちで展開されてきた。しかし，本格的に環境保護政策が展開されるようになったのは，1960年代後半から1970年代初頭にかけてである。この頃に，第二次世界大戦後の経済復興と高度経済成長によってもたらされた環境汚染が深刻な問題として浮かび上がってきた。これをうけて，SPD首班政権の首相であったブラント（Brandt, Willy）は，環境保護政策の立案・実行を積極的に推し進めた。その後，石油危機の頃に環境保護政策は後退したが，1980

表9-3 ドイツ・EUにおける代表的な環境保護政策の展開

年　代	事　項	概　要
1990年9月	DSD（デュアル・システム・ドイチュランド）の設立	翌年に制定されることになる包装廃棄物規制令に基づく回収とリサイクル業務を代行し，包装廃棄物の抑制と再利用を促進する民間企業。
1991年	包装廃棄物規制令	包装材等の製造業者および包装された商品の販売業者に，包装廃棄物の回収とリサイクルを義務づけ。
1993年	EU環境マネジメント・監査スキーム（EMAS）	企業における環境マネジメントや環境監査の実施およびその状況をチェックするための枠組として制定。2001年4月に対象となる業種の拡大や，実施・チェック方法を改訂したEMASIIが制定される。
1994年9月	循環経済・廃棄物法公布	1986年に定められた廃棄物法を改正し，廃棄物を少なくする循環経済の確立をめざす法律。
2001年2月	EU統合製品政策（IPP）	製品ライフサイクルを考慮し，すべての段階での環境負荷低減をめざす。
2002年5月	廃車リサイクル法（ドイツ）	EU廃車指令（2000年9月公布）を国内法制化したもの。1997年の廃車指令を根本的に変更。
2003年7月	EU廃車指令	廃車の適正処理とリサイクル技術の向上をめざす。ドイツでは1997年に廃車指令が公布されている。2000年9月公布。
2005年8月	廃電気電子機器（WEEE）指令	WEEEの回収・リサイクルコストの製造者負担，一定期間内の回収目標の設定。
2006年7月	電気・電子機器における特定有害物質使用制限（RoHS）指令	6種類の有害化学物質を一定以上含む電気・電子機器の製造・販売の禁止。
2007年6月	新化学品規則（REACH）	約3万種の化学物質の登録・評価・認可・制限を行うため，物質の毒性情報などの登録を義務化。

（出所）海道（2005）第10章；ジェトロ（2008）9頁などをもとに筆者作成。

年代に入って酸性雨による森の枯死などが発生するようになると，ふたたび環境保護政策が展開されるようになる。現在では，EUレベルで環境保護政策が展開されており，ドイツ一国だけで行う余地は少なくなっている。

　では，ドイツあるいはEUにおいてどのような環境保護政策が展開されているのか。最近における注目すべき規制やフレームワークを年代順に列挙してみ

よう（**表9-3**）。

　原則的に，EUにおいて基本的な環境保護政策が決められ，参加各国において法制化が進められるという手順となっている。したがって，最近ではドイツ独自の環境保護政策という色彩は薄くなり，ヨーロッパ全体で共通した政策や規制が打ち出されている。その際，EUでは環境保護に関して世界的にもきわめて高いレベルの規制を課すことによって，企業をはじめとする経済主体の技術革新（イノベーション）を促進しようとしている。同時に，規制レベルの高さは持続可能性というEUの社会経済理念の実現に寄与すると同時に，EU以外の国や地域との経済交流あるいは競争にとっても有利に作用する。

　企業にとって，環境保護規制の厳格化が負担となることはまちがいない。しかし，EUの環境保護への姿勢はきわめて積極的であり，企業も様々なかたちで対応している。例えば，化学・医薬品業界大手のバイエル（Bayer）においては「バイエルのサステイナビリティ経営」というかたちで企業理念や企業政策・戦略，さらには個別の諸施策へと体系化されているほか，同じく化学業界最大手のBASFにおいても企業理念・企業政策をはじめとする諸方針に環境保護が織り込まれ，それを推進する機関として持続可能性委員会が設置されている。また，こういった企業全体での取り組みはもちろん，廃棄物の抑制やリサイクル促進，環境保護技術の開発も積極的に展開されている。その代表的なものとして，ダイムラー（Daimler）がボッシュと共同開発した環境対応ディーゼル・エンジン「ブルーテック」や，エネルギー業界大手のリンデ（Linde）とBMW，ダイムラー，そして政府が共同で開発を進めている「水素ハイウェイ構想」などがあげられる。

　こういったEUによる厳しい環境保護政策に，ドイツをはじめとするヨーロッパ企業がどのように対応しているのかについては，まだまだ詳細に検討される必要がある。また，ここでは触れることができなかったが，ドイツでは環境会計についての研究や実践の蓄積もきわめて多い。持続可能性が強く主張されている現在，このようなドイツをはじめとするヨーロッパの動向に注目することは大きな意義があるといえよう。

6 ドイツにおけるコーポレート・ガバナンス改革

　情報通信技術の進展，資本市場における規制緩和や社会主義諸国における市場開放，あるいは資本主義への経済体制の転換などによって，1990年代に入ってから急激にグローバル化が進展した。その際，とりわけ注目されるようになったのが，機関投資家の影響力増大に代表される金融資本主義への傾斜である。1980年代までにおいても，株主をはじめとする自己資本提供者が企業経営に影響を及ぼしうる可能性は大きかったものの，直接的に企業経営に対して介入することは少なかった。それが機関投資家の発言力増大によって，明確な経済的成果をあげ，さらにそれを出資者に対して還元することが強く求められようになった（企業効率問題）。同時に，厳しい競争にさらされる中で，いくつかのドイツ企業を舞台に不祥事が発生した。会計粉飾や背任など，経営陣をいかにして監督するのかがあらためて問われるようになった（企業倫理問題）。つまり，企業倫理と企業効率を同時的に達成するようなしくみを考えることが，ドイツでのコーポレート・ガバナンスの議論のメイン・テーマとなったわけである。こういった状況において，様々なコーポレート・ガバナンス改革が進められた。主なものを以下にあげてみよう。

1　「企業領域におけるコントロールと透明性に関する法律」（KonTraG）の制定

　1990年代に続発した企業不祥事の要因の1つである経営陣に対する監督能力の向上をめざして制定されたのが，「企業領域におけるコントロールと透明性に関する法律」（KonTraG；1998年4月27日制定，同年5月1日施行。以下，KonTraGと略記）である。この法律においては，企業全体にかかわる政策や戦略，企業の収益性，業務経過など業務執行の監督という監査役会の基本的な役割に関する権限強化や開催頻度の増加，さらには取締役会に対する説明・報告請求権の監査役会への付与が定められている。これまでにも，監査役会の権限強化は進められてきたが，KonTraGの制定・施行によって取締役会に対する

監査役会の監督機能が明確化されると同時に強化された。さらに，それまで取締役会が有していた決算監査人の選定権限を監査役会に移すことで，取締役会が会計監査に及ぼす影響を排除しようとするなど，監査役会をはじめとするドイツ独自の監督メカニズムに立脚して，その機能強化を図っているところに，この法律の特徴がある。

[2] コーポレート・ガバナンス原則検討への動きとドイツ・コーポレート・ガバナンス・コーデックスの策定

　KonTraG の成立・施行をうけて，2000 年初頭にバウムス（Baums, Theodor）を中心とするフランクフルト・グループと，フォン・ヴェルダー（von Werder, Axel）を中心とするベルリン・グループによって独自のコーポレート・ガバナンス原則が策定されるなど，民間レベルでのコーポレート・ガバナンス改革への動きがさかんになってきた（正井〔2003〕；海道〔2005〕第 2 章参照）。前者は法律的側面に重きをおき，とりわけ機関投資家をはじめとする資本市場にとっての企業の情報開示や透明性，さらには監督可能性に焦点をあてている。それに対して，後者は企業の長期的発展を実現するために必要な原則を設定するところに焦点をあてている。その際，企業をめぐる多元的な利害関心を重視しているところにも特徴がある。それぞれのねらいに若干の違いはあるが，いずれにしても経済的効率性と倫理的正当性を向上させることで，ドイツ企業，ひいてはドイツ経済の復活をめざすという点は共通している。

　このような議論の高まりをうけて，当時のシュレーダー（Schröder, Gerhard）政権はバウムスを委員長とするコーポレート・ガバナンス委員会を設置し，ドイツにおけるコーポレート・ガバナンスの改革を検討するよう諮問した。これをうけて，2001 年 7 月にコーポレート・ガバナンス委員会は報告書を提出した。この報告書においては，株式法やその他の企業にかかわる諸法制の改正勧告とともに，コーポレート・ガバナンス規準（Corporate Governance Kodex）を策定することの必要性を指摘している。さらに，その規準を発展させていくために，様々な利害関係者や企業経営にたずさわっている実務家，加えて研究者などの専門家から構成される委員会を設置する必要があることも指

摘している。

その結果として，2001年9月にティッセン・クルップ株式会社監査役会議長のクロメ（Cromme, Gerhard）を委員長とする政府委員会が設置され，2002年2月には「ドイツ・コーポレート・ガバナンス・コーデックス（規準）」が策定された。要点だけかいつまんでいえば，①情報開示を促進することで企業経営の透明性を高め，内外の株主の権利を保護するとともに，顧客や従業員，公共一般からの企業に対する信頼も確保すること，②監査役を選任する際の個人的な能力や知識，経験への留意や兼任抑制，さらには監査役会に専門の委員会を設置するなどの監査役会の機能向上，そして③監査役会メンバーに取締役経験者が2名以上含まれるべきではないことや，利害コンフリクトをひき起こすような別企業ないし機関に顧問や役員として着任すべきではないことなど，監査役会さらには決算監査人の独立性の向上，をあげることができる。

この一連のコーポレート・ガバナンス改革をみると，基本的には出資者（株主）と経営者との関係がメインとなっている。具体的なテーマとして，開示の促進などによる企業の透明性向上や，監査役会の機能強化などがあげられる。実際，コーポレート・ガバナンスというとき，出資者と経営者との関係がもっとも重要なポイントになることはいうまでもない。しかし，ここで考えあわせておきたいのは，ドイツをはじめとするヨーロッパの多くの国において，企業において出資者利害のみを重視すべきという考え方は定着していない点である。というのも，企業は社会の公器に准ずる存在として認識されることで，その正当性を獲得できるという理解が広く普及しているからである。だからこそ，従業員の経営参加や環境保護政策の企業経営への導入などが積極的に進められていると理解することができるわけである。

したがって，ドイツでのコーポレート・ガバナンスを考える際には，この節でみてきたコーポレート・ガバナンス改革についての動向とともに，第2節から第5節において検討したドイツ企業の特徴を規定する諸要因がどのように展開されているのかについても，あわせて考える必要がある。その点も含めて，次節でドイツにおけるコーポレート・ガバナンスについて，小括を試みることにしよう。

7 ドイツ型企業モデルの将来

　以上，本章においては，ドイツ型企業モデルの特質を明らかにしながら，最近のコーポレート・ガバナンス改革の展開についても触れてきた。1990年代以降，ドイツをはじめとするヨーロッパはアングロ・サクソン型の金融資本主義によって，変化を余儀なくされてきた。事実，ドイツにおいても機関投資家が企業経営に影響を及ぼしているケースは少なくない。

　にもかかわらず，ドイツにおいては，株主価値のみを絶対視するという考え方は受け入れられてこなかった。もちろん，創業者一族や財団，あるいは金融機関や機関投資家といった出資者，そしてその意向をうけた経営陣が企業経営の基本的方向性を決めていることは事実である。しかし，歴史的な経緯によって確立された従業員の経営参加や環境保護に関する諸側面などを無視しては，企業価値の最大化の実現も不可能という考え方が広く認識されている。ここにドイツ型企業モデルの基軸があるといえよう。

　最近では，企業の社会的責任（Corporate Social Responsibility：CSR）に対する関心が高まっている。特にヨーロッパでは，CSRを持続可能な社会経済を構築する際の基軸の1つとして設定し，独自の指針を提示するなどしている（藤井敏彦〔2005〕『ヨーロッパのCSRと日本のCSR——何が違い，何を学ぶのか』日科技連出版社，参照）。現在のドイツにおける社会経済体制の理念となっている社会的市場経済という考え方は，こういった最近の傾向とも調和するものといえる。

　また，ヨーロッパ統合の進展によって，ドイツをはじめとしてそれぞれの国々よりもEUレベルでの政策や規制などが大きな意味をもつようになってきている。ヨーロッパ株式会社へと移行する企業も，今後増えてくるものと思われる。その意味において，これからドイツ企業がどのように発展していくのか，われわれは注意してみていく必要があるだろう。

▶▶ Column ◀◀

ポルシェとフォルクスワーゲン

　ポルシェとフォルクスワーゲン（VW）——，この2つの自動車メーカーの名前を1度くらいは聞いたことがあるのではないでしょうか。どちらが規模として大きいのでしょう？　これもおそらくみなさんご存じでしょう。VWのほうが大きいのです（販売台数では4倍弱，売上高では14倍，従業員数では32倍）。にもかかわらず，VWはポルシェの「子会社」なのです（厳密には，Porsche Automobile Holding SEがVWの株式の50.76%を保有。この持株会社は自動車メーカーとしてのポルシェの株式の100%を保有；2009年1月現在）。実は，このことを考えてゆくと，ドイツ企業の特質が数多くみえてきます。ぜひ一度みなさん自身で調べていただきたいのですが，手掛かりになる点をいくつか。

　まず，VWの名車「ビートル」（カブト虫）を設計したのは，フェルディナント・ポルシェという人物であること。つまり，VWはポルシェによって設立されたのです。しかも，国民が購入しやすい自動車を設計・製造せよというヒトラーの指示によって。ポルシェにとって，VWはもともと「子会社」のような企業なのです。

　もう一点。VW法という特殊な法律があります。これはVWを敵対的買収から防ぐためのドイツの国内法です。この法律では，保有株数にかかわらず議決権を最高20%に制限しています。これは，第2位の株主である地元ニーダーザクセン州（20%出資）の影響力を維持するためです。それゆえ，代々ニーダーザクセン州の首相がVWの監査役会のメンバーの一員となってきました（シュレーダー前連邦首相も経験者）。つまり，VWはドイツにとって，公的な性格の強い企業なのです。

　ところが，EU司法裁判所によってVW法は違法という判決が2007年2月に下されました。つまり，域内での資本の自由な移動を原則として掲げるEUにしてみれば，これは国が特定企業を保護しているということになるわけで，当然認められません。

　「もし，ニーダーザクセン州の議決権20%が海外の機関投資家によって保有されたら……。」そんな危機感と同時に，ポルシェにとっては歴史的にも，現在おかれている自らの状況を克服する上でも，VWをグループ企業として子会社化することは大きな意義をもっているのです。自動車に興味をもっている人は（もっていない人も，ぜひ）一度，様々な本や新聞・雑誌記事を調べてみてください（参考文献として，W. ヴィーデキング〔2008〕『逆転の経営戦略——株価至上主義を疑え』二玄社をあげておきます）。

第9章　ドイツのコーポレート・ガバナンスの特徴と課題

論点整理

　ヨーロッパの中でも中心的な位置づけにあるドイツ型企業モデルは，世界的にみても特殊性が強いといえる。なかでも，共同決定に代表される従業員の経営参加は，迅速な意思決定にとってマイナスとなる場合もある。にもかかわらず，ドイツにおいて従業員の経営参加をなくそうという動きは活発ではない。そこには歴史的な経緯など，様々な理由があるが，十分な話し合いによって利害対立を克服することで，かえって企業の長期的な発展を実現しうるという合理的なねらいがある。これは，環境保護方策など，様々なステークホルダーへの対応が早くから行われてきた理由の1つといえる。

　加えて，取締役会と監査役会という二層構造を採用していることによって，監督機能を制度的に強化するのが容易であるという点も見逃せない。制度的に分離されていることで，監督が不十分になる可能性もある。しかし，アメリカや日本などで採用されている執行役員制度は，実質的に監督と執行とを制度的に分離しようとするものである。その意味において，ドイツ型企業モデルの特質を知るというのは，これからの企業のあり方を考えていく上でも重要な意義をもっているといえよう。

推薦図書

R. ツーゲヘア／風間信隆監訳，風間信隆・松田健・清水一之訳（2008）『ライン型資本主義の将来──資本市場・共同決定・企業統治』文眞堂
　　ドイツ型企業モデルの特徴を知る上で，もっとも新しい文献。資本構成や共同決定の実状について，実証的に解明している。

海道ノブチカ（2005）『ドイツの企業体制──ドイツのコーポレート・ガバナンス』森山書店
　　企業をとりまくステークホルダーとのかかわりから，ドイツ型企業モデルを明らかにしている。近年のヨーロッパ株式会社の設立過程や特徴についても明らかにされており，ドイツ企業の特質を知る基礎文献。

熊谷徹（2006）『ドイツ病に学べ』新潮社
　　ドイツ在住のジャーナリストである筆者が，ドイツが抱える問題点を冷静に提示している。やや否定的な論調が目立つが，ドイツの社会経済の実態を知る上で必読。

設問
1. ドイツ企業における資本構成には，どのような特徴があるのでしょうか。
2. 従業員の経営参加をはじめ，社会的側面にも配慮することを重視するドイツ型企業モデルが，これからどのようになっていくのかについて，考えてみましょう。

(山縣正幸)

第10章

ロシアのコーポレート・ガバナンスの特徴と課題

　ロシアは社会主義国ソ連の中核をなす国でしたが，1992年から市場経済に移行しました。その移行過程では，著しい不況に襲われましたが，1999年にはGDP年成長率がプラスに転じ，2008年まで5%前後の成長率を記録し続けています。BRICsの一国にも数えられており，日本との経済交流も急速に拡大しつつあります。しかしロシア企業は，日本やOECD諸国の企業にとって，一見，理解しがたい側面をいろいろもっています。ロシア企業のコーポレート・ガバナンスは，どのようになっているのでしょうか？

1　市場経済化とコーポレート・ガバナンスの混乱

1　1990年代の混乱

　ロシアは1991年までソ連を構成する1つの共和国であった。1991年末のソ連解体により正式に独立し，社会主義を放棄して，急速な市場経済化を開始した。ソ連時代末期，ゴルバチョフ政権下ですでに，社会主義計画経済の非効率，非民主性が指摘され，改革の過程で市場経済化が徐々に進んでいたが，それは同時に深刻な経済混乱を伴っていた。崩壊した経済を受け継いだ独立ロシアのエリツィン政権は，欧米諸国の支援を受けながら，市場経済化を急いだ。

　社会主義計画経済下でも企業はあったが，それは市場経済下の企業とは大きく異なるものであった。社会主義企業の特徴は，①活動の国家志向性，②至上命題としての生産計画遂行，③国家主権にある。それに対して市場経済下の企

BRICs：ブラジル，ロシア，インド，中国の4カ国のこと。世界的なコンサルタント会社スタンダード・アンド・プアーズ社が2003年のレポートにおいて，2050年までの約50年間に大きく成長する国々としてこの4カ国を指摘した。

業の特徴は，①活動の市場志向性，②至上命題としての利潤追求，③資本家（投資家）主権にある，とひとまずいえよう。

　コーポレート・ガバナンスの観点からすると，最重要の転換は，企業の主権者が国から資本家（投資家）に代わること，すなわち，国有企業の民営化である。民営化された企業の所有者である資本家（投資家）が市場を目当てに活動をして，利潤追求に成功するようになれば，市場経済にふさわしいコーポレート・ガバナンス（狭義）が成立したといえるであろう。もちろん，それが社会的にも妥当性をもつためには，そのような企業の活動が資本家に利益をもたらすだけでなく，さらに企業内外のステークホルダーにも利益をもたらすようなコーポレート・ガバナンス（広義）であることも必要である。

　ロシアをはじめとする多くの**移行諸国**においては，これまでのところ，狭義のコーポレート・ガバナンスの確立が主たる課題になっている。

　エリツィン政権は，1992年から経済の自由化を一挙に推し進めた。そして，国有企業の民営化を進めた。多数の新興民間企業も登場したので，1997年にはすでにGDPに占める民間セクターの比重は70%に達した（EBRD, *Transition Report*）。

　しかし，民営化された国有企業ならびに新興民間企業のコーポレート・ガバナンスは非常に混乱しており，正常とは言い難かった。ラディギン＝シードロフは，ロシア企業の不正常な「4つの原理」を指摘した。①「無責任なパートナーたち」。多くの大企業の所有は少数の大株主に集中しており，経営者は雇われ経営者で，大株主の指示通りに動いており，小規模株主の権利は全く顧みられない（株主総会の案内を出さないことすらある）。②「キャッシュフローの独占」。支配株主が会社資金をほとんど私物化している。③「外国の利益センター」。ロシアの大企業の多くは利益を不正に外国に持ち出し，蓄積している。④「権力機構の民営化」。このような不法行為を含むやり方を維持するためには，企業が中央・地方権力と癒着していることが必要である。実際に企業は，

移行諸国：社会主義計画経済から市場経済へ移行しつつある国々。ロシアを含む旧ソ連諸国（15カ国）のほかに，東欧諸国，モンゴル，中国，ベトナムなどの国々がこの中に含まれる。これらの国々の企業には社会主義経済を経験したことからくる共通性があるが，同時に差異も大きい。

権力機構を支配している。この現象は，ヘルマンらによって「**国家捕獲**」と呼ばれた（加藤志津子〔2001〕「ロシア企業研究の最近の動向」『同志社商学』第52巻第4・5・6号；同〔2008〕「ロシアにおける企業と国家——プーチン政権第2期目の諸特徴」『明治大学社会科学研究所紀要』第46巻第2号）。

また，クレイネル（Клейнер〔2000〕）は，企業経営者の多くは主として自分個人が早く豊かになろうという観点から企業をみており，そのためには，企業を縮小または清算したほうがよいと考えている，と書いた（加藤志津子〔2006〕『市場経済移行期のロシア企業』文眞堂）。

このような状況が企業にとっても，社会にとっても好ましくないことはいうまでもない。また，外国投資家がこのような企業への投資に慎重になるのは当然のことであり，ロシアはそのGDPに比して外国投資受け入れの少ない国であった。

［2］ 混乱の原因

このようなコーポレート・ガバナンスの混乱の原因はどこにあったのだろうか？ ロシアの国民が市場経済に不慣れであったこと，マクロ経済全体が混乱していたこと，法律が未整備であったこと，法律の執行が弱かったこと，さらに広くいえば国家と社会が弱体であったことなど，様々な原因を考えることができる。実際，それらはたしかに原因として寄与した。

だが，ヤコヴレフは，ロシア政府が欧米からの支援を受けて上から作り出そうとしたほぼアングロ・サクソン型のコーポレート・ガバナンス・モデルとロシアの国有企業民営化方式との不整合が，このような混乱を生み出したと指摘している（Andrei Yakovlev〔2007〕"Evolution of Corporate Governance in Russia", Bruno Dallago and Ichiro Iwasaki, *Corporate Restructuring and Governance in Transition Economies,* Palgrave Macmillan, N. Y.）。

国家捕獲（State Capture）：社会主義計画経済から市場経済への移行の過程では，国家と企業の関係が再編成される必要がある。そして実際にはその過程の初期には多くの移行諸国で「国家捕獲」（企業による国家の捕獲）という現象を生み出した。つまり，企業が官僚・政治家に賄賂を贈り，その見返りに自分たちの都合のよい法律や規制を作り出したのである。

表10-1　ロシア工業における株式所有分布の変化

(単位:%)

株主の種類	1995年	2003年
インサイダー計	54.8	46.6
経営陣	11.2	25.6
従業員	43.6	21.0
アウトサイダー計	35.2	44.0
非金融アウトサイダー計	25.9	34.4
外部の個人	10.9	20.1
他の企業	15.0	14.3
金融アウトサイダー計	9.3	9.5
国	9.1	4.5
その他株主	0.9	5.0
計	100.0	100.0

（出所）　加藤志津子『市場経済移行期のロシア企業』172頁。

　実際，1992〜1997年に，欧米の企業法制が大量にロシアに移植され，証券市場が設立され，投資ファンドが設立された。同時にヴァウチャー民営化がほぼ完了した。この**民営化**方式は，国有企業を公開型株式会社（後述）に改組し，約50％の株式を，当該企業の経営者・従業員（インサイダー）に優先的に売却するというものである。そのさい国民は，「民営化ヴァウチャー」という有価証券を無償で配布されているので，ほぼ無償で民営化企業の株式を購入できる。

　ここでは次のようなことが想定されていた。すなわち，国有企業の株式が大量の小株主に分散され，やがてそれは証券市場に流れ込み，外部投資家が株式を取得していき，効率的な会社支配権市場が生まれる，と。

　ところが，実際にはそれとは違う事態が生じた。ヴァウチャー民営化で従業員株主の支持を背景として会社支配権を獲得した経営者たちは，企業を囲い込もうとした。自分で，あるいは仲間と一緒に株式を買い進めていった（**表10-1**）。同時にその過程で経営者たちは，企業の発展よりもむしろ資産の切り売り，

民営化：社会主義計画経済から市場経済への移行においては，国有企業の大半を民営化することが必要である。1990年代，旧ソ連・東欧諸国においては，2つの民営化方法がとられた。1つがヴァウチャー民営化であり，もう1つは戦略的投資家への直接売却という方式である。ロシアでは，まずヴァウチャー民営化，次に直接売却が行われた。ロシアでは大衆の政治的支持を取り付けるためにヴァウチャー民営化が必要であった。

利益の隠匿などの手段で自己の個人的利益を図った。それが、前述のような不正常なコーポレート・ガバナンスの状況である。

ここには、通常の自然な公開型株式会社発生のルートとは別のルートで発生したロシアの公開株式会社の特殊性が影響しているとヤコヴレフは述べる。ヤコヴレフの説明を、わかりやすく整理すると次のようにいえよう。

すなわち通常は、個人企業や閉鎖型株式会社（後述）の所有者＝経営者が事業規模の拡大とともに、株式公開を決意して公開型株式会社に改組する。そのさい、所有者＝経営者は、創業者利得の獲得、ならびに／または事業のいっそうの発展による自己の所有・支配のいっそうの拡大を見込む。このような見込みがある場合に、所有者＝経営者は株式を公開して外部投資家の投資を呼び込もうとする。

ところが、ロシアの多くの公開型株式会社の場合、民営化当初、経営者の持株比率はわずかであり、外部投資家を呼び込むことは、自分の支配権の喪失に容易につながる。事業が好調であれば、自分の経営者としての能力が評価され、支配権を維持・拡大することができる可能性があるが、当時のロシア企業の多くは、体制転換の混乱の中で非常に厳しい経営状態にあったので、この可能性は期待薄であった。

多くの民営化企業は、コメコン（社会主義圏の経済協力機関）解体、ソ連解体、対外経済開放、国家の軍需発注削減などにより、非常に深刻な需要不足に陥っており、生き残るためには徹底的なリストラクチャリングを必要としており、そのためには巨額の投資を必要としていた。しかし、この状況で外部投資家を呼び込めば、経営者の地位は大きなリスクにさらされる。

つまり、多くの民営化企業では、当初、株式所有が高度に分散されていて支配的所有者がおらず、しかも経営状況がきわめて厳しかったので、経営者は投資意欲のある外部投資家を呼び込むよりも、企業を囲い込んで自分の経営者としての地位を確保・利用しようとしたのである。

３　コーポレート・ガバナンスのモデルの多様性

コーポレート・ガバナンスに関する一般的な議論、とりわけアングロ・サク

ソン型コーポレート・ガバナンスの有効性を強調する議論では，証券市場で株式が活発に取引されることが非常に重要視される。しかし現実には先進諸国でも，株式や持ち分が自由取引されていない企業のほうが数の上では圧倒的に多く，大企業の中にもそのような企業がある。

ロシアの場合，ヴァウチャー民営化によって民営化された企業に公開型株式会社の形態を強制したことに無理があり，そのことがコーポレート・ガバナンスの混乱を強めることになったと考えられる。

コーポレート・ガバナンスには2つの型があり，それはアングロ・サクソン型とドイツ型であるとしばしばいわれる。先進諸国の大企業に限定すると，それは間違いではないが，ロシアのような国について考える場合には，コーポレート・ガバナンスの多様性という議論に目を向けることが必要である。

ベルグロフ=サデン（Berglof and von Thadden〔1999〕"The Changing Corporate Governance Paradigm", William Davidson Institute Working Paper Series）は，先進国だけでなく，アジア発展途上国，移行諸国にも視野を広げることにより，特徴的な5つの企業タイプを析出し，それぞれ異なるコーポレート・ガバナンス上の問題を抱えるのだとした。

・所有分散型企業：強い経営者，弱い株主（例：英米）
・所有集中型企業：強いブロック株主，弱い小株主（例：大陸欧州）
・家族企業：強い経営者，アウトサイダー不在（例：台湾企業）
・発展途上国型企業：強い経営者，関係投資家（例：韓国企業）
・移行経済型企業：全能の経営者，抵抗の不在（例：ロシア企業）

単純化されてはいるが，興味深い分類である。

1990年代ロシア企業はまさに移行経済型企業であり，「全能の経営者」が会社を私物化したのである。新興民間企業は，民営化企業とは発生の仕方，所有の様式が全く異なるので，別に考える必要があるが，ここでは所有者=経営者であり，したがってやはり，「全能の経営者」であった。国家，社会は弱体であり，抵抗にはあわなかった。

以上のようにみてくると，1990年代のロシアのコーポレート・ガバナンスの混乱は，当時の企業内外の状況によって作り出されたものであることがわかる。

2 コーポレート・ガバナンスの現状

1 企業内外の状況の変化

2000年代に入って，プーチン政権のもとでロシアのコーポレート・ガバナンスは多かれ少なかれ，改善されてきた。それは，1990年代のコーポレート・ガバナンスを支えていた社会経済的要因が変化したからである。

体制転換後，一定の年月を経過して，国民は市場経済に慣れていった。1997年金融危機後，ルーブルの切り下げ効果でマクロ経済は立ち直りをみせ，さらに2000年代に入ると，ロシアの最大の輸出品である原油，天然ガス等の国際価格が空前の上昇を始め，ロシア経済は毎年，成長を続けるようになってきた。1990年代を通じて法律も次第に整備されていたが，プーチン政権はさらに整備を進め，「法の独裁」をスローガンに法の執行の強化を宣言した。世論も，エリツィン時代の無法な企業活動に対する批判を強め，プーチン政権の「法の独裁」を支持した。

他方で，民営化企業における経営者の地位は安定化した。株式所有が集中化し，大半の企業が単一株主または安定株主グループによって支配されるようになった。2000年ごろから，所有と経営の分離傾向がみられるが，その場合も所有者の所有比率が高いので，経営者の地位は比較的，安定している。

そのような経営者（＝所有者）にとって，上述の情勢変化はコーポレート・ガバナンス改善への意欲をかりたてるものであった。

さらに，特に資源関連等競争力ある産業の企業は，西側先進諸国からの直接投資の受け入れ，それらの諸国の証券市場での資金調達に企業発展の可能性を求めることができるようになった。そのような企業にとっては，コーポレート・ガバナンスの改善が急務となった。

2 コーポレート・ガバナンスの現状

このようにして，ロシアのコーポレート・ガバナンスは正常化に向かう条件を手に入れたが，なお，いくつかの深刻な問題を残しており，また，ロシア独

自の特徴も有している。

　以下に，現状を概観してみよう。そのさい全体としては，国際比較の視点から書かれたベリコフ＝コスチコフ（Belikov and Kostikov〔2005〕"The Russian Federation", in : Institute of Directors, *The Handbook of International Corporate Governance,* London）を参考にしながら，ロシアの法制度については主として株式会社法（1995年制定，直近の修正は2008年），実態については主として一橋大学経済研究所とロシア国立大学高等経済院の共同調査結果（以下，2005年調査という。822社を対象に2005年実施。Tatiana G. Dolgopyatova and Ichiro Iwasaki〔2006〕"Exploring Russian Corporations", IER Discussion Paper Series）で正確さと適時性を確保するようにしよう。なお，詳細についてはこの共同調査を組織した岩崎一郎による一連の研究（「ロシア企業の法制構造」『経済研究』第54巻第3号，2003年。「新世紀ロシアのコーポレート・ガバナンス」『経済研究』第56巻第2号，2005年），ならびにこの共同調査に関連した一橋大学経済研究所の多数のディスカッションペーパーが参考になる。

○会社の制度と所有

　2007年現在，ロシアのGDPの65％が民間部門で産出されており（EBRD, *Transition Report,* 2007, p. 168），大・中規模企業のほとんどは株式会社である。

　ロシアでは株式会社に2つの形態が認められている。閉鎖株式会社と公開株式会社である。閉鎖株式会社の場合，株主数は50名未満に制限されており，株式は設立者間でのみ流通される。公開株式会社の場合，定款資本に下限があり，株主は自分の株式を自由に譲渡できる。

　前述のように，民営化企業には公開株式会社の形態が義務づけられたが，1990年代の状況では，多くの企業は閉鎖株式会社を選好したのであり，2005年調査でも，31％が閉鎖株式会社である。

　近年，ロシア企業の所有構造は集中度の高いものになってきており，7割近くの企業に50％超保有株主が存在する（表10-2）。株式の大半は個人によって所有されており，法人では非金融業の企業が多く，銀行は非常に少ない（表10-3）。経営者は約半分の企業で同時に大株主でもある。

　1990年代末から企業グループ化が進行しており，2005年調査では，39％の

第10章 ロシアのコーポレート・ガバナンスの特徴と課題

表10-2 ロシア企業の株式所有の集中状況（2005年）

(単位：％)

最大株主の持ち株比率	会社数
50％超	69
（他に25％超保有株主なし）	(48)
（他に25％超保有株主あり）	(21)
25-50％	18
0-25％	13
合　計	100

（出所）　Т.Долгопятова,Концентрацияакционернойсобственностии развитиероссийскихкомпании,《Вопросыэкономики》, No12, 2007,стр. 87. Tatiana G. Dolgopyatova and Ichiro Iwasaki "Exploring Russian Corporations," IER Discussion Paper Series, 2006, p. 198.

表10-3 ロシア企業の普通株所有者の平均的構成（2005年）

株主のタイプ	所有比率(％)
連邦政府	4.7
地方行政府	1.9
個人小株主	24.9
銀　行	1.5
投資ファンド	2.7
ロシアの非金融企業	13.7
個人大株主	34.8
外国人投資家	4.6

（出所）　Т.Долгопятова,Концентрацияакционернойсобствен ностииразвитиероссийскихкомпании,《Вопросыэконо мики》, No12, 2007, стр. 89.

企業が企業グループの中核または傘下企業である。

　2005年調査の対象にはなっていないが，連邦政府が支配的株主となっている産業独占体がある。天然ガス（Gazprom），電力（RAO UES），（主として固定）通信（Svyazinvest），鉄道（RAO Russian Railways）などである。さらに近年，企業再国有化の動きがあり，その中で，航空機（OAK），石油（Rosneft），兵器（Rosoboroneksport）などの産業において，連邦政府の支配する大企業グループが形成されてきた（ЯковПаппэиЭкатеринаДранкина,КакнационализируютРоссию,

195

"Деньги" no.35, 36, 37, 40, 2007；Я. С. ГалухинаиЯ. Ш. Паппэ, Российскийкрупныйбизнесв 2000–2005 гг.,《Проблемыпрогнозирования》No3-4, 2006；《Эксперт》, 2007, No36；加藤〔2008〕)。

○法的枠組み

　株式会社のコーポレート・ガバナンスに関する主要な法的枠組みは1990年代に形成され，2000年代に入って改良が加えられてきた。主要な法律は以下の4つである。

　「株式会社法」(1995年制定，直近の修正は2008年)。株式会社の法的地位，会社内での株主の権利，意思決定手続き，権限などを定めている。

　「証券市場法」(1996年制定，直近の修正は2007年)。株式の発行・流通について定める。

　「証券市場における投資家の権利と法的利益の保護についての法」(1999年制定，直近の修正は2007年)。投資家へのサービスの提供，株式発行者の責任，投資家の権利保護措置，ならびにこれらの権利の侵害のさいの責任について定める。

　「破産法」(2002年制定，直近の修正は2007年)。破産手続きと破産防止措置について定める。会社を非効率的な所有者から効率的な所有者の手へ渡すための手段として破産が利用されることを保障するものである。

　近年，コーポレート・ガバナンス法制の分野でみられた主な改善点は，次のとおりである。

　・定款資本が増額されるさいの株主の権利保護
　・株式統合のさいの「追い出し」からの株主の保護
　・配当権の保護
　・株主総会の準備と実施にあたっての株主の権利保護
　・大量取引と関係人取引に関する情報開示の義務化
　・会社業務に関する十分かつ正確な情報開示の義務化
　・会社上場にあたっての証券取引所の指導権限の強化

○法的機関，規制機関，制度的機関

　①証券取引所と銀行

2003年時点で，正式の証券取引所は11ある。しかし，5つのみが実際に機能しており，そのうち取引額が最も大きいのは，モスクワの2つの証券取引所MICEX（ММВБ）とRTS（РТС）である。ロシア証券市場は近年まで，取引額が少なく，流動性が低く，不安定であった。しかし，2000年代に入ってから急激に活性化してきている。株式時価総額の対GDP比は2000年に17.2%であったが，2006年には95.1%にまで上昇した。株価指数も2000～2006年の間に8倍になった。社債市場は株式市場よりはるかに小さいが，やはり急成長してきている（http://www.fcsm.ru）。

銀行は1258（2005年）もあるが，外貨取引や政府資金の管理・運用，企業グループ内資金の管理・運用が中心で，近年まで産業金融にはあまり関与していなかった。しかし，近年，銀行の集中化が進み，2005年には預金保険制度も設立され，預金高が増え，産業への融資も増大してきた（Kaupo Pollisinski〔2006〕"Russian Banking System", *Kroon and Economy*, No. 1）。

2005年調査によると，投資資金の一部でも銀行に依存する企業は69%，国内証券市場に依存する企業は16%，外国証券市場に依存する企業は5%である。

②連邦金融市場庁（FSFM，ФСФР）

1994年に，証券市場に関する連邦政府の政策を実施する機関としてFCSM（連邦有価証券委員会）が設立されたが，2004年にそれはFSFMに改組され，より大きな権限を与えられた。

FSFMは，（保険，銀行，監査を除く）金融市場分野における政令策定，統制ならびに監督の機能を担う連邦政府機関である（http://www.fcsm.ru）。

③全国コーポレート・ガバナンス会議（NCCG, НСКУ）

全国コーポレート・ガバナンス会議は，2003年に設立された非営利団体である。発起人はロシア商工会議所，ロシア工業家・企業家同盟，「ビジネス・ロシア」，ロシア銀行協会，その他，経済団体である。コーポレート・ガバナンスの法的枠組みを改善し，職業倫理基準をロシア企業の実際の活動の中に取り入れ，ロシア実業界の名声と投資上の魅力を高めることを目的とする（http://www.nccg.ru）。

第Ⅱ部　コーポレート・ガバナンスの国際比較

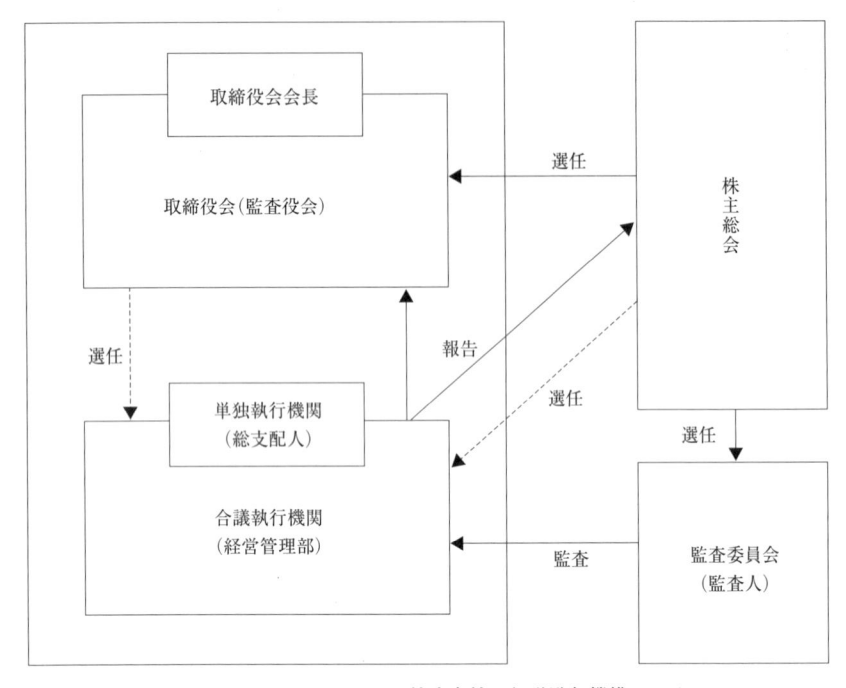

図10-1　ロシアの株式会社の経営監督機構
（出所）　岩崎一郎（2003）「ロシア企業の法制構造」『経済研究』第54巻第3号，227頁。

④ロシア経営者協会（RID）

ロシア経営者協会は2001年に，ロシアと外国の証券市場に上場しているロシアの最大規模企業からなるグループにより非営利組織として設立された。それは，コーポレート・ガバナンスの改善の必要性へのロシア実業界の最初の対応であった。企業行動原則（政府が承認した企業行動のベスト・プラクティスの勧告書。OECDのコーポレート・ガバナンス原則に準拠。詳しくは後述）の策定において実務的な役割を果たした。全国コーポレート・ガバナンス会議のための専門家・資料センターとして機能している（http://www.rid.ru）。

○会社機関の構造

株式会社法によると，ロシアの株式会社の経営監督機構は，図10-1のとおりである。株主総会が取締役会と監査委員会を選任する。そして，株主総会と取締役会のいずれかが執行機関（単独執行機関と合議執行機関）を選任する。

取締役会は会社経営の全般的指導を行い，執行機関は通常業務の執行を行う。監査委員会は執行機関の監査を行う。執行機関は取締役会と株主総会と取締役会の両方に報告義務がある。

ただし，すべての株式会社が上の会社機関をすべて備える必要はない。議決権株式の保有者が50名未満の場合は，取締役会がなくてもよい。また，合議執行機関の設置は会社の任意である。したがって，株主総会，監査委員会，単独執行機関の3つの機関だけの会社もありうる。

会社役員の兼任制限は比較的厳しい。単独執行機関は取締役会会長を兼任できないだけでなく，合議執行機関の構成員は取締役会の4分の1以上を占めることができない。監査委員会メンバーも取締役や他の役員ポストに就くことが禁じられている。

業務執行機関と監督機関の分離の程度に着目するとき，ロシアの株式会社制度は，ドイツほど完全に分離してはいないが，英米よりも分離度が高い「ハイブリッド」型であるといわれている（岩崎一郎〔2003〕「ロシア企業の法制構造」『経済研究』第54巻第3号，226頁）。

取締役会の人数は5名未満であってはならない。

企業行動原則は，会社機関の構造における取締役会の機能強化の観点から，次のような諸点を勧告している。

独立取締役の機能強化。独立取締役については株式会社法（81条）にも規定があるが，企業行動原則は株式会社法の規定よりも強い独立性をもつ独立取締役を取締役会の少なくとも4分の1，または少なくとも3名選出するべきだとしている（第3章2.2）。

取締役会における委員会の設置。戦略計画委員会，監査委員会，人事・報酬委員会，紛争調整委員会，企業倫理委員会の5つの委員会を設置し，委員長には外部取締役をあてるべきだとしている（第3章4.8-4.12）。

役員報酬の支払い。企業行動原則（第3章5）は，企業は取締役に報酬を払うべきだとしている。取締役が執行役員であろうと，非執行役員であろうと，独立取締役であろうと，取締役会全員に平等に報酬が支払われるべきであり，報酬額は人事・報酬委員会によって決定され，取締役会によって承認されるべ

表10-4　ロシア企業の取締役会の構成（2005年）

(単位：％)

経営管理者（マネジャー）	46.4
一般労働者，労働組合	5.0
中央・地方の権力機関	5.0
外部の大株主	32.0
外部の小株主	4.7
独立取締役	6.2
その他	0.7

（出所）Т. Долгопятова, Концентрацияакционернойсобственностииразвитиероссийскихкомпании,《Вопросыэкономики》, №12, 2007, стр. 91.

きだとしている。

　実態をみてみよう。

　2005年調査によると，取締役会人数の平均は6.7名である。

　その平均的構成は**表10-4**のとおりである。これによると，46.4％が経営管理者（マネジャー）である。これが合議執行機関構成員を意味するのであれば，株式会社法に反する事態が蔓延していることになるが，実はそうではなく，経営管理者（マネジャー）の中には合議執行機関構成員でない経営管理者が多いと推定される。なぜなら，合議執行機関を設置している企業は全体の34.1％にすぎないからである。つまり，合議執行機関をおかず，執行管理者を取締役とすることにより，取締役会を事実上，執行管理者の支配下に置いているのである。

　同じ図から独立取締役はほとんどいないこともわかる。

　またデータがやや古いが，2001年の時点では委員会を設置している会社はほとんどなかった（岩崎一郎〔2003〕「ロシア企業の取締役会――法的枠組みと実態」一橋大学経済研究所ディスカッションペーパー）。

　取締役会構成員の報酬は，あまり支払われてこなかった。執行役員・管理者を兼ねる者に対しては，普通，支払われない。取締役の業務に対する報酬は，執行役員・管理者としての報酬に含まれると考えられている。外部取締役の報酬は，彼を派遣している株主が負担すべきものだと考えられていた。しかし2001年以後，次第に多くの企業が外部取締役や独立取締役に報酬を支払い始

めた。

このように，法律の意図に反して，会社機構の実態は著しく執行機関優位であり，取締役会は効率的に機能していないことが推定される。

○規範，基準，グッド・プラクティス・ガイドライン

OECDのコーポレート・ガバナンス原則に準拠したガイドラインとして，企業行動原則（Code of company conduct）がある。これは，OECDと世界銀行の支援を得て，連邦有価証券委員会の指導のもとに2002年に策定された。法的強制力はないが，株式会社は年次報告書において，企業行動原則の順守状況についての情報を記載することを勧告されている。

○公開と透明性

会社内の監査委員会（inspection committee）（監査人〔inspector〕）による内部監査（inspection），ならびに外部の会計監査人（auditor）による外部監査が義務づけられている。また，会社は年次報告書，年次会計報告書を作成せねばならず，それは内部の監査委員会によって承認され，公表する前には外部の会計監査人による確認を受けなければならない。

しかし内部の監査委員会は非常に弱体であり，外部の監査法人も有効な監査業務を行うのに十分な質・量をもっていない（岩崎〔2003〕「ロシア企業の法制構造」）。

○株主の権利と対ステークホルダー関係

上述のように，ロシアでは株式所有が集中し，執行機関優位の経営体制となってきているので，株主，特に少数株主の権利の擁護がコーポレート・ガバナンス上の重要な課題となっている。

そこで，持ち株要件に応じて次のような少数株主権が認められている（岩崎〔2003〕「ロシア企業の法制構造」）。1/10要件：臨時株主総会招集請求権，監査請求権。1/50要件：株主提案権，役員候補者提案権。1/100要件：株主団表訴訟権，株主総会参加者名簿閲覧権。また，持ち株数によらず，株主総会決議の無効確認提訴権が定められている。そのほかに，取締役選出の累積投票制度，大口株式取得者の既存株主への株式買い取り提案義務なども定められている。

しかし，実際にはロシア企業は，多くの企業情報を秘密にし，特に戦略的な

情報は大株主にしか開示されないので，少数株主が権利を確保することは容易でない。

最近までロシア企業は，株主にほとんど配当を払ってこなかったといわれる。大口株主は，配当に関心がなかったからであろう。2005年調査の結果をみると，2001～2003年について80%以上の企業が配当している。だが普通株への配当に限ると，配当したのは40%未満の企業である。ということは，優先株への配当は多くの企業で行われているが，普通株への配当はあまり行われていないということであろう。しかし，近年，資源関連の企業を中心とした高業績企業では高配当が行われている。

株主以外のステークホルダーとして企業行動原則で例示されているのは，債権者，国家，地方行政機関，ならびに従業員である。現在の所有構造では，債権者はまだあまり重要でない。従業員についても今のところ配慮が不足しているが，一部の企業では，長期的に競争力・収益力ある企業を樹立するために従業員に配慮した施策が打ち出されているといわれる。

国家と地方行政機関については，ロシア企業が非常に重視するステークホルダーといえる。一部の企業は，地方行政への協力の一環として広範な住民サービスの提供を行い，その代わりに自治体から政治的支援を受け取っている。また，「ビジネス捕獲」(「国家捕獲」の対概念)，**国家資本主義**といわれるような近年の状況の中で国家との関係は企業にとって非常に重要になっている（加藤「ロシアにおける企業と国家」）。

社会一般というステークホルダーについては，一部大企業が関心を向け始めたにとどまっている。すなわち，企業の社会的責任（CSR）や環境対策などへの取り組みはまだ具体的には始まっていない（EIU〔2007〕"Corporate Transformation in Russia's emerging multinationals"〔http://www.eiu.com〕）。

国家資本主義：20世紀初めに使われ始めた概念である。「資本主義では小さな国家」，「社会主義では大きな国家」と一般的に考えられる。しかし，「大きな国家を伴う資本主義」も時として表れており，そのような資本主義が国家資本主義といわれる。

3 ロシアのコーポレート・ガバナンスの特徴と課題

　以上のように，2000年代からのロシアにおいては，コーポレート・ガバナンスの制度インフラはほぼ整備され，実態も正常化しつつあるようにみえる。

　EBRD（欧州復興開発銀行）は「コーポレート・ガバナンス調査報告書」(2003) において，ロシアをOECD「コーポレート・ガバナンス原則」に「かなり準拠」している国の1つに数えた。*Transition Report* (2007) でも，ロシアのコーポレート・ガバナンス法制の質は「高い」と評価している。

　しかしEBRDのレポートは，このようなコーポレート・ガバナンスの制度は実態としては効果的に機能していないとしている。そして問題として，「**法の執行**が不足していること，実質的所有者が明瞭でないこと，集中した所有構造であること，国有企業におけるロシア政府の影響力が圧倒的であること」をあげている（Julla Kochetygova and Oleg Shvyrkov〔2006〕"Corporate Governance Practices in Russia and the implementation of the Corporate Governance Code", *Law in Transition,* p. 75）。

　「法の執行の不足」は，コーポレート・ガバナンスの分野に限らず，全体としてロシア社会にあてはまることである。法治国家の伝統のなさ，体制転換後の年月の短さを考えると，ある程度，避けがたいことであろう。そのような状況において資本所有者は，実質的所有者が誰かを外部からわかりづらくし，また，確実に自分が企業を支配できるように所有を集中させるのが，安全と考えるであろう。「国有企業におけるロシア政府の影響力が圧倒的である」のは不自然ではない。問題は，「国有企業における」というより，「企業活動全体にお

EBRD（欧州復興開発銀行）：ソ連・東欧諸国で体制転換が進行中であった1991年に，それらの国々への投資を通じて市場経済移行を支援する金融機関として設立された。主要な株主は日米欧の先進諸国であるが，民間資金も動員している。

法の執行：コーポレート・ガバナンスの態様を決定する1つの重要なインフラは法律である。しかし，移行経済諸国の場合のように急速に企業制度を変更しようとする場合，法律の制定・施行よりむしろその執行が問題となる。例えば，違法行為が迅速・公正な裁判で裁かれなければ，法律は実効性をもたない。

ける」ロシア政府の影響力が非常に強いことにあるだろう。これも，エリツィン時代のコーポレート・ガバナンスの混乱を収束する必要性，ならびに資源産業偏重の産業構造からすると，ある程度，肯定できることでもあろう。

結局のところ，前述のような，移行経済型企業のコーポレート・ガバナンスに特徴的な「全能の経営者，抵抗の不在」という問題が，法整備とステークホルダーとしての国家の影響力強化によって，ある程度解決されてきているのが，ロシアの現在のコーポレート・ガバナンスの特徴といってよいであろう。

しかし，国家の企業への影響力の強さは，それ自体，深刻な問題を投げかけている。特に，**ユーコス事件**は，多くの論者によって「法の選択的適用」と断定されている（加藤「ロシアにおける企業と国家」）。国家の企業活動への介入をどのようにして市場経済の原理とうまく適合させるかが，今後のロシアのコーポレート・ガバナンスの課題である。

論点整理

ロシア企業のコーポレート・ガバナンスは，1990年代には非常に混乱したものであった。ロシア企業内外の様々な社会経済的要因が関与して，移行経済型企業に特有の「全能の経営者と抵抗の不在」という問題が極端な形で現れ，経営者は企業を私物化した。

しかし，2000年代に入って，企業内外の状況の変化に応じて，コーポレート・ガバナンスは次第に正常化されてきた。

「全能の経営者，抵抗の不在」という問題が，法整備とステークホルダーとしての国家の影響力強化によって，ある程度解決されてきているのが，ロシアの現在のコーポレート・ガバナンスの特徴といってよいであろう。そして，国家の企業活動への介入をどのようにして市場経済の原理とうまく適合させるかが，今後のロシアのコーポレート・ガバナンスの課題である。

ユーコス事件：ユーコス・グループは2000年代初め，ロシア最大の石油会社ユーコス社を中核とする金融・産業グループであった。2003年にホドルコフスキー会長が脱税等の疑いで逮捕されたのに始まり，ホドルコフスキー自身が実刑判決を受けて刑務所に収容されただけでなく，グループ企業が莫大な税金の追徴を受けて破産し，グループは解体された。

第10章　ロシアのコーポレート・ガバナンスの特徴と課題

▶▶ *Column* ◀◀

MTS社：ロシア・コーポレート・ガバナンスのベスト・プラクティス企業

　MTS社は2008年8月現在，スタンダード・アンド・プアーズ社のコーポレート・ガバナンス格付けで，ロシア企業首位にある（http://www.standardandpoors.ru）。同社が良質のコーポレート・ガバナンスを確立できた原因は，①携帯電話事業という，とりわけ移行諸国では成長性の高い産業分野に属すること，②資本・技術の必要性から外国企業，外国投資家との提携を必要としていたこと，③民営化のさいロシアの新興企業グループが一挙に安定した支配権を獲得したことであると考えられる。

　同社の事業の概要，歴史，株式所有構成などからロシア・コーポレート・ガバナンスのベスト・プラクティス企業の一端をみてみよう。

　MTS（Mobile Telesystems）社は，ロシアとCIS諸国で最大手の携帯電話会社である。ロシアのほかに5カ国で営業しており，契約者は，子会社分も合わせて8380万人である。

　同社は1993年にMGTS（モスクワ市の市内電話事業体），T-Mobile社（ドイツテレコムの子会社）などによって閉鎖株式会社として設立された。ロシア株主4名が53%を保有していた。1994年にモスクワで事業許可を得た後，ロシアの他の地域へ進出していった。1996年にシステマ社が，ロシア人株主の株式をすべて取得した（システマ社は1993年に設立された新興民間企業であり，現在では通信，ハイテク，不動産業を中心としたロシア有数の企業グループの筆頭企業である）。

　2000年3月に公開株式会社に改組された。2000年7月にニューヨーク証券取引所に上場した。国内では2003年にMICEXに上場した。2003～2005年にT-Mobile社は保有株式のほとんどを売却した。

　このようにして国内外の市場で資本調達をできる体制をとりつつ，2001年以後，CIS諸国へと事業を展開していった。

　2007年末現在の株主構成は，システマ・グループが54.3%，ADS（米国預託証券）とGDR（国際預託証券）での保有者が41.3%，その他浮動株が4.4%である。そのうち取締役と執行役員の持ち株比率は合計で1%未満である。

[推薦図書]

大津定美・吉井昌彦編著（2004）『ロシア東欧経済論』ミネルヴァ書房
　ロシア東欧の経済について，歴史・文化をも含む多様な観点から考察。

加藤志津子（2006）『市場経済移行期のロシア企業』文眞堂
　ソ連時代の企業，それの改革が始まったゴルバチョフ時代の企業，市場経済への本格的移行が始まったエリツィン時代の企業，国家資本主義的傾向を見せ始めたプーチン時代の企業について，比較考察。

塩原俊彦（2005）『ロシア経済の真実』東洋経済新報社
　政治・軍事の観点も導入して，ロシア経済の特殊性を考察。

設問

1. ロシアの企業はなぜ，そして，どのような問題を抱えているでしょうか？
2. 日本企業がロシア企業と取引をする際，特に留意すべきことはどんなことでしょうか？

（加藤志津子）

第11章 中国のコーポレート・ガバナンスの特徴と課題

　　中国の経済は長期にわたって実行してきた社会主義計画経済体制からようやく市場経済へ転換し始めたのは1990年代の初めからです。企業統治システムの構築も全体経済体制の改革，発展と相応しながら統治システムの構築に力を入れつつあります。本章では，企業統治システムの構築の背景，中国企業統治構造の3モデルの特徴および一般株式会社，上場会社における企業統治の特徴を探り，課題と今後の行方を試みます。

1　企業統治システム構築

1　企業統治改革の過程

　1949年の新中国の誕生から，中国は計画経済とその後の市場経済の道を歩んできた。経済制度の発展に適応しながら中国の企業統治メカニズムは大きな変化をもたらしている。企業統治は大きく3つの段階に分けられる。

　第一は，改革開放実施の1978年前までの企業への行政的統治の段階。つまり，経済体制改革前の企業統治段階，第二は改革・開放実施の1978年から近代企業制度実施前までの計画経済と市場経済併存時の企業統治段階，そして第三は1993年から現在に至る近代企業（株式制企業）制度確立に伴う近代企業制度構築の段階である。

　株式制企業おける企業統治システムはこうした過程を経て形成されつつあったが，本格的には1990年代中・後期からスタートを切ったといえよう。1990年代に入って，証券取引所の設立，会社法，証券法等の採択，株式上場規則，独立取締役制度の導入，上場会社の企業統治準則，国有資産管理条例などが施行され株式会社，特に上場会社における企業統治システムの構築の時期をむか

えた。2002年1月，中国証券監督管理委員会（証監会）と国家経済貿易委員会は共同で『上場会社企業統治準則』を発布し施行されたが，これは中国の強力な拘束力をもつ企業統治の規則であると評価されている。また，その年，証監委と国家経貿委は共同でこの『準則』を基に，全国1100の上場会社における企業統治の実施状況の検査を行ったが，中国ではこの2002年を"企業統治の年"と名づけている（上海証券取引所研究センター編〔2003〕『中国企業統治報告（2003年）』復旦大学出版社，1頁）。

米国など西側国家における企業統治の特徴は分散型所有構造を反映した会社制度を基礎にしている。中国が行っている企業統治の改革は，まず国有企業を全部掌握している行政統治，つまり国家行政機関から独立させ，企業の経営管理を行政の直接関与から分離させることであった。この時期に，企業改革の狙いは"請負経営"，"放権譲利"などの方式によって企業を真に"自主経営，損益自己負担，自己管理，自己発展"の独立企業法人へと成長させることであった。"国営"企業から"国有"企業へと転換したのはまさに大きく踏み出した一歩であろう。

1992年以前までの国有企業の改革は主に放権譲利と呼ばれるように，企業自主権の拡大などが主要な内容であった。92年からの国有企業の改革は所有制改革の新しい道を探り始め，国有企業の株式制転換を図った。国有企業への投資主体多元化，株主多元化，財産権多元化を打ち出したが，これに伴い取締役会メンバーと経営陣の多元化問題が浮き彫りとなった。続いて打ち出されたのが近代企業制度の実施であった。近代企業制度実施の意義は，西側の企業制度を参考に中国式の社会主義市場経済制度を確立することである。つまり，伝統的な所有制による企業制度の区分から国際化に向かい，投資家が負うリスクと享受すべき権益の特徴を反映した企業制度を構築し，これによって中国の企業制度をいち早く国際化の動きにリンクさせることである。

1993年の共産党第14期3中全会で，国有企業改革の方向は近代企業制度の確立であることを示し，1999年の第15期4中全会では，企業統治システムの構築が近代企業制度確立の要であると強調した。2003年温家宝国務院総理が第16期3中全会学習キャンペーン時，"企業統治システムの確立は企業近代化

制度確立の根本である"と語った（温家宝〔2003〕『社会主義市場経済体制を完全化する綱領的な文書』党建出版社）。また，2004年3月2日，国務院常務会における"中国銀行，中国建設銀行の株式制度転換試行調整会"では"株式制転換遂行の要となるものは企業統治システムの確立である"と示唆した。政府は，135の中央企業における株式所有構造の改革を2006年6月末までにできる限り完成させ，11の地域における上場企業の株式所有構造の改革を2006年内に完成させる目標を打ち出したが*，予期通り目標の達成ができたといっている。

　＊「国有企業改革をさらに深化させよう」国務院弁公庁国研室，2006年3月15日。

　国有企業改革に伴い，多数の企業が株式制度への転換を果たし，取締役会と監査役会を設置し，経営陣が任命され近代化的企業制度への確立へ大きく踏み切っている。優良企業は海外で上場を実現し，株式所有構造が多元化されグローバル化の進展の中で中国企業の企業統治システムは構築されつつあり競争力も向上しつつある。しかし残されている課題も少なくない。"中国への投資の中で一番困っていることは企業統治システムの構築が余りも遅れていることである"というアメリカからの指摘にも注目したい（W. Gamble〔2002〕*Investing in China*, QUORUM）。

２　株式会社の所有構造

　中国の株式会社，特に上場会社の所有構造は外国ではあまり例がない「一株独大」とよばれる集中的所有である。

　国有企業の制度から転換された株式企業の所有構造は，国家株，法人株（法人株はまた国有法人と一般法人に分けている），従業員株とその他（自然人株）などに分けられている。企業が上場した場合，流通株が生ずるが，国家株と法人株の流通はできない。まさに中国独特の特徴である。これは私有化の発展を一定の程度に抑制し，国有資産の"流失"を防ぐのが主な狙いであると考えられいわば集中的所有である。**表11－1**は1995, 2000, 2001, 2002, 2003年度における上場企業の株式分布状況も表示されている。

　なお，2004年版『中国証券期貨（先物）統計年鑑』（中国証券監督管理委員会編）によると，2003年度とほぼ同じく，非流通株が全体の64％，その内，国

第Ⅱ部　コーポレート・ガバナンスの国際比較

表11-1　上場企業の株式分布状況

(単位：%)

	1995	2000	2001	2002	2003
非流通株	64.5	64.3	65.3	65.3	64.7
国家株	38.7	38.9	46.2	47.2	47.4
法人株	24.6	23.8	18.3	17.4	16.4
従業員	0.4	0.6	0.5	0.3	0.2
その他	0.7	0.9	0.3	0.5	0.5
流通株	35.5	35.7	34.7	34.7	35.3
A株	21.2	28.4	25.3	25.4	26.7
B株	6.7	4.0	3.1	2.9	2.7
H株	7.7	3.3	6.4	6.1	5.9

(出所)　中国証券監督管理委員会の公表データより作成。

家株：47%　法人株：17%　であり，A，B，Hの3つの流通株が36%であった。依然として「一株独大」といわれる構造が変わってないことを示している。

上場会社の株式所有構造には以下4つの独特の特徴がみられる。

①流通株比率の低さ。大多数の株式は流通できない，②流通できない株式が集中した結果"一株独大"が生まれた，③流通株式の過度な分散のため機関投資家の比率が非常に低い，④上場会社の最大株主は，通常は持ち株会社となっており自然人ではない。

こういう不合理な株式所有構造はいろいろな問題を提起している。

(1)国家株の株主権利執行のメカニズムが健全でないため，行政と企業との不分離，企業目標の政治化，内部者支配，内部者による株主資産と会社資源の濫用，株主価値最大化の企業目標が実現されない，などの問題が提起されている。(2)並行型またはピラミッド型の持ち株構造が上場会社の利益を損なう関連取引に便宜または刺激を与えている。(3)上場会社に対する一般株主の有効かつ直接統制力が欠けている。

しかし，実際に中国における上場会社のほとんどは国有企業の制度転換によるものであり，流通できない国有株，国有法人株は大半を占めているため，大株主または親会社は取締役会，社長の任免をコントロールしており，取締役会と社長を含む経営陣が互いに兼任することで，親会社，子会社，孫会社などの多階層構造になっている。したがって，こういう内部者支配の中で，中・小株

主による経営陣への監督機能が発揮できず，なお大株主の代表者である経営者は上場会社を利用し，支配している。

　もちろん集中的所有にはメリットはあるもののデメリットも少なくない。しかし，取締役会内の委員会設置の導入の形で国際化を推進し，アングロ・サクソン・モデルの企業統治に近づいている特殊性もみられる。なお，証監会は資産価値の不当な操作など特に不正が多いため，上場会社のMBOについては，買収価格の根拠や出所などに通常の買収より厳しい基準を設けているが*，集中型所有構造であるため所有権をめぐるTOBなどの抗争，敵対的買収の発生の余地は少ないといってよい**。

　　＊　証監会「『上場企業のM&Aに関する規定（案）』公開意見を求める通知」2006年5月22日。
　＊＊　菊池敏夫〔2005〕「中・日企業における企業統治システム――比較からみた特徴と課題」『MBA人』中国科学技術大学管理学院MBA・MPA人センター編集，26-29頁。

３　企業統治構造の３つのモデル

　企業統治問題は国境を越えて世界的な課題となっているが，転換経済の下に置かれている現段階の中国においては，また特殊な意味をもっている。

　1つは，30年を超える漸進的な改革の模索を経て，中国企業は逐次に企業統治システムの構築が近代企業制度の要であることと近代企業制度の確立には必ず企業統治システムを規範化しなければならないことを認識している。

　もう1つは，転換経済化の下で様々な財産権の特徴の異なる所有制企業が大量に生まれ，こういう企業らはまた異なる企業統治のモデルを構築している。したがって，企業統治構造の比較研究は必要不可欠である。

　所有制による企業の分類は多元化趨勢を示しており，これがまた企業統治モデルの多様化を表している。実際，アメリカのアングロ・サクソン・モデルとか，日本の成熟されてきたモデル等で中国のモデルにそのまま代替することはできない。

　中国における企業統治構造は主に，政府主導型，同族主導型，法人主導型の3種類に分けることができる。

①政府主導型統治モデル

政府主導型統治モデルは主に株式制への転換が行われていない国有企業が対象である。国有独資公司（会社）および国有持ち株公司（会社）と有限責任公司（会社）の中で，株式所有構造は高度な集中的所有の特質をもっている。

　内部統治状況をみると，大株主の代表である政府（政府各部門，政府所属各部門，行政色彩が濃厚な持ち株会社，企業グループである集団公司が含まれている）は積極的で，有効な役割を果たしている株主とはいえない。政府主導型統治モデルの中で，企業の取締役会の意思決定機能と経営陣の業務執行の機能は全く分離されておらず，会長と社長は１人で兼任，取締役会と経営陣は基本的に結合または兼担状態である。集中的所有構造の下で，中小株主を中心とする一般株主における企業の意思決定への参与は非常に低く，中小株主とくに小株主の経営陣への監督の力は弱く行動手段も乏しい。政府主導モデルの下で，経営陣の報酬等へのインセンティブメカニズムはあまりはたらかないのも事実である。したがって，国有企業の経営者の全体の報酬は低く，報酬構造も単一で，長期的な動機づけメカニズムも欠けている。したがって，政府主導モデルの下では有効な報酬インセンティブのメカニズムはないといっても過言ではない。実際，経営者に効果的なインセンティブとは，支配権およびその支配権によって生まれてくる在職期間中の隠れている収入である。政府主導モデルの下で経営陣によるインセンティブの有効性はまた株主総会，取締役会，監査役会という"新三会"と共産党委員会，従業代表大会，労働組合で構成されている"旧三会"との関係をうまく解決できるかにも関係する。

　②同族主導型統治モデル

　同族主導型統治モデルには主に私営企業と相当数量の集団（集体）企業が含まれている。私営企業の組織形態は主に私営独資企業，共同企業（「合伙企業」ʰᵉʰᵘᵒ）と有限責任公司がメインであるが，近年私営企業の中でも有限責任公司の増加が目立っている。同族主導型統治モデルの内部支配は，血縁で結ばれた

合伙企業：日本の合名会社にあたる。1997年2月23日の第8期全国人民代表大会第24回常務委員会で採択され，2006年8月27日第10期全人代第23回会議で修正された『中華人民共和国合伙企業法』によると，①構成人が2人以上で無限責任である，②契約書の提出，③共同出資，④企業の名称，⑤施設と経営への必要条件を備える，などと定めている。

同族内部で権限を配分しながらバランスをとるメカニズムである。大手私営企業には株主総会，取締役会，監査役会および経営陣の制度と組織が整っていて逐次，近代株式制に向かっている。しかし，同族による企業へのコントロールは非常に強い。これは，取締役会メンバー，経営陣の構成は閉鎖性と同族化の特性を有しているからである。なお，企業における最高意思決定などは企業のオーナーである企業主による独断で決めることが多い。同族主導型統治にはその組織，構成員などは問題ないが，重要な意思決定は依然として企業主に集約され，オーナーである企業主は権限をほぼ独占しており，取締役会の機能の発揮はあまりよくないと指摘されている＊。

* Jiagui, Chen (2001) "Contrast and Perfection of Three Types of Enterprise Governance in China", China Industrial Economy, Vol.7.

同族主導型内部支配では，経営陣のインセンティブの問題は比較的よく解決されている。これは，経営陣の中には同族のメンバーが相当入っているからである。剰余請求権とコントロール権の整合性は高く，経営陣の高い報酬と株式権限の贈与などは普遍的に実施されている。

同族支配の観点からみると，同族主導型統治システムは経営陣へのモチベーションの向上には基本的には外部市場メカニズムにあまり依らないし，外部ガバナンスの影響も少ない。しかし，全体の同族企業にとって，商品市場，資本市場と労働市場の激しい競争は同族企業の生存，破産，M&A，再編など市場メカニズムによる問題が絶えず発生している。これは，同族企業の企業主と経営陣には生き残るためのプレッシャーでありチャンスでもある。

③法人主導型統治モデル

ここでいう法人とは，主に各企業をさすが機関投資家，基金および金融機関をもさす。中国では，企業の形態を問わず企業法人が株主として存在しているのは普通である。例えば，**联营企業**(lian ying)，合弁企業，法人持ち株の様々な株式有限公司と有限責任公司がそうである。これら，"法人所有"の会社では，政府主

联营企業：二者以上の同じかまたは異なる性質をもつ企業法人または事業単位法人が，自主，平等，互恵の原則に基づき，共同で投資し設立された経済組織。主に，国有联営企業，集団（体）联営企業，国有・集団（集体）联営企業，その他联営企業が含まれている。

導型と同族主導型の違う企業統治モデルを有している。

　法人主導型統治モデルの特徴は，経営陣モチベーションの向上を重視していることである。上場会社の中で，法人持ち株会社における取締役の平均報酬および自社株の平均持ち株比率はともに国家持ち株会社より高い（Jiagui, Chen〔2001〕）。法人主導型統治モデルの下で，法人株主は取締役会において保持している議決権で経営陣の解任ができる。

　法人主導型統治モデルでは，法人株主は取締役会に対して直接的に有効な監督管理ができ，そして引き続き維持するため，M&Aなどの外部市場によるガバナンスの影響を最小限におさえることと外部市場による統治への影響力を小さくすることもできる。これは，中国の場合，未だに真に成熟されたM&A市場が形成されていないことと，国有株と法人株は協議によってその譲渡は可能であるが，許可手続きが繁雑で，取引費用が高価であることもその要因として考えられる。しかし，外部市場メカニズムへの依存性は政府主導型統治モデルに比べると，法人主導型統治モデルの方が大きい。

2　コーポレート・ガバナンスの特徴

1　三位一体型統治構造：一般株式会社

　中国は80年代初めに株式制への試験的導入を行い，そして97年の正式な株式制度の導入まで10数年の間に様々な外国のモデルを参考，検討，学習した上で国内事情にあわせて作り出したのが図11-1で示されている企業統治モデルである。

　中国会社法における株式会社の機関は，次のようになっている。すなわち，中国の株式会社は最高意思決定機関としての株主総会（股東大会），業務執行機関としての取締役会（董事会），業務執行の監督機関としての監査役会（監事会）の3機関に分化している。株主総会は，明確な会社の所有者である株主により構成され，会社の最高機関である。取締役会は，株主総会により選任される取締役により構成される（中国会社法112条1項では，取締役会は，5人から19人の取締役で構成されると規定されている）。なお，取締役会は総経理（社長）を

第**11**章 中国のコーポレート・ガバナンスの特徴と課題

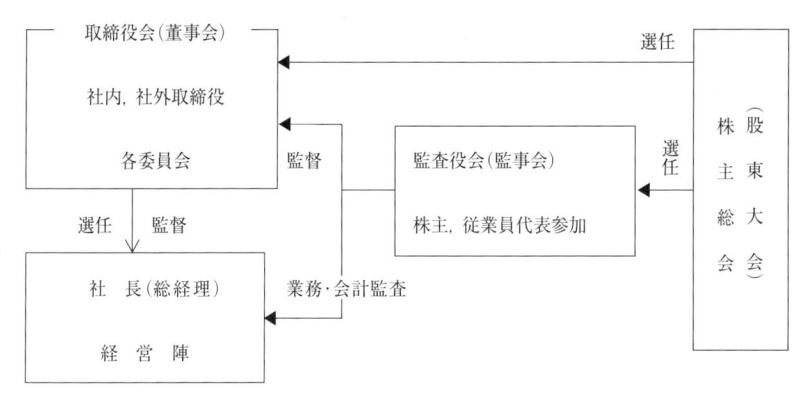

```
┌─────────────────────┐                                              ┌───┐
│ 取締役会(董事会)     │←──────────選任──────────────────────────────│（ │
│                     │                                              │ 株│
│ 社内, 社外取締役     │                                              │ 主股│
│                     │←────────┐                                    │ 総東│
│ 各委員会            │         │      ┌─────────────────┐          │ 会大│
└─────────────────────┘         監督    │ 監査役会(監事会) │          │ ）会│
                                 │      │                 │←選任────│   │
      選任   監督                 └──────│ 株主, 従業員代表参加│         │   │
        │     │                         └─────────────────┘          │   │
        ▼     │                                 │                     │   │
┌─────────────────────┐                         │                     │   │
│ 社 長(総経理)       │←────業務・会計監査──────┘                     │   │
│                     │                                                └───┘
│ 経 営 陣            │
└─────────────────────┘
```

図**11**-**1** 中国株式会社の企業統治モデル

(出所) 金山権(2000)『現代中国企業の経営管理』同友館,102頁。

選任し,総経理は業務を執行する。監査役会は,株主総会により選任される監査役と職員・労働者の代表たる監査役から成る(3人以上で構成される)。このように,中国の株式会社における機関の分化の形態はドイツ型監査役会制度とアメリカ型取締役会・役員の融合型である。監査役会と取締役会の両方を採用しているという意味では,日本と同じように融合型を採っていると考えられる。

中国の企業統治構造の特徴として,株式会社における機関の分化の形態はドイツ型監査役会制度とアメリカ型取締役会・役員の融合型である。取締役会と監査役会制度については,二院制をとっている日本型,つまり日本の取締役会,監査役会と類似し,業務執行体制に関しての取締役会と経営陣との関係は,アングロ・サクソン型のアメリカの役員制度に類似し,また監査役会における従業員代表の参加は,二元制をとっているドイツの共同決定システムに類似している。論理的には,このシステムは優れているように思われる。しかし,実質的には意思決定権,業務執行機能を取締役会に,監督機能を監査役会に担当させる日本型の二院制システムの構造を有している(金山権〔2000〕『現代中国企業の経営管理――国有企業のグローバル戦略を中心に』同友館,101-102頁)。

2 委員会設置会社:上場会社

1997年共産党第15期全国大会で国有企業の株式制への転換を決定して以来,

国有企業から株式制への転換が本格的に行われている。

　会社制度，特に上場企業においては英米型に近く，取締役会内部に経営戦略，指名，報酬，会計監査の各委員会が設置されているという共通性がある。中国の会社法では独立取締役（independent director）制度への規定はないが，海外で上場した企業から率先してその独立取締役制度の実施が求められてきた。最初，1999年中国証券監督管理委員会などが連名で公表した『海外上場会社における規範化運営と改革の促進に関する意見』では，海外で上場を果たした会社が取締役改選を行う際，外部取締役の人数が全体の2分の1以上，なお独立取締役メンバーが2名以上であることを定めている。証券監督管理委員会は，2001年8月に『上場会社における独立取締役制度設置の指導意見』を発表しこれによりすべての上場会社は2002年までに独立取締役を最低2名，2003年6月30日までに3分の1以上を採用しなければならないとした。そして，2002年1月に中国証券監督管理委員会と国家経済貿易委員会の連名で，『上場会社企業統治準則』を公表し実行された。企業統治，特に上場企業の企業統治システムには，会社法（公司法）のみならず，上場会社の規制に関して一連の規則，関連法，原則，ガイドライン，指導意見などが公表され，執行，監督，指導が実施されている。

[3] 取締役会の国際比較

　中国の場合，取締役会の構造では全体的に西欧に近い委員会制度が設置されているが，中国の国情を反映して委員会の中で必ず戦略，会計監査委員会を設けているのが特徴としてうかがえる。なお，委員会制度導入だが，監査役会を存続させることも1つの特徴である。なお，社外取締役では日本とは違うアングロ・サクソン型の独立取締役制度を実施していることなどもうかがえる。

3　残されている課題

　中国の企業統治は，市場・経済・経営の国際化・グローバル化の潮流の中で，上述のように新たな段階に入ったといえるが，とりわけ上場企業のガバナンス

については，いまだ解決の困難な問題がいくつかあり，今後残されている研究課題として取り組むべきであると考えられる。

1 流通と非流通株

　資本市場の中で流通株と非流通株はともに上場会社が発行しているが，公開発行している株式だけが流通でき，国家株と法人株は流通できない。いわば，「株式権利双軌制」を意味している中国独自の株式所有制の下では，政府機関や国有法人が発行済み株式の60％以上に達する国有株・法人株等の非流通株を所有し続け，「一株独大」と呼ばれる集中型所有構造に変化がみられない。他方，35％の流通株はどうかといえば，過度に分散しており，経営者に対するモニタリングの期待がかかる機関投資家の持ち株比率は，10％を超えてはならないという制限があるため，極めて低く，金融市場や証券市場のモニタリング機能も，当然弱い（金山権〔2006〕「経営行動の外部監視機能と所有構造――中国のコーポレート・ガバナンスを中心に」経営行動研究学会編『経営行動研究学会第16回全国大会および第6回日本・モンゴル国際シンポジウム報告要旨』16-18頁）。

　こういう現状の下で実際状況をみると，「一株独大」となっている企業，なかでも特に"国有独占業種"の国有独資企業の企業統治評価がその他の企業より低い点が注目される。22社に上る国家が独占する**七大業種**の2006年度企業のガバナンス平均評価はその他企業より3ポイント低く，最高点さえもその他企業より低いことである（「2007年中国上市公司100強公司治理評価」〔中国社会科学院〕『中国証券報』2007年4月17日）。これは，こういう国有独占企業は依然として割合強い"国有属性"のコントロールを受けている関係で全体的には"悪くはない"が，同時に"国有独占"の恩恵を受けているため，市場競争への意識が他企業より欠けていることを示している。いずれにせよ，企業統治システム構築の中で，流通と非流通株問題は避けては通れない課題であろう。

七大業種：国務院国有資産監督管理委員会が公表した「国有資本の調整と国有企業の再編推進に関する指導意見」（2006年12月18日）によると，国家持ち株業種には以下の7種類が含まれている。軍事産業，電網電力，石油化学，電信，石炭，民用航空，航空運輸。

2 「株式権利双軌制」などに伴う問題点

株式権利双軌制とは，中国資本市場の中で流通株と非流通株はともに上場会社が発行している株式であるが，公開発行している株式だけが流通でき，国家株と法人株は流通できないことを意味している。株式権利双軌制下で生まれた「一株独大」という特徴では，当該企業内部の経営者や従業員による経営支配，つまり「内部者支配」，当該企業の取締役による時には複数の他社の取締役の兼任，つまり「取締役兼任」や，当該企業とその関連法人または関係者同士の間の取引，つまり「関連取引」が顕著にみられる上場企業にあっては，大株主による企業資産の移転，横領，偽帳簿づくり，粉飾など，会計不信を招くような不正行為が蔓延し，深刻化している。会計事務所や公認会計士による監査業務にまで，不正行為は広がってきている。経営者や会計士らのプロフェッショナルとしての資質・適性・意識や倫理観の欠如が，こうした事態を助長する大きな一因になっていることは，否めない*。

> * ここで紹介した諸見解は，次の文献の中でより詳細に展開されている。平田光弘(2006)「違規から合規へ：新段階に入った中国のコーポレート・ガバナンス 第3回コーポレート・ガバナンス国際シンポジウムに参加して」『月刊監査役』No. 517；「2007年中国上市公司100強公司治理評価」(中国社会科学院)『中国証券報』2007年4月17日。

中国上場会社上位100社中，60％の企業が企業グループである企業集団と親子関係をもっており*，親会社または持ち株会社はこの上場会社の重要な供給先となっている。こういう状況の下では，厳しく監督すべき関連取引は当然見逃される可能性が高く，結局株主の利益が損なわれる。本質的には，依然として内部者支配が温存されていることと，当該企業とその親会社または持ち株会社との間の取引は減少しないことを物語っている。

> * 「2007年中国上市公司100強公司治理評価」(中国社会科学院)『中国証券報』2007年4月17日。

中国企業統治レベルは逐次に向上しつつあると同時に，上場会社における企業統治システムの構築ではすでに企業間の差が出ている。この傾向は，政府の監督管理の圧力下での"強制的制度変遷"から，一定の市場による圧力や，企

業の自主的な"誘導的制度変遷"に変わりつつあることを意味している。こうした変化の趨勢により，今後の企業統治の構築は相応に"政策基調"の改善と同時に強制的な具体的措置に過分にこだわるのではなく逐次に範を示すか選択的制度を導入することが必要となる。

3 アメリカ型の企業統治モデルの適応性の問題

　外国文献，先行研究の中で，中国が圧倒的に力を入れているのが米国のアングロ・サクソン・モデルの研究と導入の試みである。アベグレンは，アメリカの企業統治は失敗したと断言し，日本でもうまく適応されないと指摘している（J.C. アベグレン／山岡洋一訳〔2005〕『新・日本の経営』日本経済新聞社，200-227頁）。彼は，アメリカ型モデルは会社株主の所有物であるという考えが基本で，所有と支配の分離への懸念が企業統治の発端であり，株主の利益（株価の上昇）がアメリカ企業の方針と行動の基礎となっていることを示している。アベグレンは，社外取締役（独立性の欠如問題など），ストック・オプション，絶対君主のようなCEO，透明性ある会計操作，などからアメリカの企業統治の特徴を明らかにした。また，日本企業の強みと企業統治の共通点は，共同体の発展であると示唆し，共同体として働き，社会組織の人間関係を密接にすることで，不正を防ぐ方法などが企業統治のためにもっとも効率的であると指摘した。伝統的に従業員重視の企業制度をもつドイツのシュレーダー元首相は総理大臣としての最後の演説で「我々はアングロ・サクソン資本主義から学ぶべきものはない」と主張した（ロナルド・ドーア〔2006〕『誰のための会社にするか』岩波書店，39頁）。外国の経験を生かし，教訓を吸収するのは重要であるが，あくまでもそれぞれの国の現状に合致する理論の構築が不可欠である。

　中国の企業統治，特に上場会社における企業統治は16年＊という年月を辿ってきたが，企業行動のグローバル化の進展に伴い，外国の経験を参考にしながら中国の状況を踏まえ，その特徴を活かした企業統治システムの構築に力を入れている。1990年代初めから中国にとって，企業統治システム構築の一番重要な狙いのひとつが，深刻化しつつある内部者支配と所有者不在問題の是正であった。もちろん，16年後の現在でも解決済みとはいい難い。

第Ⅱ部　コーポレート・ガバナンスの国際比較

▶▶ *Column* ◀◀

非流通株の改革：国有株の放出（股権分置改革）

　中国では，1999年と2001年の2回にわたって，上場会社から実験的に数社を選んで国有株の売却，つまり国有株の放出を試みました。この実験では，対象となる企業の株価だけでなく，売却の対象範囲が他の上場企業の株に拡大させるのではないかという思惑から，市場全体の株価も急落しパニック状態まで落ちてストップされた経緯がありました。

　このような教訓から，2005年からの非流通株改革においては，『指導意見』に従い市場の需給関係に配慮して，国有・法人株が流通株に転換されてからも，売却が認められないロックアップ期限が設けられています。

　具体的に，実際の市場への売却は，最初の1年間は一切認められない上，発行済株数の5％以上を保有する非流通株主については，売却株式数が次の12カ月（流通権取得から24カ月）以内は5％，24カ月（同36カ月）以内は10％を超えてはならないと規定されています。その規定に加え，一部の企業では，非流通株の売却を認めないロックアップ期間をさらに延長するなど，これより厳しい売却条件が付け加えられています。

　中国証券監督管理委員会はこのような国有株など市場での取引が禁止されていた「非流通株」について，売却解禁後でも通常取引での大量売却を制限する「相場下支え策」を2008年4月20日付で始めました。これらの措置により，これまで市場における需給の悪化を防ぐことができましたが，大量解禁の期限が間近に迫ってきていることも予想されます。

　非流通株は，一定のロックアップ期限を過ぎれば，自由に売却できるようになっていますが，これにより，将来的に中国本土における非流通株と流通株の共存という証券市場の二重構造が次第に解消されることになります。国有株の非流通から流通へ，そして国有株の放出によって，大型国有企業の民営化への改制が本格的に行われることになります。

　したがって，今後企業統治のさらなる構築と改善，ひいては企業の効率経営化と競争力の増大への期待は大きくなると予想されますが，残っている課題も少なくありません。

＊　国務院発展研究センター（2007）「中国企業統治16年の回顧」http://www.drcnet.com.cn/DRCNet.Channel.Web/subject/subjectIndex.aspx?chnId=3842　2007年12月12日アクセス

論点整理

　本章では,外部環境の動きとグローバル時代の流れに従い中国の企業統治改革も大きく変わりつつあることを示唆した上でこういう環境の下で行われている企業統治システム構築の背景を取り上げた。なお,中国における企業統治構造は主に,政府主導型,同族主導型,法人主導型の3種類および3つに分けて中国企業統治の特徴の比較を試みた。中国における企業統治は,時代の変化に沿って自国における企業モデルの規範化,企業を規制する制度などが収斂し統一化に向かっている。日本を中心とする外国の経験を参考にしながら中国の状況を踏まえて自国の企業統治システムの構築に力を入れている。

　以上の状況を踏まえた,①流通と非流通株,②「株式権利双軌制」などに伴う問題点,③アメリカ型の企業統治モデルの適応性の問題,の3点から企業統治の今後の課題を検討したが,企業不祥事の抑止・防止,経営者自らの,ひいては企業自らの自己規制力の増強,革新的な経営者や従業員の育成に力を注ぐ必要,などはまさしく重要な課題であろう。

推薦図書

菊池敏夫（2007）『現代企業論――責任と統治』中央経済社
　　企業統治論の立場から,企業の社会責任,企業所有構造の変化,規制問題等を説明している。

佐久間信夫編著（2006）『コーポレート・ガバナンスの国際比較』税務経理協会
　　外部監査と会社自体における企業統治を日・欧・米・中・韓などの国を中心に説明している。

金山権（2008）『中国企業統治論――集中的所有との関連を中心に』学文社
　　中国における企業統治の全貌およびなぜ集中的所有構造なのかを説明している。

設問

1. なぜ中国の株式会社,特に上場会社の所有構造は外国ではあまり例がない「一株独大」なのでしょうか。
2. 中国の企業統治構造は,実質的には日本のシステムの構造を有していますが,これはなぜでしょうか。

（金山　権）

終 章

21世紀のコーポレート・ガバナンスの課題と展望

1 巨大株式会社の出現と経営者支配

1 巨大株式会社と専門経営者

　企業は，所有者の私的な富の増殖手段として「オーナー」と呼ばれる所有経営者によって支配されてきた。「私有財産制度」の下では，財産は特定個人の私的な所有物であり，使用・収益・処分のあらゆる権利は所有者に帰属する。すなわち，所有者は自分の自由な意思でリスクをとって自己の財産を事業に投下し，その事業を自らの利害に基づいて自由に利用し，この事業から生じるあらゆる成果の取得を保証される（リスク＝支配＝利益の一体性）。（三戸浩他〔1995〕『企業論』有斐閣，98-99頁）

　しかし，20世紀に入って，単独個人の財産だけではまかなえない巨額のリスクマネーを必要とする大規模事業を営むために，株式の発行を通して社会的にリスクマネーを集める株式会社が支配的企業形態として一般的に活用されるようになっていった。さらには株式会社制度が普及するのに伴って証券取引所が整備され，その結果，ますます大衆の零細な資金を含む大規模な資金を資本市場から調達する方法が生まれることになった。この結果，多数の大衆株主が誕生し所有の分散化が進行し，会社経営に関心を示さない多数の群小大衆株主（**無機能資本家**）が生まれるところとなった（角野信夫〔2006〕「21世紀の企業モデルと経営理論――米国を中心に」経営学史学会編『企業モデルの多様化と経営理

無機能資本家：機能資本家が経営者として直接事業活動に携わるのに対して，無機能資本家は単に資本を企業に提供し，利子や利潤を得ている資本家を意味する。大衆株主はその投資規模が小さく，最初から経営に参加する意思をもたず，むしろ譲渡利潤や配当の取得をめざして株主となっている。

論』文眞堂，31頁以下）。

　米国において，こうした巨大株式会社の登場とそこでの株式所有の分散化とを背景として，所有者ではない経営者が取締役会メンバーと自分の後継者を選任する事態，すなわち経営者支配（management control）が出現し，1920年代にはすでに最大200社のうち44%の巨大株式会社で経営者支配が成立していることがバーリ（A.A. Berle, Jr.）とミーンズ（G.C. Means）によって実証的に明らかにされるところとなった（三戸他〔1995〕100-102頁）。またゴードン（R. A. Gordon）は，巨大株式会社が垂直的かつ水平的に階層・職能分化を遂げており，こうした極めて多数の分業単位を一つにまとめ上げるビジネス・リーダーシップが極めて重要な存在となっていることを明らかにするとともに，長年の企業経営の経験と専門知識を有する専門経営者がこうしたビジネス・リーダーシップの行使を通して実質的に会社を支配しているものと主張するところとなった（角野〔2006〕33頁）。いずれにしても資本主義経済の中核を担う巨大株式会社において経営者が実質的に会社を支配しているとする経営者中心主義は専門経営者が巨大な権力を掌握していることを意味するものであり，こうした事態は他の先進工業諸国においてもほぼ共通の現象となっていった。

<u>2</u>　専門経営者とコーポレート・ガバナンス

　こうした専門経営者の権力行使に対する監視・監督の空洞化・無機能化が問われるところとなったのは，企業の不祥事と業績不振や巨額の経営者報酬問題に対する社会的批判を契機としていた。すなわち，巨大株式会社の経営者権力の牽制・チェック機能や企業競争力を強化するためのガバナンス・メカニズムが問われるところとなった。

　こうした経営者に対する監視・監督には内的コントロールと外的コントロールがある。特に内的コントロールの主体としてもっとも重要なものは会社機関，なかでも取締役会（ないし監査役会）であり，外的コントロールとしてもっとも重要なものは株式市場である（吉森賢〔2001〕『日米欧の企業経営——企業統治と経営者』放送大学教育振興会，27-29頁）。従来，英国や米国では株式市場を通じた外部コントロール（市場志向型ガバナンス）がコーポレート・ガバナンスの

中心的手段であり，日本・ドイツでは間接金融を中心とした企業財務とメイン・バンク・システム，企業（銀行を含む）間の**株式相互持ち合い**（長期安定株主の存在）と人的結合（取締役・監査役兼任）による内的コントロール（関係志向型ガバナンス）がコーポレート・ガバナンスの特徴として理解され，両者が区別されてきた。しかし，1990年代に入ると米国では機関投資家の「株主行動主義」による株主総会での株主権行使や社外取締役への働きかけによる業績不振企業の経営者の更迭など関係志向型傾向が強まる一方，ドイツや日本では，間接金融から直接金融への資金調達方式の変化，メイン・バンク制度の動揺，株式の相互持ち合いの見直しそして外国人機関投資家の台頭を契機として株式市場による外的コントロールが強まっている。

2 株式市場の構造的変化と外的コントロール

1 米国の株式市場の機関化現象と外的コントロール

特に株式市場の経営者に対する外的コントロール機能が大きくクローズアップされるようになったのは米国では1980年代以降，ドイツや日本では1990年代以降であった。そして米国流の新自由主義経済路線*の国際的波及とグローバルに資金を集め，株式等で投資・運用する機関投資家のプレゼンスの高まりとともに「株主の復権」とも呼べるほど株式市場の圧力は世界的に高まっている。

* 片岡信之（2008）「株主主権的企業観の問題性」片岡信之・海道ノブチカ編著『現代企業の新地平』千倉書房，に詳しい。

従来米国の株式市場では個人投資家が中心を占めていたが，次第に年金基金や投資ファンド・保険といった機関投資家がそのプレゼンスを高めてきた。ドラッカー（Drucker, P.F.）によれば，「金持ちではないが，豊かな……中流階級

株式相互持ち合い：わが国では1960年代に入ってOECD加盟に伴う資本の自由化を前に海外からの敵対的企業買収への脅威が高まったことを背景として，安定株主工作の一環として取引先・取引銀行が相互に協力する形で株式を相互に持ち合う結果，生まれるところとなった。こうした相互持ち合いはドイツでもみられ強固な企業間ネットワークが構築されてきた。
メイン・バンク →第6章117頁参照。

の出現と，平均寿命の伸長が，年金基金と信託基金の発展をもたらした。その結果今日では，先進国社会における主たる財産，すなわち，株式公開企業の新たな法的所有者が誕生した。この変化は，かつて私が分析したように，アメリカで最初に起こった……。今日では将来の年金受給者を代表する機関が，アメリカの全上場株式の40%以上，大企業の株式の60%を所有するに至っている。」(P. F. ドラッカー／上田惇男訳〔1999〕『明日を支配するもの——21世紀のマネジメント革命』ダイヤモンド社，67頁)。

　機関投資家はその投資特性においてリスク分散のために投資先を分散させており，「少数株主」としての性格を有する。とりわけ，年金基金は1974年に成立したERISA法 (Employee Retirement Income Security Act：従業員退職所得保障法) により**受託者責任**として分散投資を義務づけられるところとなった。こうして，機関投資家は資産預託者のために株式投資から最大の投資利回りを実現するために，ウォールストリート・ルールに基づいて業績が良くなると予想されれば株を「買い」，悪くなると予想されれば「売る」という投資行動を基本としており，純然たる投資目的から株式保有している機関投資家は，従来の日本やドイツの銀行・企業のように政策目的で株式を長期間保有している法人株主とは異なり，安定株主とはなりえない (しばしば機関投資家は「我慢強くない投資家」と呼ばれた)。こうした機関投資家の株式投資行動からすれば，業績不振に喘ぐ企業の株式は機関投資家の「退出」行動をもたらす。機関投資家の大量の株式売却は株価を下落させ，**敵対的買収**の脅威は高まる。敵対的企業買収が実現すれば，経営者は更迭され，新たな経営者が送り込まれることになる。事実，1980年代に起きた米国の敵対的企業買収ブームもこうした機関投資家の行動様式を背景としていた。この「市場の規律」が従来の米国のガバナンス

受託者責任：受託者責任とは，年金制度の運営やその資産の運用に携わる受託者が果たすべき責任である。受託者は，①もっぱら加入者および受益者の利益のために職務を遂行すべきことを意味する忠実義務と②その職責と状況に応じて「思慮深い慎重な人 (a prudent man)」としての注意義務を果たすことが求められている。

敵対的買収：敵対的買収とは友好的企業買収とは異なり，被買収企業の経営者の理解・同意が得られていない買収をいう。経営陣が保身で買収提案を拒むのを防ぐため買収防衛策の発動根拠として企業価値を破壊する「乱用的企業買収」と区別する必要があるともいわれている。

の基本であったのであり，このため経営者は自己の地位を維持し，経営者としての名声を維持する上でも常に株主重視ないし株価重視を意識せざるを得なかった。

2 ドイツと日本の株式市場の機関化現象と外的コントロール

しかし，こうした株式市場の変化と外部コントロールはその後，資本市場のグローバル化と金融の規制緩和をも背景としてドイツや日本でもますます高まっているように思われる。ドイツや日本でも機関投資家は急速にそのプレゼンスを高めており，伝統的にガバナンスの主体であったメイン・バンク，企業，国家の役割は縮小しつつある。

ドイツでは，従来，大銀行は企業に対する大規模な融資，直接的な株式保有，寄託議決権制度，人的結合により「銀行権力」とまで呼ばれるほど企業経営に対して大きな影響力を行使してきたが，1990年代に入ってそのビジネス・モデル（与信業務から**投資銀行業務**へ）の変更に伴い，企業との関係を見直し，株式保有を減らしている（ライナー・ツーゲヘア／風間信隆監訳〔2008〕『ライン型資本主義の将来』文眞堂，に詳しい）。また株式市場でも機関投資家が急速に台頭し，企業支配権市場が誕生しているといわれている。これまで安定的大株主の存在によってドイツでは敵対的企業買収は不可能とまでいわれていたにもかかわらず，2000年複合企業マンネスマンに対する英国のボーダフォン・エアタッチによる敵対的企業買収は現実のものとなった。ドイツでも短期的に業績を改善し株価を高めるように求める株主圧力は高まっており，そうした株式市場の圧力の下で大規模なリストラクチャリング（事業の再構築）が積極的に展開されている。

日本でも1990年代に入って「バブル崩壊」に伴う深刻かつ長期の不況をも背景として，銀行と企業の関係を見直し，系列や企業グループを再編する動き

投資銀行業務：通常の銀行は個人・法人などから預かった預金を元手に個人や法人に融資業務を行う商業銀行業務を中心としていたが，投資銀行業務は顧客企業に株式や債券といった有価証券の発行による資本市場からの資金調達，M&A（合併・買収）についての助言，各種保有資産の流動化による資金調達などが中心となる。

が広がっており，従来の株式の相互持ち合いも大きく変化を遂げつつある（1990年代前半に30%を超えていた株式持ち合い比率は05年には11%にまで低下している〔『日本経済新聞』2008年7月19日付〕）。一方，日本の株式市場でも外国人機関投資家が急速に台頭している。2006年の北越製紙に対する王子製紙による敵対的企業買収や2007年のブルドックソースに対する外国投資ファンドの敵対的企業買収など結局はいずれも失敗したものの，敵対的企業買収の脅威はますます高まっており，2008年5月現在，**買収防衛策**の導入企業数は500社を超えており（『日本経済新聞』2008年5月13日付），後述される機関投資家の株主行動（経営者との直接的対話や議決権行使）とも合わせて，株式市場の経営者に対する圧力は一段と高まっている。

3　企業の不公正な行為・競争力の強化と内的コントロール

ドラッカーによれば，トップ・マネジメントを監督し，助言し，その意思決定を審査し，さらにはトップ・マネジメント（業務執行役員）を任命する機関の名称は様々であり，英米では Board of Directors (取締役会)，ドイツでは Aufsichtsrat（監査役会），日本では取締役会と呼ばれている。取締役会の機能には①審査のための機関（トップ・マネジメントに助言し，忠告し，相談相手となる機関），②成果をあげられないトップ・マネジメントを交替させる機関，③種々の利害関係者との渉外機関の3つの機能を期待されているが，いずれの取締役会も機能していないとされる（P. F. ドラッカー／上田惇男訳〔2001〕『(エッセンシャル版) マネジメント――基本と原則』ダイヤモンド社，233-234頁）。

こうした取締役会の無機能化現象は，しばしば企業の不公正な行為の発覚・業績不振とともに認識されるところとなった。しかし，こうした事態が明らかにされる中で，取締役会のモニタリング機能の強化が図られてきた。

米国では社外の独立取締役*が取締役会に占める比率は高まり，1980年代半ばにはすでに過半数を超えており，業務執行機能を担う専門経営者，それを監

買収防衛策　→第6章128頁参照。

視・監督する独立性の高い取締役会の機能分担が明確に確立するところとなった。また取締役会の機能を強化する目的で取締役会内各種委員会が設置され，ニューヨーク証券取引所の上場基準では社外取締役だけで構成される監査委員会の常設が上場基準とされてきた。機関投資家は1990年代に入るとあまりに大量の株式を保有した結果，その大量の株式売却が株価水準全体を下げる事態が生まれたこと，また機関投資家の運用スタイルが**インデックス運用**に重点移行した結果，代表的株価指数を構成する銘柄を以前に比べ，比較的長期にわたって保有するようになっていった**。しばしばこうした機関投資家は「売り逃げられない投資家」と呼ばれた。さらに米国労働省が1988年にエイボン社年金基金からの質問に回答した「エイボン・レター」で，保有株式の議決権行使も「受託者責任」のうちに含まれる見解を明らかにした。その結果，機関投資家は積極的に「**株主行動主義**」に基づく行動，すなわち「発言」行動を行うようになっており，株主総会での議決権行使や社外取締役と連携して経営者の更迭など内的コントロール強化の動きがみられた。

* 米国では社外取締役の「独立性」が強調される。その場合，独立取締役の規定には米国内国歳入庁（IRS），証券取引委員会（SEC）およびニューヨーク証券取引所の定義がある。吉森（2001）171-174頁に詳しい。米国法律協会の定義では「経営者および支配株主からの独立性」が強調されている。土屋守章・岡本久吉（2003）『コーポレート・ガバナンス論』有斐閣，221，239頁。
** こうした投資戦略はリレーションシップ・インベスティングと呼ばれる。吉森（2001）128-129頁。

ドイツではすでに二層型トップ・マネジメント組織の下で監査役会と執行役会（Vorstand）とは組織的・人的に完全に分離しており，この点では業務執行機能とモニタリング機能との機能分担は確立されている。しかし，ドイツでも1990年代に相次いだ企業不祥事や投機などによる企業の破綻・危機の続発を契機に監査役会の無機能化が大きなガバナンス問題として浮上し，株式市場を

インデックス運用：日経平均株価や東証株価指数などインデックスすなわち株価指数に連動するように投資銘柄の選定を行う投資戦略を指し，パッシブ投資とも呼ばれる。これに対して証券市場の平均投資収益率を上回る収益率を実現することをめざして個別企業に集中的に投資する戦略はアクティブ投資と呼ぶ。
株主行動主義 →第1章25頁「アクティビスト（Activist）」参照。

志向する監査役会の監視・監督機能強化のための一連の改革が進められるところとなった。

日本でも従来，代表取締役社長をトップとする内部業務執行役員が取締役を兼任しているケースが多く，法的には代表取締役社長を中心とする業務執行を取締役会と監査役が二重にチェックするという体制があったにもかかわらず，取締役会の規模が米国に比して極めて大きく，しかも内部業務執行機能を兼任する社内取締役で自己監視・自己監督の域を出ず，また監査役も社内出身者が多く，その人事権を代表取締役社長が握っている場合が多く「閑散役」と揶揄されるほど形骸化していた。こうした内向きのトップ・マネジメント組織の弊害が一連の企業の不正行為において一般に認識される中で内的コントロールを強化する動きが強まることになった。1990年代後半以降，社外取締役・社外監査役の採用によるモニタリング機能強化，執行役員制度の導入と取締役会規模の削減，**カンパニー制度**や**持ち株会社**の採用による戦略立案・決定機能と業務執行機能の機能分担による競争力強化の動きが進んできた。さらに2005年6月に成立した会社法において「公開大会社」の場合には監査役会設置会社と委員会設置会社の選択性の下で，後者の場合には米国型のトップ・マネジメント組織が導入された。一方これまでの監査役会設置会社の場合には，社外監査役を過半数とすること，取締役会への出席を義務づけたこと，監査役の任期を4年とすること，そして監査役の選任にあたっては過半数の監査役の同意を必要とすることなど監査役の権限が大幅に強化されるところとなった。

こうした一連の内的コントロールの強化の方向は，明らかに**直接金融方式**に

カンパニー制度：カンパニー制度とは，事業部制に市場原理を導入して，独立会社により近づけた形態の「擬似会社制」を指し，「社内分社制」とも呼ばれる。事業部制に比べ独立性が高く事業成果も明確で，責任も重い。擬似資本金が配賦され，一定の基準で損益計算書，貸借対照表を作り会計上完全に独立した事業体として管理・運営される。

持ち株会社：戦後の日本では独禁法9条により事業を営まずに，もっぱら他社の株式を保有し支配する純粋持株会社は認められていなかった。しかし1990年代半ばにNTTの経営形態の変更問題を契機に持株会社解禁の議論が起こり，1997年独禁法の改正によりこれが認められるところとなった。

直接金融方式：日本の高度成長期においては，資金需要者と資金供給者の間に，第三者（金融機関）が介在する間接金融方式が中心であった。その後1980年代以降，資金需要者である企業が株式や債券を発行し，資金供給者に直接購入してもらうことで資金を調達する直接金融方式が重視されるようになった。

よる資金調達の重要性と株式市場のグローバル化を踏まえて，株主権の強化の方向でのトップ・マネジメント改革が世界的規模で進んでいることが確認されうる。

4 多元的企業観（ステークホルダー重視）とコーポレート・ガバナンス

以上で確認できるように，新保守主義に基づく経済政策の展開と歩調を合わせ，また株式市場での機関投資家のプレゼンスの拡大とともに，米国では1980年代以降，日本や欧州では1990年代以降，「株主の復権」とも呼びうるほど株主の影響力は高まっており，経営者に対する内的・外的コントロールは短期的な業績志向の株主圧力と連動して高まっているものと考えられる。

しかし，同時にこうした「会社は株主のものだ」とする，伝統的な一元的企業観（「株主主権論」）とともに，すでに1930年代以降，企業は社会の一制度であり，広く企業を取り巻く**ステークホルダー（利害関係者：stakeholder）** の諸利害の調整を通して長期・持続的な発展を遂げることこそ重要であるとする多元的企業観も提唱されてきた。すでにバーリとミーンズは，1932年に彼らの共著において，「今日の巨大株式会社は，支配者の下に膨大な数の資本提供者・労働者・消費者・個人の活動を組織化した制度であるとし，もし将来，株式会社が生き残ろうとするなら，巨大株式会社の支配は私的欲求よりも公共的立場から社会の多様な欲求のバランスを取る中立的なテクノクラシー（経営者）により発展さるべきである」と主張していた（角野〔2006〕33頁）。

またドイツでは戦前にワルター・ラーテナウ（Walther Rathenau）も「大企業公器論」を展開し，「今日の大企業は私的利益の産物にとどまらず，それ以上に個別的にも全体としても国民経済と共同体全体の一部である。大企業はその起源により利益追求的性格を今日においても示しているが，それははるか以前から次第に公益に尽くすことができるようになってきた。これにより大企業には新しい存在意義が与えられた」と主張していた（吉森賢〔2007〕「企業の社

ステークホルダー（利害関係者）　→第4章73頁参照。

会的責任の日米欧比較」赤羽新太郎編著『経営の新潮流』白桃書房，39頁）。

わが国でもすでに福沢諭吉や渋澤栄一，戦後は松下幸之助・立石一真など大企業の名だたる経営者の多くが企業は「社会の公器」であると主張していたこともよく知られている*。松下幸之助によれば，「企業は社会の公器である。したがって，企業は社会とともに発展していくのでなければならない。……やはり，ともどもに栄えるというか，いわゆる共存共栄ということでなくては，真の発展，繁栄はあり得ない。それが自然の理であり，社会の理法なのである。自然も，人間社会も共存共栄が本来の姿なのである」（松下幸之助〔1978〕『実践経営哲学』PHP研究所，42頁）。

* 松下電器（現「パナソニック」）やオムロン・京セラ等の経営理念については平田光弘著（2008）『経営者自己統治論──社会に信頼される企業の形成』中央経済社，第9章と10章に詳しい。

すでに株式会社制度の発展はこうした多元的企業観の展開とも結びついていたのであり，むしろ株主重視の一元的企業観と利害関係者重視の多元的企業観との間で絶えず揺れ動きながら展開されてきたものと考えられる。しかし，今日では「株主重視経営」や「株主価値重視」のコーポレート・ガバナンスがもたらす弊害も，2002年のエンロン社やワールド・コム社などの粉飾会計スキャンダルによって明らかにされるところとなった。1990年代に入って，米国経済はIT革命と金融革命により「ニュー・エコノミー」と呼ばれる持続的な経済成長を遂げ，数多くのハイテク企業が生まれ，株価の持続的上昇が実現した。株価の上昇は大衆の旺盛な個人消費・住宅投資を拡大させ，個人消費・住宅投資の拡大は持続的な経済成長をもたらすかのように思われた。しかし，すでに1996年当時のグリーンスパンFRB議長がハイテク株バブルへの警句として「根拠なき熱狂（irrational exuberance）」と表現したように，バブルは2000年春には崩壊し，業績悪化や倒産が続出するところとなった。コーポレート・ガバナンスで模範的な超一流企業と評価されてきた**エンロン社やワールド・コム社の経営破綻**は株価・株主重視経営の陥穽を象徴する事件であった*。

* 米国型コーポレート・ガバナンスの建前と現実については，片岡（2008）10，11頁に詳しい。

今日，巨大株式会社の存在は社会的存在であり，すでに利害関係者の支持なくしてはその存立・存続が許されないことは自明であるように思われる。決して株主だけで企業の事業活動は成立できるはずはなく，従業員，原材料供給業者，取引先，政府，地域社会の支持は企業の経済活動にとって不可欠の存在となっている。バーナード（C.I. Barnard）は協働システムの存続のためには組織構成員（ステークホルダー）の貢献意欲を喚起し，持続・向上させなければならないとして，貢献と意欲のバランス（彼はこれを「組織経済」ないし「組織均衡」と呼ぶ）を図ることが強調された。まさに今日でいう各種利害関係者との「相利共生（mutualistic symbiosis）」の主張に他ならない。

5 利害関係者の諸利害の調整とコーポレート・ガバナンス

 しかし，問題はこうした経営者が自主的・自発的にステークホルダーの諸利害を調整しながら経営を行っていくのか，ステークホルダー自身が巨大な権力を保持する経営者を牽制・監視する仕組みが必要とされるのかについては意見の分かれるところであろう。

 すでに米国では1960年代以降の公民権運動・消費者・市民運動や相次ぐ企業の不正行為に対する社会的批判をも背景として企業の社会的責任（corporate social responsibility）を求める運動が大きな高まりをみせてきた。特にラルフ・ネーダー（Ralph Nader）らが展開した「キャンペーンGM」はジェネラル・モーターズ（GM）に対して株主提案権を利用して少数民族・地域住民，消費者などの多様なステークホルダーを公益代表取締役に任命するように求め，その

エンロン社やワールド・コム社の破綻：エンロンやワールド・コムは米国の巨大企業であり，米国型コーポレート・ガバナンスの「最良の実践」を行っている企業として知られていた。例えば，エンロン社は13名の著名な社外取締役を擁し，監査・指名・報酬・財務・経営委員会といった各種委員会を組織していた。しかし実際には粉飾決算，株価操作，インサイダー取引などの不正行為が発覚し，2002年倒産した。

共生：本来生物学の用語で「複数種の生物が相互関係を持ちながら同所的に生活する現象」を意味するが，こうした共生現象には，相利共生（双方の生物種がその関係で利益を得る場合）や片利共生（片方のみが利益を得る場合）などがある。キヤノンの元会長の賀来龍三郎が「共生の哲学」を公表して以降世界的に知られるようになった。

後GMはその提案を受けて取締役会内に「公共政策委員会」を設け，また黒人公民権活動家を取締役に迎え入れることになった。

当時，世界的にみて利害関係者，特に労働者・労働組合の経営意思決定への影響力行使（「経営参加」）が大きな関心と議論を集めてきた。この点でもっとも大きな関心と議論を集めたのは欧州の経営参加の動向であった。特にドイツ（当時は西ドイツ）では，すでに1950年代から**労働者共同決定**と呼ばれる経営参加の仕組みが実現されていた。そこでは労働者利害代表が事業所レベルで経営側と協議・決定する仕組みが存在していただけではなく，業務執行を監督・監視する機関である監査役会に参加する制度が法律で規定されていた。1976年には従業員2000人を超える資本会社では監査役会への労資同数方式の共同決定法が成立していた。こうした共同決定はフランス・スウェーデンなどにも広がっていった。

さらにドイツでの労資共同決定の定着を受けて，これをさらに発展させようとする主張として，シュタインマン（H. Steinmann）等によって提唱された**企業体制論**（Unternehmungsverfassung）がある。この主張はコーポレート・ガバナンスの多元的利害代表モデルとも呼ぶことができる*。

* 以下の叙述にあたって，万仲脩一（2001）『企業体制論——シュタインマン学派の学説』白桃書房，およびF. X. ベア他（1998）『一般経営経済学　第1巻　基本問題』森山書店，を参照した。

シュタインマンらは市場経済的秩序の「歴史的－発生的分析」に基づいて，「出資者の利益，広義の労働者あるいは生産者の利益，消費者の利益および公共の利益」の4つの体制構成的利益（利害関係者）からなる多元的企業モデル

労働者共同決定：ドイツにおいて「労働者共同決定」は，労働者代表による企業内意思決定への影響力行使（「経営参加」）を表す概念であり，これには事業所内労働者利害代表機関である経営協議会（Betriebsrat）の経営参加権と監査役会への労働者代表（従業員・管理者・労働組合代表）の参加との双方を含む概念であり，わが国では労働側代表と出資者側代表とともに経営意思決定に関わることから「労資共同決定」とも呼ばれる。

企業体制論：ドイツの経営経済学で1970年代以降，出資者を中心とする利害一元的な企業モデルではなく，様々な利害関係者から構成される利害多元的な企業モデルとして構想する中で所有権に基づかない支配の問題，すなわち労働者や専門経営者の支配の正当性問題を議論するためにシュタインマン，シュミーレヴィッチらによって提唱されることになった。

を提唱するとともに，現代の企業ではこうした体制構成的利益の利害対立の調整・解決こそが企業の存続と発展に極めて重要な課題となっているものと考えられている。シュタインマンらによれば，こうした利害調整機能を経営者が自律的・自主的に果たすことを主張するものが「経営者の社会的責任」の理念に他ならない。

シュタインマンらは，こうした利害関係者の利害対立の調整・解決を企業政策の決定と実行を通してめざす行動規範の提唱の典型として，1973年のスイスのダボスで開催された欧州経営者シンポジウムで採択されたダボス宣言 (das Davoser Manifest) に求めている。ダボス宣言では，何よりも経営者の任務が，多元的利害関係者，具体的には顧客，従業員，資本提供者そして社会のしばしば対立する諸利害を調整することであることが示されるとともに，この利害関係者への奉仕のためには企業の存続こそが必要不可欠であることが謳われていた。これに対して，シュタインマンらは，ダボス宣言における「経営者の社会的責任」論が大企業の利害多元的性格を認め，企業を社会的存在とみなしている点を評価する一方，「エリートとしての経営者の社会倫理的・道徳的な意識に訴えて中立的な立場から実現しようとする文字通りの『理念』の表現にすぎず，それを実行あらしめるための制度的措置を導きうるような性格ではない」ことを鋭く批判するところとなった。

シュタインマンらは，利害関係者の諸利害を企業の政治的過程としての徹底した対話・討議を通して「合意」を生み出し，多元的諸利害を企業目的へと統合ないし内部化することを強調する一方，利害調整を行う制度的措置として，多元的企業モデルに基づいて「業務執行機関としての執行役会」と多元的利害を反映したメンバー構成からなる「統制機関としての監査役会ないし企業協議会 (Unternehemensrat)」との「協力モデル (Koorperationsmodell)」を提唱している。この「協力モデル」では，監査役会（ないし企業協議会）の構成員が利害代表機関として消費者代表や公益代表を含むように拡大されているばかりか，事後的統制を行うだけではなく，一連の「**同意義務のある業務** (zustimmungspflichtige Geschäfte)」規定を通じて事前的統制機能が付与されることで，多元的利害関係者の諸利害との調整・調和をめざす機関として位置づけられている

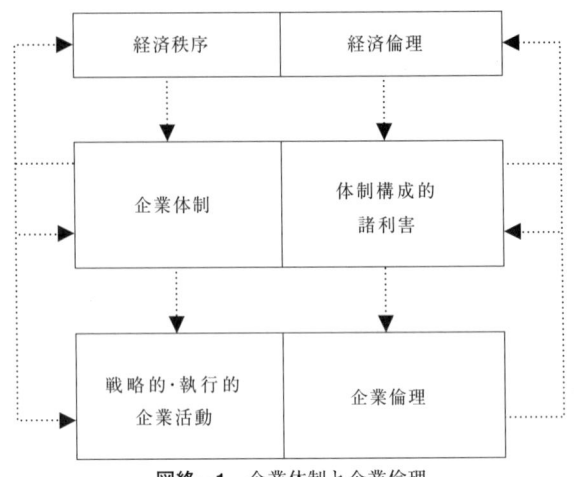

```
┌─────────────┬─────────────┐
│  経済秩序    │  経済倫理    │
└─────────────┴─────────────┘

┌─────────────┬─────────────┐
│             │  体制構成的  │
│  企業体制    │             │
│             │  諸利害      │
└─────────────┴─────────────┘

┌─────────────┬─────────────┐
│ 戦略的・執行的│             │
│             │  企業倫理    │
│  企業活動    │             │
└─────────────┴─────────────┘
```

図終-1　企業体制と企業倫理

(出所)　F. X. ベア他（1998）133頁。

(こうした理論的主張は，例えば，コラムに述べられているようにドイツでは少数とはいえ実践例があることに留意しなければならない)。この多元的利害代表から構成される監査役会（ないし企業協議会）が業務執行機関たる執行役会との協力・相互作用を通して各種利害関係者の諸利害を企業政策・戦略を反映させることで，企業の社会的責任の具体的実践を図ることがめざされている。これにより，「企業の社会化」に対応した「企業の民主化」を実現することが意図されているものと考えられる。同時に，こうした企業体制改革を補完するものとして利害関係者との「討議（対話）による合意」により「根拠づけられた倫理的原理」に基づく「**企業倫理**（Unternehmensethik）」の確立の必要性が強調されている（図終-1）。

同意義務のある業務：ドイツの監査役会では株式法で「定款もしくは監査役会で，特定の業務が監査役会の事前同意によってのみ行うことができる」と規定しており，多くの大企業の監査役会でM&Aや大規模な投資・借入れなどの戦略的意思決定に対して影響力を行使することが可能となっている。

企業倫理　→第4章74頁参照。

6 21世紀のコーポレート・ガバナンスの課題と展望：社会に信頼される企業の形成をめざして

　以上，本章で確認しえたように，巨大株式会社の専門経営者の権力の正当性をめぐって株主主権論とステークホルダー論との間で揺れ動きながら議論が展開されてきた。たしかに株主主権論に立って健全かつ効率的な企業の発展のために，専門経営者に対する監視・監督を企業内・外からいかに行うかが，コーポレート・ガバナンスの議論の核心をなす。1980年代以降，経済のグローバル化と金融革命とも結びついてグローバルな規模で株式市場の圧力は高まっており，機関投資家の「退出」行動や「発言」行動が企業経営に大きな影響力を行使している。

　しかし，企業の長期的・持続的な発展のためには，経営者は企業を取り巻く種々のステークホルダーの諸利害に配慮しながら企業を経営することが求められる。すでにこれは，近年，**企業の社会的責任**としても議論され，大きな関心を集めている。このことはすでに確認しているように，バーリとミーンズの「経営者支配」論以降一貫したテーマとなっていた。そこではステークホルダーの諸利害への配慮・調整機能は専ら経営者の自主的判断・自己規制に委ねられていた。しかし，すでに1970年代における経営参加の議論では利害関係者の中でももっとも企業の存続と発展に大きな利害を有する労働者・労働組合の経営意思決定への影響力行使のための制度化（経営参加）がドイツをはじめとする欧州諸国で実現されていた。この経営参加の実現は，労働者・労働組合の高まる要求・運動とそれを支持する社会の声があったのであり，この点に「共生型」ガバナンス実現の条件があると考えられる。

　こうした経営参加は，今日の視点からすれば，より広範な利害関係者代表を含めるように拡張されなければならない。企業の社会化と民主化という視点か

企業の社会的責任（CSR）：企業は，社会に組み込まれて社会と様々な交換を行う社会的存在であるとの見地に立って，社会に対して経済的責任，法的責任，倫理的責任，社会貢献責任（「良き企業市民」）をその事業活動において果たしていくことであり，株主を含む様々な利害関係者に責任を果たすべきことが強調される。

らすれば，少なくとも公益代表と従業員代表の最高意思決定機関への参加が求められるとともに，各種利害関係者代表との対話の制度化が「社会に信頼される企業」を実現する上で必要不可欠であるように思われる。後者の具体的実践として，CSR の議論において注目されている**ステークホルダー・エンゲージメント***の具体的実践が必要になってくるように思われる。

　＊　谷本寛治（2006）『CSR——企業と社会を考える』NTT 出版，167 頁以下を参照せよ。

論点整理

　20 世紀に入って 19 世紀には考えられなかったほどの巨大な規模の企業が出現した。このような巨大企業の出現は株式会社形態をとって社会的にリスクマネーを調達することによって初めて可能となったのである。19 世紀の企業はオーナー経営者が支配してきたが，20 世紀の巨大株式会社の経営者として所有者ではない専門経営者が登場してきた。こうした株式所有が高度に分散化し，巨大な会社組織を動かすために高度な専門知識や判断力が求められるようになると，この専門経営者が会社の支配者として君臨するようになってきた。こうした経営者は極めて大きな経済的・社会的・政治的権力を掌握するに至った。健全かつ効率的な企業の発展のために，こうした経営者の意思決定や行動をいかに監視・監督するかがコーポレート・ガバナンス問題の核心にある。近年，世界的に資本市場において機関投資家の台頭とともに株主重視経営・株価重視経営が声高に叫ばれている。しかし，会社はその所有者である株主のために存在するのだろうか？　あるいは会社は社会的存在であり，利害関係者の諸利害を調整しながら，「社会に信頼される企業」をめざすべきなのだろうか？　はたして 21 世紀のコーポレート・ガバナンスはいかにあるべきであろうか？

ステークホルダー・エンゲージメント：エンゲージメントとは対話を通して相互に積極的関与することであり，ステークホルダー・エンゲージメントとは「企業が各種ステークホルダーと建設的対話を行い，そこでの議論や提案を受けて経営活動に反映させていくこと」とされ，すでに世界的に有名な NPO である GRI や AA 1000 でも提唱されている。

▶▶ **Column** ◀◀

VWのコーポレート・ガバナンスと「Auto 5000プロジェクト」

　ドイツのフォルクスワーゲン（VW）は，傘下にVW・アウディ・セアト・シュコダなどのブランドを擁する，欧州最大の自動車メーカーです。近年の業績は目覚ましく，2008年には米国フォード社を追い抜き，トヨタ・GMに次ぐ世界第3位のメーカーに躍進しています（『日本経済新聞』2009年2月3日付）。

　同社は元来国営企業でしたが，連邦政府保有株式の売却を柱とする民営化を契機に成立したVW法という法律により，議決権株式の20%を握るニーダーザクセン州を上回る議決権行使は認められず，長年敵対的企業買収の脅威から保護されてきました。しかし2004年，欧州委員会がEU域内の自由な資本の移動を妨げているとして「VW法」の廃止を求めて，欧州司法裁判所に提訴し，同裁判所は2007年に同法が欧州の法令に違反していると裁定し，これを受けて同法の改正問題が現在大きな争点となっており，敵対的企業買収からの防衛が大きな経営課題に浮上しています。そうした事情もあって，ニッチなスポーツ・メーカーとして知られるポルシェが株式を買い増しており，議決権の50%超を握ってポルシェSEホールディングの傘下に入ることになりました（ポルシェの創業者はVWの戦後の成長の原動力であった「カブト虫（Käfer）」を開発したことで知られており，同社との関係はもともと深かったのです）。

　このVWは2001年以降5000人の失業者を5000マルクで雇用するという画期的なプロジェクトを開始しました。ドイツは長い間大量失業問題に苦しんでおりますが，この失業の克服を同社の社会的責任として取り組んでいます（風間信隆「企業の社会的責任とVW社『5000×5000』プロジェクト」『明大商学論叢』第89巻第2号，2007年3月に詳しい）。

　こうした社会的問題への感受性の高さはトップ・マネジメントのあり方とも密接に結びついているようにも思われます。同社のトップ・マネジメント組織は監査役会と執行役会との二層制ですが，業務執行経営者の監視・監督を担う監査役会には多様な利害代表，すなわち，債権者代表，州政府代表，株主代表，従業員・管理者代表と労働組合代表が参加しています。この監査役会は，M&Aなど重要業務に対する事前同意権が付与されており，経営者に対して極めて大きな影響力をもっています。特に労働側の影響力は強く，監査役会の構成メンバーの半数が労働側によって占められているだけではなく，監査役会各種委員会も完全な労資同数で構成されています。また1976年共同決定法では何ら規定されていない，労務担当役員（Arbeitsdirektor）の選・解任も労働側の承認が必要とされています。また歴代の労務担当役員は金属労組（IGメタル）の労働組合員でした。こうした利害代表の経営参加も21世紀のコーポレート・ガバナンスのあり方において極めて重要であるように思われます。

[推薦図書]

ライナー・ツーゲヘア／風間信隆監訳・風間信隆・松田健・清水一之訳（2008）『ライン型資本主義の将来——資本市場・共同決定・企業統治』文眞堂

　　本書はドイツの資本市場の構造的変化（機関投資家の台頭やグローバル化）の下で資本市場による外的コントロールがますます増大していること，しかし依然としてドイツ固有の労資共同決定は有効に機能し，ドイツ固有の資本主義タイプが存続することを実証的に解明している。

土屋守章・岡本久吉（2003）『コーポレート・ガバナンス論——基礎理論と実際』有斐閣

　　本書は1990年代以降のコーポレート・ガバナンス論を包括的に整理するとともに，内外のコーポレート・ガバナンス改革の動向を詳細に検討している。

平田光弘（2008）『経営者自己統治論——社会に信頼される企業の形成』中央経済社

　　本書はコーポレート・ガバナンスの限界を指摘するとともに，経営者自身の自己統治（経営者型統治）の必要性を「社会に信頼される企業」の実現のために必要不可欠であることを論証している。

[設　問]

1．巨大株式会社の専門経営者に対する監督・監視機能について内的・外的コントロールの観点から最近の動向を踏まえ論じてください。
2．「株主主権論」と「利害関係者論」の観点から，それぞれのコーポレート・ガバナンスの長所と短所について明らかにしてください。

（風間信隆）

索　引

あ　行

ROE　*106*, *129*
アカウンタビリティ　*151*
アングロ・サクソン（型）　*189*, *191*, *211*, *215*
安定株主　*56*
ESG（環境上の問題，社会の問題および企業統治の問題）　*99*, *100*
EBRD（欧州復興開発銀行）　*203*
委員会設置会社　*8*, *59*, *124-128*, *131*, *230*
委員会等設置会社　*59*, *124*
移行経済　*204*
移行諸国　*188*
意思決定　*57*, *58*, *63*, *64*
意思決定機能　*56*, *57*
一元制システム　*4*
一元的企業観　*231*, *232*
インデックス運用　*229*
ヴァウチャー民営化　*190*
ウォールストリート・ルール　*4*, *30*, *226*
請負経営　*208*
売り逃げられない投資家　*229*
エイボン・レター　*229*
ALI（アメリカ法律協会）　*137*
エージェンシー理論　*12*
エコロジー的側面　*177*
SRI（社会的責任投資）　*86*
SEC（証券取引委員会）　*137*
エスニック・ダイバーシティー　*141*
NACD（アメリカ取締役協会）　*140*
M&A（合併と買収）　*114*, *117*, *134*
M&A 戦略　*117*
MBO　*211*

エリツィン　*187*, *188*, *193*
エンロン社　*49*, *52*, *232*
OECD　*201*

か　行

外国人株主　*56*, *63*, *121*, *129*
外国人投資家　*106*, *117*, *118*
外国籍の機関投資家　*121*
会社支配（論）　*14*, *16*, *19*, *21*
会社法　*79*, *123-127*, *131*, *152*, *157*
外的コントロール　*224*
各種委員会の設置　*79*
株式会社　*3*
株式会社法　*194*, *196*
株式権利双軌制　*217*, *221*
株式市場の機関化現象　*147*, *148*
株式譲渡制限　*124*
株式譲渡制限会社　*124*
株式相互持ち合い　*55*, *57*, *63*, *69*, *107*, *109*, *111-113*, *116*, *121*, *127*, *129*, *225*
株主　VS．ステークホルダーの構図　*145*, *148*
株主行動主義　*225*, *229*
株主資本主義　*134*
株主主権論　*231*
株主総会　*198*
株主代表訴訟　*121*
　　──制度　*123*
我慢強くない投資家　*226*
環境保護政策　*177-179*
関係志向型ガバナンス　*225*
監査委員会　*125*, *126*, *198*, *201*
　　──構成員　*127*
監査人　*201*

241

監査役　57, 121, 124-126, 129
監査役会　121, 172, 182, 185
監査役会設置会社　59, 124-128, 230
監査役設置会社　125
監視機能　50, 51
監督　56, 60, 64
監督機能　48, 58
　　――と執行機能との分離　57
　　――と業務執行の機能　58
カンパニー制度　230
キール，G.C.　51
機関投資家　5, 14, 29, 45, 47, 56, 111, 117, 119, 127, 128, 147, 155, 159, 181, 183
企業　2
　　――の社会的責任　→CSR
　　――の目的　142
　　――の倫理性（企業倫理）　73, 74, 236
企業者　170
企業集団　106
企業体制（論）　108, 109, 173, 234
企業統治　→コーポレート・ガバナンス
企業領域におけるコントロールと透明性に関する法律（KonTraG）　180
議決権行使　147
規制コスト　139
擬制資本　90, 91
寄託議決権　169
キャドバリー，A.　155
キャロル，A.B.　76
キャンペーンGM　233
旧三会　212
共益権　81
業績機能　52
共同決定システム（制度）　65, 176, 215
共同決定法　6, 175
業務執行　48, 58, 60, 63, 64
業務執行機能　57
協力モデル　235

銀行権力　227
近代企業制度　207, 208
金融資本主義　180
グローバル化　105
経営協議会　174, 175
経営参加　65, 234
経営社会政策　174
経営者支配　3, 15-17, 106, 112, 224
　　制約された――　16
経営者支配説　113
経営者支配論　18, 78
経営者中心主義　224
経営組織法　175
計画経済　207
ケイレツ　106
系列集団内　63
公開型株式会社　191, 194
構造的支配―権力パラダイム　46
公的規制　137, 138
コーポレート・ガバナンス　1, 107, 109-111, 121, 123, 124, 127-129, 131, 136, 167, 180, 182, 224
　　日本型――　112
コーポレート・ガバナンス改革　173, 180-182
コーポレート・ガバナンス規準　181
コーポレート・ガバナンス原則　137, 181
コーポレート・ガバナンス・システム　107, 109-112, 117, 123
国際会計基準　123
国有企業　203
国家資本主義　202
国家捕獲　189
コッツ，D.　36, 38, 42
ゴルバチョフ，M.　187
コンスティテュエンシー　135
コンプライアンス　76

索　引

さ 行

サーベンス・オクスレー法　49, 53, 137
財団所有　170
参加型ガバナンス　83
三位一体型　214
GRI　98, 99
CEO　139, 140
CSR（企業の社会的責任）　153, 183, 233, 237
CFO（最高財務責任者）　137
自益権　91
ジェンダー・ダイバーシティー　141
自主規制　137
市場経済　207
市場志向型ガバナンス　224
執行役員制　58-60, 79, 185, 230
指名委員会　125, 126, 127
社会的市場経済　6, 166, 173, 175, 177, 183
社会的責任投資　→ＳＲＩ
社外取締役　48, 54, 57, 58, 60, 63, 70, 79, 124, 126, 160
　──制　82
社会に信頼される企業　238
社内取締役　63
従業員の経営参加　183
集中的所有　209, 210, 212
受託経営層　7
受託者責任　92, 226
準則主義　134
違法機能　52
少数株主権　201
少数支配　15
商法特例法改正　58
常務会　56
所有経営者　223
所有者支配論　20, 21
所有と経営の分離　11, 15, 89, 136, 152
新三会　212

スコット，J.　38, 42
ステークホルダー（利害関係者）　3, 13, 73, 75, 87, 100, 101, 146, 153, 175, 231
　──の権利とそれに伴う利益の確保に関する法律　149
ステークホルダー・エンゲージメント　238
ステークホルダー型ガバナンス論　30, 31
ストックホルダー型ガバナンス論　30, 31
政府主導型　211, 221
石油危機　73
選出権力　30, 32, 34, 41, 44, 46
全般経営層　7
専門経営者　89, 90, 224
占有権力　30, 45, 46
洗練された株主価値論　93
総経理　215
相利共生　233
組織責任　74
組織パラダイム　30, 31, 46
組織風土　81
ソフトロー　94-96, 157

た 行

大会社　124
退出（離脱）（Exit）　88, 89, 120
代表取締役　56, 58
代表取締役社長　56
多元的企業観　231, 232
ダボス宣言　235
ダルトン，D.R.　51
忠誠（Loyalty）　88, 89
直接金融方式　230
D&O 保険　143
TOB　211
ディスクロージャー（企業の情報開示）　137
ディマジオ，P.A.　63
敵対的（企業）買収　226, 227
ドイツ・コーポレート・ガバナンス・コーデッ

243

クス（規準） *182*
同意義務のある業務 *235*
討議（対話）による合意 *236*
同型化 *63*
投資銀行業務 *227*
投資責任原則 →PRI
投資ファンド *91*, *117*, *118*
同族支配・財団所有 *167*
同族主導（型） *212*, *213*, *221*
独立取締役 *199*, *216*, *228*
特許主義 *134*
特許法人 *133*, *134*
トップ・マネジメント *75*, *80-82*
取締役会 *172*, *185*, *198*
トリッカー, R.I. *51*

な 行

内的コントロール *224*
内部統制 *162*
七大業種 *217*
二院制 *215*
二元制システム *4*
ニコルソン, G.J. *51*
二層システム *172*
日本型修正取締役会 *60*
日本的経営 *106*, *107*, *109*, *112*, *121*, *129*

は 行

ハーシュマン, A.O. *120*
ハードロー *94*, *97*
バーリ, A. *32-36*, *129*
買収防衛策 *128*, *228*
パウエル, W.W. *63*
ハウス・バンク *170*
発言（Voice） *88*, *89*, *119*, *120*
ハング, H. *64*
PRI（投資責任原則） *99*, *100*
PCAOB（公開会社会計監視委員会） *137*

比較可能性と公正性 *123*
ビジネス捕獲 *202*
一株独大 *209*, *210*, *217*
ヒルブ, M. *64*
プーチン, V. *193*
ブラント, W. *177*
ブランバーグ, P. *33*, *41*, *43*
分散型所有構造 *208*
閉鎖（型）株式会社 *191*, *194*
合伙（hehuo）企業 *212*
ボイド, B.K. *64*
放権譲利 *208*
報酬委員会 *125-127*
法人株主 *56*
法人主導（型） *213*, *214*, *221*
法制審議会会社法部会 *58*
法パラダイム *29-31*, *41-46*

ま 行

ミーンズ, G. *32-36*, *129*
民営化 *188*, *190*
無機能資本家 *223*
メイン・バンク *55*, *57*, *117*, *225*
メセナ活動 *77*
持ち合い株式 *117*
持ち株会社 *230*
モチベーション *214*
もの言う株主 *25*, *120*
モンタン共同決定法 *175*

や 行

役員報酬 *199*
ユーコス事件 *204*
有力株主不在の支配 *15*
ユニバーサル・バンク *170*
ヨーロッパ株式会社 *173*

ら・わ 行

联営 (lianying) 企業　*213*
利益星状連関を通じた支配　*16, 22*
利害関係者　→ステークホルダー
離脱（退出）　*88, 89*
流通株　*217*
　非——　*209, 217*
労働者共同決定　*234*
ロンドン証券取引所　*151*
ワールド・コム社　*49, 52, 232, 233*

執筆者紹介 (所属, 執筆分担, 執筆順, *は編者)

*海道ノブチカ（関西学院大学商学部教授, 序章）

岩波文孝（駒澤大学経済学部教授, 第1章）

坂本雅則（龍谷大学経営学部准教授, 第2章）

西　剛広（明治大学商学部講師, 第3章）

田中照純（立命館大学経営学部教授, 第4章）

清水一之（明治大学経営学部講師, 第5章）

松田　健（駒澤大学経済学部准教授, 第6章）

水村典弘（埼玉大学経済学部准教授, 第7章）

出見世信之（明治大学商学部教授, 第8章）

山縣正幸（近畿大学経営学部准教授, 第9章）

加藤志津子（明治大学経営学部教授, 第10章）

金山　権（桜美林大学大学院経営学研究科教授, 第11章）

*風間信隆（明治大学商学部教授, 終章）

〈編著者紹介〉

海道　ノブチカ（かいどう　のぶちか）
　　1948 年　生まれ
　　　　　　神戸大学大学院経営学研究科修士課程修了
　現　在　関西学院大学商学部教授　商学博士
　主　著　『現代ドイツ経営学』森山書店，2001 年
　　　　　『ドイツの企業体制』森山書店，2005 年

風間　信隆（かざま　のぶたか）
　　1951年　生まれ
　　　　　　明治大学大学院商学研究科博士後期課程単位取得退学
　現　在　明治大学商学部教授　博士（商学）
　主　著　『ドイツ的生産モデルとフレキシビリティ』中央経済社，1996 年
　　　　　『企業倫理と企業統治―国際比較―』（共著）文眞堂，2003 年

現代社会を読む経営学⑤
コーポレート・ガバナンスと経営学
――グローバリゼーション下の変化と多様性――

2009年4月25日　初版第1刷発行	検印廃止
2011年2月25日　初版第3刷発行	
	定価はカバーに表示しています

編 著 者	海道ノブチカ
	風　間　信　隆
発 行 者	杉　田　啓　三
印 刷 者	藤　森　英　夫

発行所　株式会社　ミネルヴァ書房
607-8494　京都市山科区日ノ岡堤谷町1
電話代表　（075）581-5191番
振替口座　01020-0-8076番

Ⓒ海道，風間ほか，2009　　　亜細亜印刷・藤沢製本

ISBN978-4-623-05409-1
Printed in Japan

現代社会を読む経営学

全15巻
（A 5 判・上製・各巻平均250頁）

① 「社会と企業」の経営学　　　　　　　國島弘行・重本直利・山崎敏夫 編著
② グローバリゼーションと経営学　　　　赤羽新太郎・夏目啓二・日髙克平 編著
③ 人間らしい「働き方」・「働かせ方」　　黒田兼一・守屋貴司・今村寛治 編著
④ 転換期の株式会社　　　　　　　　　　細川 孝・桜井 徹 編著
⑤ コーポレート・ガバナンスと経営学　　海道ノブチカ・風間信隆 編著
⑥ CSRと経営学　　　　　　　　　　　　小阪隆秀・百田義治 編著
⑦ ワーク・ライフ・バランスと経営学　　遠藤雄二・平澤克彦・清山 玲 編著
⑧ 日本のものづくりと経営学　　　　　　鈴木良始・那須野公人 編著
⑨ 世界競争と流通・マーケティング　　　齋藤雅通・佐久間英俊 編著
⑩ NPOと社会的企業の経営学　　　　　　馬頭忠治・藤原隆信 編著
⑪ 地域振興と中小企業　　　　　　　　　吉田敬一・井内尚樹 編著
⑫ 東アジアの企業経営　　　　　　　　　中川涼司・髙久保 豊 編著
⑬ アメリカの経営・日本の経営　　　　　伊藤健市・中川誠士・堀 龍二 編著
⑭ サステナビリティと経営学　　　　　　足立辰雄・所 伸之 編著
⑮ 市場経済の多様化と経営学　　　　　　溝端佐登史・小西 豊・出見世信之 編著

──── ミネルヴァ書房 ────

http://www.minervashobo.co.jp/